2020 年版

电网技术改造工程预算定额

第四册 电缆线路工程

国家能源局 发布

中国电力出版社
CHINA ELECTRIC POWER PRESS

图书在版编目（CIP）数据

电网技术改造工程预算定额：2020年版．第四册，电缆线路工程/国家能源局发布．—北京：中国电力出版社，2021.6（2025.3重印）
ISBN 978 - 7 - 5198 - 5585 - 7

Ⅰ.①电…　Ⅱ.①国…　Ⅲ.①电网—技术改造—预算定额—中国②电力电缆—技术改造—预算定额—中国　Ⅳ.①F426.61

中国版本图书馆CIP数据核字（2021）第079037号

出版发行：中国电力出版社		印　　刷：三河市航远印刷有限公司	
地　　址：北京市东城区北京站西街19号		版　　次：2021年6月第一版	
邮政编码：100005		印　　次：2025年3月北京第四次印刷	
网　　址：http://www.cepp.sgcc.com.cn		开　　本：850毫米×1188毫米 32开本	
责任编辑：吴　冰（010-63412356）		印　　张：13	
责任校对：黄　蓓 马 宁		字　　数：343千字	
装帧设计：张俊霞　赵姗姗		印　　数：5501—6000册	
责任印制：石　雷		定　　价：103.00元	

国家能源局关于颁布《电网技术改造及检修工程定额和费用计算规定（2020年版）》的通知

国能发电力〔2021〕21号

各有关单位：

为适应电网技术改造及检修工程管理发展的实际需要，科学反映物料消耗及市场价格变化情况，进一步统一和规范电力建设工程计价行为，合理确定和有效控制电网技术改造及检修工程造价，我局委托中国电力企业联合会修编完成了《电网技术改造工程预算编制与计算规定（2020年版）》《电网检修工程预算编制与计算规定（2020年版）》，以及与之配套使用的《电网技术改造工程概算定额（2020年版）》《电网技术改造工程预算定额（2020年版）》《电网拆除工程预算定额（2020年版）》和《电网检修工程预算定额（2020年版）》（简称《电网技术改造及检修工程定额和费用计算规定（2020年版）》）。现予以颁布实施，请遵照执行。

《电网技术改造及检修工程定额和费用计算规定（2020 年版）》由中国电力企业联合会组织中国电力出版社出版发行。

国家能源局（印）

2021 年 4 月 1 日

前　　言

　　《电网技术改造工程概预算定额（2020年版）》（以下简称"本套定额"）是《电网技术改造及检修工程定额和费用计算规定（2020年版）》的系列定额之一。

　　本套定额是根据《国家能源局关于印发〈电力工程定额与造价工作管理办法〉的通知》（国能电力〔2013〕501号）文件的要求，遵照政府有关新形势下电力体制改革、电力市场建设和工程造价管理的政策方针，并结合电网技术改造工程特点制定的。

　　本套定额是在2015年版《电网技术改造工程概预算定额》的基础上修订而成。本套定额传承了原定额的基本框架和形式，根据2015年以来与电网技术改造工程有关的新规定要求、新技术发展、项目管理新模式以及新设备、新材料、新工艺的应用状况，对定额专业划分、子目设置、计算规则、编制内容、价格水平等进行了补充、优化和调整。

　　本套定额在修订过程中，按照国家关于定额编制的程序和要求，经过广泛征求各方意见和建议，对定额各项内容进行了认真调研和反复推敲、测算，保证了定额的适用性、时效性和公正性。

　　本套定额由国家能源局批准并颁布，由电力工程造价与定额管理总站负责修订和解释。

总　说　明

一、《电网技术改造工程预算定额（2020 年版）》共六册，包括：

第一册　建筑工程（上册、下册）　　　第二册　电气工程

第三册　架空线路工程　　　　　　　第四册　电缆线路工程

第五册　调试工程　　　　　　　　　第六册　通信工程

二、本册为第四册《电缆线路工程》（以下简称本定额）。本定额由陆上电缆部分和海底电缆部分组成。适用于由送电端变电站（或发电厂）的出线间隔或电缆终端头塔的电缆终端头起至受电端变电站的进线间隔或电缆终端头塔的电缆终端头止的 500kV 及以下电力电缆线路的技改工程。

三、本定额是编制电网技改工程施工图预算的依据，也是编制最高投标限价、投标报价和工程结算的基础依据，同时也是调解处理工程经济纠纷的参考依据。

四、本定额主要编制依据有：

1. 依据中华人民共和国国家标准：

（1）GB 50217—2018　电力工程电缆设计规范

（2）GB 50168—2016　电气装置安装工程、电缆线路施工及验收规范

（3）GB 50150—2016　电气装置安装工程电气设备交接试验标准

（4）GB/T 51190—2016　海底电力电缆输电工程设计规范

（5）GB/T 51191—2016　海底电力电缆输电工程施工及验收规范

（6）GB/T 3048.8—2007　电线电缆电性能试验方法　第 8 部分：交流电压试验

（7）交通部 2004 年第 7 号令　中华人民共和国船舶最低安全配员规则

2. 依据电力行业标准：

（1）DL 409—1991　电业安全工作规程（电力线路部分）

（2）DL/T 5221—2016　城市电力电缆线路设计技术规定

（3）DL/T 5161.5—2018　电气装置安装工程质量检验及评定规程　第 5 部分：电缆线路施工质量检验

（4）DL/T 453—1991　高压充油电缆施工工艺规程

（5）DL/T 5033—2017　输电线路对电信线路危险和干扰影响防护设计规程

（6）DL/T 1278—2013　海底电力电缆运行规程

（7）DL/T 1279—2013　海底电力电缆线路验收规范

（8）DL/T 5490—2014　500kV 交流海底电缆线路设计技术规程

（9）SY/T 10017—2017　海底电缆地震资料采集技术规程

五、本定额是按下列正常的施工条件进行编制：

1. 设备、材料、器械完整无损，符合质量标准和设计要求，并附有制造厂出厂检验合格证书和试验记录。

2. 施工现场的设施符合施工必须的条件。

3. 正常的气候、地理条件和施工环境（陆上电缆：按平地和丘陵地形考虑；海底电缆：按水深

60m 以内海域，潮流 3 节以内、风力 7 级以下的海况考虑）。

六、本定额是完成规定计量单位子目工程所需人工、计价材料、施工机械台班的消耗量标准，反映了电力行业施工技术与管理水平。除定额规定可以调整或换算外，不因具体工程实际施工组织、施工方法、劳动力组织与水平、材料消耗种类与数量、施工机械规格与配置等不同而调整或换算。

七、本定额包括的工作内容，除各章节已说明的工序外，还包括工种间交叉配合的停歇时间，施工地点转移的时间（含上下班用车、材料看护），临时移动水、电源，配合质量检查和施工，施工地点范围内的材料（成品、半成品、构件等）、工器具和机具的转移运输等。

八、定额计价计算依据

1. 人工费

（1）本定额的人工分为普通工和输电技术工，人工用量包括施工基本用工和辅助用工。

（2）普通工单价为 75 元/工日，建筑技术工单价为 104 元/工日，输电技术工单价为 120 元/工日，每个工日为 8 小时。

（3）定额工日内已包括与调试工作之间的配合用工。

2. 材料费

（1）计价材料用量包括合理的施工用量和施工损耗、场内运搬损耗、施工现场堆放损耗。其中，周转性材料按摊销量计列；零星材料合并为其他材料费。

（2）本定额中计价材料单价按照电力行业 2020 年材料预算价格综合取定，为除税后单价。

（3）定额中未计价材料按设计用量加表 0-1 规定的损耗量计算。

表 0-1　　　　　　　　　　　　　　未计价材料施工损耗率表

序号	材 料 名 称	损耗率（%）	序号	材 料 名 称	损耗率（%）
1	专用跨接线和引线	2.5	11	金具（包括压接线夹）	1.5
2	电力电缆、接地电缆、同轴电缆	1.0	12	铝端夹	3.0
3	复合材料（成品、半成品）	1.5	13	水泥压力管	2.0
4	电缆终端头瓷套	0.5	14	混凝土叉梁、盖板（方、矩形）	3.5
5	绝缘子、瓷横担（不包括出库前试验损耗）	2.0	15	砖、条石、块石、预制块	2.5
6	复合绝缘子	0.5	16	商品混凝土	1.5
7	钢筋、型钢（成品、半成品）	0.5	17	钢筋（加工制作）	6.0
8	钢管	1.5	18	水泥、石灰、降阻剂、粉煤灰	5.0
9	塑料制品（管材、板材）	5.0	19	石子	10.0
10	螺栓、脚钉、垫片（不包括基础用地脚螺栓）	3.0	20	砂	15.0

注　1. 电力电缆损耗率中不包括备用预留的长度，以及因敷设有弯曲或有弧度而增加的长度。
　　2. 输电用电力电缆不计算施工损耗。

3. 机械费

（1）机械台班用量包括场内运搬、合理施工用量和必要间歇消耗量以及机械幅度差等。

（2）定额施工机械台班中均已考虑了施工人员上下班用车。

（3）各章中的施工机械台班均是按正常合理的机械配备和大多数施工企业的机械化程度综合取

定，如实际与定额不一致时，除章节另有说明外，均不做调整。

（4）不构成固定资产的小型机械或仪表的购置、摊销和维护费用等包括在《电网技术改造工程预算编制与计算规定（2020年版）》的施工工具用具使用费中。

（5）机械台班价格按照电力行业2020年机械台班库综合取定，为除税后单价。

九、执行本定额时，同一子目出现两种及以上调整系数，除章节内有具体规定外，一律按增加系数累加计算。

十、本定额不包括陆上电缆线路工地运输及输电线路试运行（参数测量、核相和试运行）工作。除章节内有具体规定外，发生时执行《电网技术改造工程预算定额（2020年版）第三册 架空线路工程》。电缆建筑工程一般不计列工地运输。

十一、定额中不按电压等级划分的项目均适用于各种电压；按电压等级划分的项目，除20kV电压等级执行10kV电压等级外，其他电压等级套用相应上一级电压的定额。如实际遇到66kV电压等级时，执行110kV电压等级相应定额。

十二、遇不同电压等级的直流输电线路时，可按上一级电压等级的交流线路定额执行。

十三、定额中凡采用"××以内"或"××以下"字样者均包括"××"本身，凡采用"××以外"或"××以上"字样者均不包括"××"本身。

十四、本说明内未尽说明的，以各章节说明和附注为准。

目　　录

第 4 章 陆上电缆附属工程

第 5 章 陆上电缆试验

第 1 章　电缆沟、排管

说　　明

一、内容包括

电缆沟、槽、坑人工挖方及回填，电缆沟、槽、坑机械挖方及回填，破路面，恢复路面，支撑搭拆，垫层，沟体、工井，排管浇制，钢筋、预埋铁件制作、安装，顶管，非开挖水平导向钻进，盖板制作、充砂，直埋保护板，揭、盖电缆沟盖板。

二、定额不包括

1. 隧道、栈桥的建筑及附属工程。

2. 施工中所需使用的车行便桥、人行便桥的费用。

三、工程量计算规则

1. 施工操作裕度：

（1）基础无垫层时，按基础宽（长）每边增加操作裕度。

（2）基础垫层为坑底铺石灌浆、混凝土时，按垫层宽（长）每边增加操作裕度。

（3）施工操作裕度见表1-1。

2. 人工土石方、机械土石方工程量按施工组织设计规定的开挖范围及有关内容计算，如未明确放坡标准时，可按表1-2的边坡系数计算工程量。

3. 破路面按路面材质不同，以"m²"为计量单位。

表 1-1 施工操作裕度

序 号	名 称	操作裕度（m）
1	砌砖基础、沟道	0.20
2	混凝土基础、沟道支模板	0.30
3	砌石基础、沟道	0.15
4	立面做防水层	0.80

表 1-2 边 坡 系 数

土壤类别	放坡起点（m）	人工挖土	机械坑内挖土	机械坑上挖土
普土	1.20	1：0.5	—	—
坚土	1.80	1：0.3	—	—
松砂石	1.20	1：0.5	—	—
土方	1.20	—	1：0.33	1：0.53
松砂石	1.20	—	1：0.33	1：0.53

注　淤泥、流砂、岩石，均不放坡。

4. 路基三渣块石开挖定额包括挖方、填方，以"m³"为计量单位。

5. 恢复路面：

（1）基层、面层按设计图示尺寸计算，以"m³"为计量单位，不扣除各类井所占体积。

3

（2）路面不含钢筋、铁件，如设有钢筋、铁件时，应执行钢筋、铁件定额子目单独计算其费用。

6. 支撑搭拆：

（1）直线工井、沟槽按垂直投影面积计算，即工井外沿周长（沟槽支撑长度）乘以基坑深度，入土和露头部分定额已综合考虑。

（2）转角工井基坑支撑搭拆执行直线工井基坑支撑搭拆定额。

（3）三通工井、四通工井及其他异型工井基坑支撑搭拆，执行直线工井及凸口基坑支撑搭拆定额。

（4）凸口基坑支撑搭拆，按图示凸口数计算，以"个"为计量单位。

7. 垫层按设计图示尺寸计算，以"m^3"为计量单位。

8. 砖砌、现浇沟体按设计图示尺寸计算，以实体体积"m^3"为计量单位。

9. 防水砂浆、防水卷材、涂膜防水按设计图示尺寸计算，以"m^2"为计量单位。

10. 工井浇制按设计图示尺寸计算，以实体体积"m^3"为计量单位。

混凝土量=底部混凝土量+顶部混凝土量+井壁混凝土量

其中：　　　底部混凝土量=底板体积-集水井洞口体积-拉环坑洞口体积

顶部混凝土量=顶板体积-人孔洞口体积

井壁混凝土量=井壁体积-预留孔洞体积

11. 排管浇制按设计图示尺寸计算，以"m^3"为计量单位，四层排管定额按一次性浇制考虑，四层排管如采用二次浇制，相应定额的人工、机械乘系数1.2。

$$混凝土量=排管体积−内衬管体积$$

其中：

$$排管体积=排管宽×排管高×排管净长$$

$$内衬管体积=\sum\left[管材外径截面积×排管净长(扣除工井净尺寸)×同规格孔数\right]$$

12. 钢筋、预埋铁件制作安装按设计重量计算，以"t"为计量单位。

13. 顶管工程按管材直径划分，按设计长度计算，以"m"为计量单位。

14. 非开挖水平导向钻进：

（1）单管敷设子目按管材直径划分，按设计长度计算（含弧度），以"m"为计量单位；

（2）多管敷设子目按集束最大扩孔直径划分，按设计长度计算（含弧度），以"m"为计量单位。

15. 盖板、预制盖板制作按设计图示尺寸计算，以"m³"为计量单位。

16. 充砂按设计充砂量计算，以"m³"为计量单位。

17. 直埋电缆盖保护板以"m"为计量单位。

18. 揭、盖电缆沟盖板以"块"为计量单位。

四、其他说明

1. 土、石方开挖分类：

（1）普通土：指种植土、黏砂土、黄土和盐碱土，稍密、中密状态的粉土，软塑、可塑状态的粉质粘土等，主要用锹、铲、锄头挖掘，少许用镐翻松后即可能挖掘的土质。

（2）坚土：指土质坚硬难挖的红土、板状粘土、重块土、高岭土，硬塑状态的粉质粘土、密实状态的粉土，必须用铁镐、条锄挖松，部分须用撬棍，再用锹、铲挖出的土质。

（3）松砂石：指碎石、卵石和土的混合体，全风化状态及强风化状态不需要采用打眼、爆破或风镐打凿方法开采的岩类均为松砂石。

（4）岩石：中风化、微风化状态、全风化状态及强风化状态需采用打眼、爆破或部分用风镐打凿方法开采的岩类均为岩石。

（5）泥水：指坑的周围经常积水，坑的土质松散，如淤泥和沼泽地等，挖掘时因水渗入和浸润而成泥浆，容易坍塌，土和水的混合物呈流动状态，需用挡土板和适量排水才能挖掘的土质。

（6）流砂：指土质为砂质或分层砂质，稍密、中密的细砂、粉细砂，有地下水，需用挡土板和适量排水才能挖掘的土质。

（7）水坑：指土质较密实，开挖中坑壁不易坍塌，有地下水，挖掘过程中需要机械排水才能施工的土质。

2. 各类土、石质按设计地质资料确定，不作分层计算。同一坑、槽、沟内出现两种或两种以上不同土、石质时，则一般选用含量较大的一种确定其类型，出现流砂层时，不论其上层土质占多少，全坑均按流砂坑计算。出现地下水涌出时，全坑按水坑计算。

3. 挖掘过程中因少量坍塌而多挖的土石方工作量已包括在定额内。

4. 采用井点降水施工的土方量，按普通土计算，井点降水费用另计。

5. 如冻土厚度≥300mm，冻土层的挖土按坚土挖方定额乘 2.5 系数。

6. 余土处理，本定额已考虑了 100m 范围内的场内移运，其运距超过 100m 以上部分，汽车装卸及基础换填执行《电网技术改造工程预算定额（2020 年版） 第一册 建筑工程》土石方运输相关定额子目。渣土消纳费用按各地方规定执行。

7. 钢筋混凝土路面开挖按混凝土路面定额乘系数 1.18。

8. 基坑支撑搭拆：

（1）基坑支撑搭拆钢板桩、支撑设计用量与定额含量不同时，可调整材料量，人工和机械不做调整。

（2）定额综合考虑了钢板桩、支撑的维修、占用时间。基坑支撑搭拆中的钢板桩消耗量为参考值，可根据审批后的施工方案进行调整，摊销量按 20% 计算。

9. 电缆沟、排管和工井均采用现场搅拌混凝土，如采用商品混凝土时，相应定额人工乘 0.75 系数，机械乘 0.3 系数。

10. 开启井执行直线工井定额。

11. 三通工井、四通工井及其他异型工井在计取直线工井浇制定额的同时可另计凸口，但计算直线工井混凝土量时需扣除直线工井井壁上凸口孔洞的混凝土量。

12. 砖混结构工井按设计图纸区分砖砌和现浇混凝土的实体量，分别执行砖砌沟体和现浇工井定额。

13. 顶管及非开挖水平导向钻进定额已综合考虑了工作坑、泥浆池的开挖、回填，使用时不能由于施工方法的不同而调整。

14. 玻璃钢管、PVC 管、MPP 管、碳素波纹管等排管工程中的电缆保护管，电缆保护管兼做内衬管时，其敷设不区分管径均执行电缆管敷设定额子目。

15. 非开挖水平导向钻进：

（1）本定额按普通土土质考虑。施工中遇坚土、松砂石土质，定额乘系数 1.6；遇泥水、流砂土质，定额乘系数 1.7；遇岩石地质，定额乘系数 5.2。

（2）定额已综合考虑管材材质，使用时不能由于管材材质不同而调整。

（3）本定额已综合考虑护套管内穿电缆保护管的情况，使用时无论是否使用护套管，定额均不做调整。

（4）本定额未考虑泥浆外运的内容，发生时根据外运形式，费用另计。

16. 揭、盖电缆沟盖板定额是按一揭一盖为一次考虑；单揭或单盖时，定额乘 0.6 系数。

17. 恢复路面适用于除路面产权单位自行恢复以外的路面恢复。

18. 现浇混凝土、水泥砂浆配合比：

（1）现浇混凝土配合比见表 1-3。

表 1-3　　　　　　　　　　　　　现浇混凝土配合比表　　　　　　　　　　　单位：m³

| 序号 | 混凝土强度等级 | 水泥强度等级 | 水泥 | 中砂 | 碎石 | 水 | 备　　注 |
			t	m³	m³	t	
1	C10	42.5	0.266	0.539	0.813	0.180	
2	C15	42.5	0.288	0.509	0.873	0.180	
3	C20	42.5	0.316	0.476	0.880	0.180	
4	C25	42.5	0.360	0.447	0.926	0.180	碎石粒径为 40mm 以内
5	C30	42.5	0.383	0.420	0.860	0.180	
6	C35	42.5	0.411	0.400	0.860	0.180	
7	C40	42.5	0.460	0.370	0.860	0.180	

续表

序号	混凝土强度等级	水泥强度等级	水泥 t	中砂 m³	碎石 m³	水 t	备　注
8	C20	42.5	0.351	0.495	0.850	0.215	
9	C25	42.5	0.399	0.448	0.897	0.215	
10	C30	42.5	0.451	0.410	0.800	0.215	碎石粒径为15mm以内
11	C35	42.5	0.479	0.400	0.800	0.215	
12	C40	42.5	0.536	0.370	0.790	0.215	
13	C45	52.5	0.512	0.390	0.790	0.215	

（2）水泥砂浆配合比见表1-4。

表1-4　　　　　　　　　　　水泥砂浆配合比表　　　　　　　　　　单位：m³

项　目	单　位	砂浆强度等级				
		M15.0	M10.0	M7.5	M5.0	M2.5
		数　　量				
42.5水泥	t	0.445	0.331	0.268	0.210	0.150
中砂	m³	1.180	1.180	1.180	1.180	1.180
水	t	0.220	0.220	0.220	0.220	0.220

1.1 电缆沟、槽、坑人工挖方及回填

工作内容：开挖前准备，电缆沟、排管槽及工作井坑的挖方，修整、排水及回填，清理现场，工器具移运。

定 额 编 号			JYL1-1	JYL1-2	JYL1-3
项 目			普通土 坑深（m）		
			2.0以内	4.0以内	4.0以上
单 位			m³	m³	m³
基 价（元）			**16.12**	**21.83**	**24.67**
其中	人 工 费（元）		14.98	19.92	22.57
	材 料 费（元）				
	机 械 费（元）		1.14	1.91	2.10
名 称		单位	数 量		
人工	普通工	工日	0.1845	0.2453	0.2781
	建筑技术工	工日	0.0110	0.0146	0.0165
机械	输电专用载重汽车 4t	台班	0.0036	0.0060	0.0066

定　额　编　号		JYL1-4	JYL1-5	JYL1-6
项　　　目		坚土　坑深（m）		
		2.0 以内	4.0 以内	4.0 以上
单　　　位		m³	m³	m³
基　　价（元）		**21.18**	**30.82**	**33.80**
其中	人　工　费（元）	19.59	28.28	31.00
	材　料　费（元）			
	机　械　费（元）	1.59	2.54	2.80
名　　　称	单位	数　　量		
人工	普通工	工日	0.2412	0.3482	0.3819
	建筑技术工	工日	0.0144	0.0208	0.0227
机械	输电专用载重汽车　4t	台班	0.0050	0.0080	0.0088

定 额 编 号			JYL1-7	JYL1-8	JYL1-9
项 目			水坑 坑深（m）		
			2.0 以内	4.0 以内	4.0 以上
单 位			m³	m³	m³
基 价 （元）			**41.13**	**66.73**	**74.08**
其中	人 工 费 （元）		28.63	44.18	48.12
	材 料 费 （元）				
	机 械 费 （元）		12.50	22.55	25.96
名 称		单位	数 量		
人工	普通工	工日	0.3526	0.5442	0.5926
	建筑技术工	工日	0.0210	0.0324	0.0353
机械	污水泵 出口直径 φ100	台班	0.0832	0.1510	0.1735
	输电专用载重汽车 4t	台班	0.0063	0.0110	0.0128

定 额 编 号			JYL1-10	JYL1-11	JYL1-12
项 目			松砂石 坑深（m）		
			2.0以内	4.0以内	4.0以上
单 位			m³	m³	m³
基 价（元）			**33.29**	**49.25**	**54.90**
其中	人 工 费（元）		31.00	45.12	50.64
	材 料 费（元）				
	机 械 费（元）		2.29	4.13	4.26
名 称		单位	数 量		
人工	普通工	工日	0.3819	0.5557	0.6238
	建筑技术工	工日	0.0227	0.0331	0.0371
机械	输电专用载重汽车 4t	台班	0.0072	0.0130	0.0134

定 额 编 号		JYL1-13	JYL1-14	JYL1-15
项 目		岩石 坑深（m）		
		2.0以内	4.0以内	4.0以上
单 位		m³	m³	m³
基 价（元）		**206.13**	**238.35**	**264.59**
其中	人 工 费（元）	160.15	187.16	208.73
	材 料 费（元）	5.41	5.41	5.41
	机 械 费（元）	40.57	45.78	50.45
名 称	单位	数 量		
人工 普通工	工日	1.2862	1.5030	1.6762
建筑技术工	工日	0.6124	0.7157	0.7982
计价材料 合金钻头	支	0.2234	0.2234	0.2234
其他材料费	元	0.1100	0.1100	0.1100
机械 电动空气压缩机 排气量 10m³/min	台班	0.0581	0.0680	0.0759
输电专用载重汽车 4t	台班	0.0468	0.0494	0.0531
人工凿岩机械 综合	台班	0.1493	0.1745	0.1947

14

定 额 编 号			JYL1-16	JYL1-17	JYL1-18
项 目			泥水 坑深（m）		
			2.0 以内	4.0 以内	4.0 以上
单 位			m³	m³	m³
基 价（元）			**72.04**	**102.68**	**114.75**
其中	人 工 费（元）		34.93	58.79	68.64
	材 料 费（元）		22.89	22.89	22.89
	机 械 费（元）		14.22	21.00	23.22
名 称		单位	数 量		
人工	普通工	工日	0.3966	0.6673	0.7799
	建筑技术工	工日	0.0499	0.0841	0.0976
计价材料	方材红白松 二等	m³	0.0120	0.0120	0.0120
	镀锌铁丝	kg	0.1183	0.1183	0.1183
	其他材料费	元	0.4500	0.4500	0.4500
机械	污水泵 出口直径 φ100	台班	0.0842	0.1380	0.1442
	输电专用载重汽车 4t	台班	0.0113	0.0113	0.0158

定 额 编 号			JYL1-19	JYL1-20	JYL1-21
项 目			流砂 坑深（m）		
			2.0以内	4.0以内	4.0以上
单 位			m³	m³	m³
基 价（元）			**109.66**	**159.93**	**189.96**
其中	人 工 费（元）		61.49	105.20	132.70
	材 料 费（元）		22.89	22.89	22.89
	机 械 费（元）		25.28	31.84	34.37
名 称		单位	数 量		
人工	普通工	工日	0.6981	1.1946	1.5068
	建筑技术工	工日	0.0878	0.1500	0.1893
计价材料	方材红白松 二等	m³	0.0120	0.0120	0.0120
	镀锌铁丝	kg	0.1183	0.1183	0.1183
	其他材料费	元	0.4500	0.4500	0.4500
机械	污水泵 出口直径 φ100	台班	0.1656	0.2093	0.2268
	输电专用载重汽车 4t	台班	0.0138	0.0171	0.0181

1.2 电缆沟、槽、坑机械挖方及回填

工作内容：开挖前准备，开挖，清理余土，修整，工作面内排水及回填，清理现场，工器具移运。

定 额 编 号		JYL1-22	JYL1-23
项 目		机械开挖	
		土方	松砂石
单 位		m³	m³
基 价 （元）		**12.85**	**22.70**
其中	人 工 费 （元）	3.79	3.87
	材 料 费 （元）		
	机 械 费 （元）	9.06	18.83
名 称	单位	数 量	
人工	普通工	工日	0.0462	0.0470
	建筑技术工	工日	0.0031	0.0033
机械	履带式推土机 功率 90kW	台班	0.0002	0.0007
	履带式单斗液压挖掘机 斗容量 0.6m³	台班	0.0120	0.0247
	平板拖车组 10t	台班	0.0003	0.0005
	输电专用载重汽车 4t	台班	0.0030	0.0062

工作内容： 机具就、退位，机械破碎，挖方、出渣、修整，回填夯实，清理现场，工器具移运等。

定 额 编 号		JYL1-24	JYL1-25
项 目		机械开挖	机械风镐破碎石方
		岩石	孤石
单 位		m³	m³
基 价（元）		**176.68**	**367.38**
其中	人 工 费（元）	34.04	172.88
	材 料 费（元）	5.31	0.81
	机 械 费（元）	137.33	193.69
名 称	单位	数 量	
人工 普通工	工日	0.2673	2.2538
建筑技术工	工日	0.1345	0.0370
计价材料 高压橡皮风管	m		0.0050
爆破用六角空心钢	kg		0.0397
合金钻头	支	0.2234	0.0248
其他材料费	元		0.0200
机械 手持式风动凿岩机	台班		1.8481
电动空气压缩机 排气量 10m³/min	台班	0.2040	0.2880
输电专用载重汽车 4t	台班	0.1482	0.1773
人工凿岩机械 综合	台班	0.5236	

1.3 破路面

工作内容：定位，划线，锯缝，路面或路基开挖，清理现场，工器具移运。

定　额　编　号			JYL1-26	JYL1-27	JYL1-28
项　　　　目			混凝土路面　厚度（mm）		
			150 以内	250 以内	250 以上
单　　　　位			m²	m²	m²
基　价（元）			**40.94**	**66.99**	**76.66**
其中	人　工　费（元）		12.64	19.86	23.40
	材　料　费（元）		0.03	0.03	0.03
	机　械　费（元）		28.27	47.10	53.23
名　　称		单位	数　　量		
人工	普通工	工日	0.1561	0.2439	0.2868
	建筑技术工	工日	0.0090	0.0151	0.0182
计价材料	石灰粉	kg	0.1500	0.1500	0.1500
机械	电动空气压缩机　排气量　10m³/min	台班	0.0392	0.0653	0.0738
	输电专用载重汽车　4t	台班	0.0392	0.0653	0.0738

定　额　编　号		JYL1-29	JYL1-30
项　　　目		沥青混凝土路面　厚度（mm）	
		150 以内	250 以内
单　　　位		m²	m²
基　　　价（元）		**20.19**	**53.43**
其中	人　工　费（元）	5.52	9.55
	材　料　费（元）	0.03	0.03
	机　械　费（元）	14.64	43.85
名　　称	单位	数　　　量	
人工	普通工	工日	0.0683	0.1179
	建筑技术工	工日	0.0038	0.0068
计价材料	石灰粉	kg	0.1500	0.1500
机械	电动空气压缩机　排气量　10m³/min	台班	0.0203	0.0608
	输电专用载重汽车　4t	台班	0.0203	0.0608

定 额 编 号		JYL1-31	JYL1-32
项 目		砂石、碎石路面 厚度（mm）	
		150 以内	250 以内
单 位		m²	m²
基 价（元）		**9.12**	**17.50**
其中	人 工 费（元）	8.77	16.99
	材 料 费（元）	0.03	0.03
	机 械 费（元）	0.32	0.48
名 称	单位	数 量	
人工 普通工	工日	0.1085	0.2097
建筑技术工	工日	0.0061	0.0121
计价材料 石灰粉	kg	0.1500	0.1500
机械 输电专用载重汽车 4t	台班	0.0010	0.0015

定　额　编　号			JYL1-33	JYL1-34	JYL1-35
项　　　目			人行道预制板路面	人行道彩色预制块路面	石材路面
			厚度60mm	厚度120mm	
单　　　位			m²	m²	m²
基　价（元）			**11.35**	**20.15**	**21.91**
其中	人　工　费（元）		2.52	9.30	9.01
	材　料　费（元）		0.03	0.03	0.03
	机　械　费（元）		8.80	10.82	12.87
名　　称		单位	数　　　量		
人工	普通工	工日	0.0315	0.1146	0.1180
	建筑技术工	工日	0.0015	0.0068	0.0015
计价材料	石灰粉	kg	0.1500	0.1500	0.1500
机械	电动空气压缩机　排气量　10m³/min	台班	0.0100	0.0150	0.0189
	输电专用载重汽车　4t	台班	0.0150	0.0150	0.0165

工作内容：路基开挖、修整及回填，清理现场，工器具移运。

定 额 编 号		JYL1-36	
项 目		路基三渣块石	
单 位		m³	
基 价 （元）		**181.57**	
其中	人 工 费 （元）	45.22	
	材 料 费 （元）	0.03	
	机 械 费 （元）	136.32	
名 称	单位	数 量	
人工	普通工	工日	0.5568
	建筑技术工	工日	0.0333
计价材料	石灰粉	kg	0.1500
机械	电动空气压缩机 排气量 10m³/min	台班	0.1890
	输电专用载重汽车 4t	台班	0.1890

23

1.4 恢复路面

工作内容：放样、清理路床、取料、运料、摊铺、灌缝、找平、碾压，清理，工器具移运。

定 额 编 号			JYL1-37	JYL1-38	JYL1-39	JYL1-40	JYL1-41
项 目			灰土基层	粉煤灰基层	块石基层	碎石基层	砂基层
单 位			m³	m³	m³	m³	m³
基 价（元）			**24.04**	**28.66**	**48.24**	**26.26**	**26.60**
其中	人 工 费（元）		17.76	19.65	44.33	20.81	19.59
	材 料 费（元）			0.84			1.25
	机 械 费（元）		6.28	8.17	3.91	5.45	5.76
名 称		单位	数 量				
人工	普通工	工日	0.0844	0.1394	0.4389	0.2060	0.1939
	建筑技术工	工日	0.1099	0.0884	0.1097	0.0515	0.0485
计价材料	水	t		0.2005			0.3000
	其他材料费	元		0.0200			0.0200
机械	履带式推土机 功率 105kW	台班	0.0034	0.0051	0.0028	0.0034	0.0034
	钢轮内燃压路机 工作质量 12t	台班	0.0033	0.0036	0.0015	0.0036	0.0030
	钢轮内燃压路机 工作质量 15t	台班	0.0029	0.0032	0.0011	0.0011	0.0022

注 未计价材料灰土、粉煤灰、块石、碎石、石屑、砂。

定　额　编　号			JYL1-42	JYL1-43	JYL1-44
项　　　目			水泥稳定土基层	水泥稳定碎石基层	二灰结石基层
单　　　位			m³	m³	m³
基　　价（元）			**17.95**	**50.56**	**18.25**
其中	人　工　费（元）		5.10	2.75	9.26
	材　料　费（元）			11.34	
	机　械　费（元）		12.85	36.47	8.99
名　　　称		单位	数　　　量		
人工	普通工	工日	0.0050	0.0027	0.0895
	建筑技术工	工日	0.0454	0.0245	0.0245
计价材料	土工布　400g	m²		1.7500	
	其他材料费	元		0.2200	
机械	履带式推土机　功率　105kW	台班	0.0019		
	履带式单斗液压挖掘机　斗容量　1m³	台班	0.0052		
	钢轮内燃压路机　工作质量　8t	台班			0.0020
	钢轮内燃压路机　工作质量　12t	台班	0.0032	0.0014	0.0095
	钢轮内燃压路机　工作质量　15t	台班	0.0056	0.0040	
	机械式振动压路机　工作质量　15t	台班		0.0333	

25

续表

定 额 编 号			JYL1-42	JYL1-43	JYL1-44
项　　目			水泥稳定土基层	水泥稳定碎石基层	二灰结石基层
机械	沥青混凝土自动找平摊铺机　装载质量　8t	台班		0.0014	0.0068
	洒水车　4000L	台班		0.0066	
	滚筒式混凝土搅拌机（电动式）　出料容量　400L	台班	0.0046	0.0073	

注　未计价材料水泥、土、碎石、水、二灰结石。

26

工作内容：混凝土浇筑、密实、抹光、养护、伸缩缝锯缝、灌缝；沥青混凝土摊铺、找平、碾压、养护；配料拌合、分层铺装、找平、洒水、压实、养护。

定 额 编 号			JYL1-45	JYL1-46	JYL1-47	JYL1-48
项 目			混凝土面层	沥青混凝土面层		泥结碎石路面
				人工摊铺	机械摊铺	
单 位			m³	m³	m³	m³
基 价（元）			**165.36**	**54.86**	**26.02**	**62.05**
其中	人 工 费（元）		86.29	34.40	5.30	32.68
	材 料 费（元）		22.60	8.95	0.02	1.62
	机 械 费（元）		56.47	11.51	20.70	27.75
名 称		单位	数 量			
人工	普通工	工日	0.8441	0.3405	0.0525	0.3235
	建筑技术工	工日	0.2210	0.0852	0.0131	0.0809
计价材料	加工铁件 综合	kg	0.3667			
	板材红白松 一等	m³	0.0027			
	石油沥青 30 号	kg	1.6480			
	圆钉	kg	0.0133			
	柴油 0 号	kg		0.0031	0.0031	
	水	t	1.2163			0.3870
	麻丝	kg	0.4367			
	木柴	kg	0.4428	16.6400		
	其他材料费	元	0.4400	0.1800		0.0300

定 额 编 号			JYL1-45	JYL1-46	JYL1-47	JYL1-48
项 目			混凝土面层	沥青混凝土面层		泥结碎石路面
				人工摊铺	机械摊铺	
机械	履带式推土机 功率 105kW	台班				0.0068
	轮胎式装载机 斗容量 2m³	台班	0.0753			
	钢轮内燃压路机 工作质量 8t	台班		0.0157	0.0111	
	钢轮内燃压路机 工作质量 15t	台班		0.0095	0.0111	
	机械式振动压路机 工作质量 15t	台班				0.0250
	轮胎压路机 工作质量 9t	台班		0.0019	0.0111	
	沥青混凝土自动找平摊铺机 装载质量 8t	台班			0.0111	
	混凝土路面刻槽机	台班	0.0220			
	混凝土切缝机 功率 7.5kW	台班	0.0100			
	混凝土振捣器（平台式）	台班	0.1040			
	电动空气压缩机 排气量 0.6m³/min	台班	0.0008			

注 未计价材料混凝土、沥青混凝土、砂、石、水、土。

工作内容：放样、运料、摊平、夯实、铺块料地坪、灌缝、扫缝。

定　额　编　号			JYL1-49	JYL1-50
项　　　　目			预制块面层	石材面层
单　　　　位			m²	m²
基　价（元）			**10.16**	**13.53**
其中	人　工　费（元）		6.79	11.14
	材　料　费（元）		0.13	0.13
	机　械　费（元）		3.24	2.26
名　　　称		单位	数　　　量	
人工	普通工	工日	0.0554	0.0850
	建筑技术工	工日	0.0253	0.0458
计价材料	水	t	0.0300	0.0300
机械	钢轮内燃压路机　工作质量　12t	台班	0.0030	
	电动夯实机　夯击能量　250N·m	台班	0.0500	0.0800
	机动翻斗车　1t	台班	0.0023	

注　未计价材料砂、水泥砂浆、素水泥浆、预制块、花岗岩板。

工作内容： 放样、运料、开槽；整平、安砌、勾缝、清理。

定 额 编 号			JYL1-51	JYL1-52
项　　目			安砌侧路缘石	安砌平路缘石
单　　位			m	m
基　价（元）			**8.63**	**3.58**
其中	人 工 费（元）		8.47	3.35
	材 料 费（元）			0.07
	机 械 费（元）		0.16	0.16
名　　称		单位	数　　量	
人工	普通工	工日	0.0838	0.0332
	建筑技术工	工日	0.0210	0.0083
计价材料	水	t		0.0176
机械	岩石切割机　能力　3kW	台班	0.0020	0.0020

注 未计价材料水泥砂浆、混凝土、侧石、平石。

1.5 支撑搭拆

工作内容：沟槽单侧横列板、围檩撑的安装及拆除，基坑钢板桩的打拔、钢管撑的安装和拆除，清理现场，工器具移运。

定 额 编 号		JYL1-53	
项 目		基坑支撑搭拆	
单 位		m²	
基 价（元）		**117.78**	
其中	人 工 费（元）	29.85	
	材 料 费（元）	31.09	
	机 械 费（元）	56.84	
名 称	单位	数 量	
人工 普通工	工日	0.0855	
建筑技术工	工日	0.2254	
计价材料 钢板桩	kg	5.3397	
其他材料费	元	0.6100	
机械 振动沉拔桩机 激振力 400kN	台班	0.0037	
汽车式起重机 起重量 5t	台班	0.0323	
汽车式起重机 起重量 16t	台班	0.0349	
交流弧焊机 容量 30kVA	台班	0.0393	
输电专用载重汽车 4t	台班	0.0018	

定 额 编 号		JYL1-54
项 目		基坑支撑搭拆
		凸口
单 位		个
基 价（元）		**186. 23**
其中	人 工 费（元）	43. 52
	材 料 费（元）	77. 05
	机 械 费（元）	65. 66
名 称	单位	数 量
人工	普通工	工日	0. 1246
	建筑技术工	工日	0. 3286
计价材料	钢板桩	kg	13. 2320
	其他材料费	元	1. 5100
机械	振动沉拔桩机 激振力 400kN	台班	0. 0590
	输电专用载重汽车 4t	台班	0. 0120

定　额　编　号		JYL1-55	
项　　目		沟漕支撑搭拆	
单　　位		m²	
基　　价（元）		**12.91**	
其中	人　工　费（元）	4.04	
	材　料　费（元）	0.74	
	机　械　费（元）	8.13	
名　　称	单位	数　　量	
人工 普通工	工日	0.0116	
建筑技术工	工日	0.0305	
计价材料 钢板桩	kg	0.1278	
其他材料费	元	0.0100	
机械 振动沉拔桩机　激振力　400kN	台班	0.0070	
输电专用载重汽车　4t	台班	0.0025	

1.6 垫 层

工作内容：砂、石筛洗，坑底铺石或铺石灌浆，浇筑混凝土，操平，养护，清理现场，工器具移运。

定 额 编 号			JYL1-56	JYL1-57	JYL1-58
项 目			碎石		素混凝土
			干铺	灌浆	
单 位			m³	m³	m³
基 价（元）			**24.75**	**38.23**	**146.52**
其中	人 工 费（元）		21.09	33.70	119.10
	材 料 费（元）				4.71
	机 械 费（元）		3.66	4.53	22.71
名 称		单位	数 量		
人工	普通工	工日	0.1374	0.2204	0.7765
	建筑技术工	工日	0.1037	0.1651	0.5852
计价材料	草袋	个			2.8000
	其他材料费	元			0.0900
机械	滚筒式混凝土搅拌机（电动式） 出料容量 250L	台班			0.1155
	混凝土振捣器（平台式）	台班			0.0536
	污水泵 出口直径 φ100	台班	0.0179	0.0200	
	输电专用载重汽车 4t	台班	0.0044	0.0063	

注 未计价材料砂、石、水泥、水。

1.7 沟体、工井

工作内容：护拦搭拆，安拆模板，砌砖，混凝土浇制，养护，墙面抹砂浆，清理现场，工器具移运。

定　额　编　号			JYL1-59	JYL1-60
项　　　目			砖砌沟体	现浇沟体
单　　　位			m³	m³
基　　价(元)			**70.55**	**326.21**
其中		人　工　费(元)	55.56	210.10
		材　料　费(元)	0.89	76.01
		机　械　费(元)	14.10	40.10
名　　称		单位	数　　量	
人工	普通工	工日	0.2211	0.8362
	建筑技术工	工日	0.3748	1.4172
计价材料	圆钉	kg		0.1199
	通用钢模板	kg		13.0900
	木模板	m³		0.0068
	草袋	个	0.5282	0.5508
	其他材料费	元	0.0200	1.4900
机械	汽车式起重机　起重量　5t	台班		0.0162
	机动翻斗车　1t	台班		0.0510

续表

定　额　编　号			JYL1-59	JYL1-60
项　　　　　目			砖砌沟体	现浇沟体
机械	滚筒式混凝土搅拌机（电动式）　出料容量　400L	台班	0.0371	0.0536
	混凝土振捣器（插入式）	台班	0.0713	0.1063
	输电专用载重汽车　4t	台班	0.0181	0.0298

注　未计价材料砂、石、水、水泥、砖。

定 额 编 号		JYL1-61	JYL1-62	JYL1-63
项 目		\multicolumn{3}{工井浇制}		
		直线	转弯	凸口
单 位		m³	m³	个
基 价（元）		**571.43**	**599.64**	**483.15**
其中	人 工 费（元）	324.59	340.75	263.99
	材 料 费（元）	97.66	106.43	48.60
	机 械 费（元）	149.18	152.46	170.56
名 称	单位	\multicolumn{3}{数 量}		
人工	普通工	工日	1.2918	1.3561	1.0506
	建筑技术工	工日	2.1895	2.2985	1.7807
计价材料	薄钢板 1.0以下	kg	15.5820	16.3280	
	通用钢模板	kg	2.8690	3.5640	3.7890
	木模板	m³	0.0050	0.0060	0.0090
	钢模板附件	kg	0.9980	1.0280	1.6800
	草袋	个	1.9950	2.2230	3.9000
	其他材料费	元	1.9100	2.0900	0.9500
机械	汽车式起重机 起重量 16t	台班	0.1360	0.1390	0.1470
	机动翻斗车 1t	台班	0.0600	0.0600	0.0900
	滚筒式混凝土搅拌机（电动式） 出料容量 400L	台班	0.0600	0.0600	0.0900
	混凝土振捣器（插入式）	台班	0.0600	0.0600	0.0900

定 额 编 号		JYL1-61	JYL1-62	JYL1-63
项 目		工井浇制		
		直线	转弯	凸口
机械	混凝土振捣器（平台式） 台班	0.1230	0.1230	0.1450
	输电专用载重汽车 4t 台班	0.0100	0.0120	0.0080

注 未计价材料砂、石、水、水泥、工井盖座。

工作内容： 墙面抹砂浆，刷涂基层处理剂，铺附加层、铺贴卷材、卷材接缝、收头，清理现场，工器具移运。

定　额　编　号		JYL1-64	JYL1-65	JYL1-66
项　　目		防水砂浆平面	防水砂浆立面	改性沥青卷材
单　　位		m²	m²	m²
基　　价　（元）		**7.00**	**10.30**	**17.96**
其中	人　工　费　（元）	5.89	9.09	14.04
	材　料　费　（元）			3.92
	机　械　费　（元）	1.11	1.21	
名　　称	单位		数　　量	
人工	普通工	工日	0.0384	0.0594	0.1019
	建筑技术工	工日	0.0289	0.0446	0.0615
计价材料	改性沥青嵌缝油膏	kg			0.0620
	改性沥青乳胶	kg			0.3550
	石油液化气	m³			0.0900
	聚氨酯甲料	kg			0.0830
	聚氨酯乙料	kg			0.1250
	其他材料费	元			0.0800
机械	输电专用载重汽车 4t	台班	0.0035	0.0038	

注 未计价材料砂、石、水、水泥、改性沥青卷材、止口角钢。

工作内容：涂刷底胶、涂刷附加层、刷涂料、贴布、做保护层。

定 额 编 号			JYL1-67	JYL1-68
项　　　目			聚氨酯涂膜防水	
			二遍（2mm）	每增加一遍
单　　　位			m²	m²
基　　价（元）			**41.86**	**16.43**
其中	人　工　费（元）		4.57	1.75
	材　料　费（元）		37.29	14.68
	机　械　费（元）			
名　　　称		单位	数　　　　量	
人工	普通工	工日	0.0317	0.0121
	建筑技术工	工日	0.0211	0.0081
计价材料	二甲苯	kg	0.1300	0.0485
	聚氨酯甲料	kg	1.0760	0.4272
	聚氨酯乙料	kg	1.6840	0.6605
	其他材料费	元	0.7300	0.2900

注　未计价材料砂。

工作内容：清理基层，调配及涂刷涂料。

定　额　编　号		JYL1-69	JYL1-70
项　　　目		水泥基渗透结晶型防水涂料	
		1mm 厚	每增减 0.5mm 厚
单　　　位		m²	m²
基　价（元）		**18.52**	**5.79**
其中	人　工　费（元）	1.40	0.54
	材　料　费（元）	17.12	5.25
	机　械　费（元）		
名　　　称	单位	数　　　量	
人工	普通工	工日	0.0044	0.0017
	建筑技术工	工日	0.0103	0.0040
计价材料	水	t	0.0004	0.0001
	水泥基渗透结晶型防水涂料	kg	1.3700	0.4200
	其他材料费	元	0.3400	0.1000

1.8 排管浇制

工作内容：护拦搭拆，模板安拆，混凝土浇制，养护，清理现场，工器具移运。

定额编号			JYL1-71	JYL1-72	JYL1-73	JYL1-74
项 目			排管浇制			
			单层	双层	三层	四层
单 位			m³	m³	m³	m³
基 价（元）			**126.32**	**135.78**	**150.30**	**174.44**
其中	人 工 费（元）		78.40	86.86	96.22	116.01
	材 料 费（元）		15.05	15.79	20.83	25.08
	机 械 费（元）		32.87	33.13	33.25	33.35
名 称		单位	数 量			
人工	普通工	工日	0.6167	0.6833	0.7570	0.9641
	建筑技术工	工日	0.3091	0.3424	0.3793	0.4202
计价材料	圆钉	kg	0.2440	0.2350	0.3090	0.3646
	通用钢模板	kg	0.4210	0.5320	0.9640	1.3960
	木模板	m³	0.0050	0.0050	0.0060	0.0066
	钢模板附件	kg	0.1450	0.1960	0.3550	0.5140
	草袋	个	1.4150	1.4160	1.4220	1.4280
	其他材料费	元	0.3000	0.3100	0.4100	0.4900
机械	机动翻斗车 1t	台班	0.0690	0.0690	0.0690	0.0690

续表

定额编号			JYL1-71	JYL1-72	JYL1-73	JYL1-74
项目			排管浇制			
			单层	双层	三层	四层
机械	滚筒式混凝土搅拌机（电动式） 出料容量 400L	台班	0.0690	0.0690	0.0690	0.0690
	混凝土振捣器（插入式）	台班	0.1380	0.1380	0.1380	0.1380
	混凝土振捣器（平台式）	台班	0.1380	0.1380	0.1380	0.1380
	输电专用载重汽车 4t	台班	0.0060	0.0068	0.0072	0.0075

注 未计价材料砂、石、水、水泥。

工作内容： 敷设内衬管、通管，清理现场，工器具移运。

定 额 编 号			JYL1-75
项 目			电缆管敷设
单 位			m
基 价（元）			**10.56**
其中	人 工 费（元）		6.52
	材 料 费（元）		2.72
	机 械 费（元）		1.32
名 称		单位	数 量
人工	普通工	工日	0.0429
	建筑技术工	工日	0.0318
计价材料	膨胀螺栓 M8	套	1.1880
	镀锌铁丝	kg	0.0023
	镀锌管接头 DN200	个	0.0900
	粘结剂 通用	kg	0.0113
	石油液化气	m³	0.0072
	冲击钻头 φ16	支	0.0090
	钢锯条 各种规格	根	0.0225
	其他材料费	元	0.0500
机械	输电专用载重汽车 4t	台班	0.0015
	输电专用载重汽车 8t	台班	0.0018

注 未计价材料管材。

1.9 钢筋、预埋铁件制作、安装

工作内容：钢筋加工、绑扎、焊接、安装，下料、制作、安装埋设。

定 额 编 号		JYL1-76	JYL1-77
项 目		一般钢筋制作、安装	预埋铁件制作、安装
单 位		t	t
基 价（元）		**922.58**	**2707.02**
其中	人 工 费（元）	450.28	1648.82
	材 料 费（元）	53.63	480.35
	机 械 费（元）	418.67	577.85
名 称	单位	数 量	
人工 普通工	工日	1.9505	9.4294
建筑技术工	工日	2.9230	9.0540
计价材料 电焊条 J422 综合	kg	8.0275	70.8000
镀锌铁丝	kg	2.0512	
氧气	m³		9.5850
乙炔气	m³		4.1700
其他材料费	元	1.0500	9.4200
机械 载重汽车 6t	台班	0.4500	0.0360
电动单筒慢速卷扬机 50kN	台班	0.1330	
钢筋切断机 直径 φ40	台班	0.0900	

续表

定　额　编　号			JYL1-76	JYL1-77
项　　　　　目			一般钢筋制作、安装	预埋铁件制作、安装
机械	钢筋弯曲机　直径　$\phi40$	台班	0.1710	
	摇臂钻床　钻孔直径　$\phi50$	台班		0.0500
	剪板机　厚度×宽度　40mm×3100mm	台班		0.0030
	型钢剪断机　剪断宽度　500mm	台班		0.0220
	交流弧焊机　容量　21kVA	台班	2.8600	8.5510
	对焊机　容量　75kVA	台班	0.1100	
	输电专用载重汽车　4t	台班	0.0350	0.0080

注　未计价材料钢筋、铁件。

46

1.10 顶　管

工作内容： 准备，测量定位，工井开挖，机具就（退）位，接管，清理现场，工器具移运。

定　额　编　号		JYL1-78	JYL1-79	JYL1-80
项　　　目		顶管		
		φ150 以内	φ250 以内	φ300 以内
单　　　位		m	m	m
基　价（元）		**125.12**	**155.71**	**179.03**
其中	人　工　费（元）	65.89	82.33	94.87
	材　料　费（元）	14.12	17.65	20.29
	机　械　费（元）	45.11	55.73	63.87
名　　称	单位	数　　量		
人工	普通工　　　　　　　工日	0.1206	0.1508	0.1742
	建筑技术工　　　　　工日	0.5466	0.6829	0.7866
计价材料	中厚钢板　12~20　　kg	0.1584	0.1980	0.2277
	无缝钢管 10~20 号　综合　kg	0.2736	0.3420	0.3933
	电焊条　J422　综合　kg	0.0214	0.0268	0.0308
	氧气　　　　　　　　m³	0.0158	0.0198	0.0228
	乙炔气　　　　　　　m³	0.0014	0.0018	0.0021
	沥青清漆　　　　　　kg	0.2240	0.2800	0.3220
	枕木　160×220×2500　根	0.0727	0.0909	0.1045

续表

定 额 编 号			JYL1-78	JYL1-79	JYL1-80
项 目			顶管		
			φ150 以内	φ250 以内	φ300 以内
计价材料	其他材料费	元	0.2800	0.3500	0.4000
机械	交流弧焊机 容量 30kVA	台班	0.0096	0.0120	0.0138
	输电专用载重汽车 4t	台班	0.1280	0.1600	0.1840
	液压千斤顶 起重量 100t	台班	0.3000	0.3200	0.3500

注 未计价材料管材、膨润土、水。

48

1.11 非开挖水平导向钻进

工作内容：物探、开挖样沟、开挖工作坑、钻机定位、导向、扩孔、清孔、接管、拉管、压密注浆、通管、工器具移运、撤场验收等。

	定 额 编 号		JYL1-81	JYL1-82	JYL1-83
	项 目		单管		
			φ200 以内	φ300 以内	φ400 以内
	单 位		m	m	m
	基 价（元）		**163.35**	**209.89**	**257.13**
其中	人 工 费 （元）		68.66	97.88	126.36
	材 料 费 （元）		40.98	41.68	41.68
	机 械 费 （元）		53.71	70.33	89.09
	名 称	单位	数 量		
人工	普通工	工日	0.1260	0.1796	0.2318
	建筑技术工	工日	0.5693	0.8116	1.0478
计价材料	回扩器 DN250	只	0.0120		
	回扩器 DN300	只	0.0120	0.0120	0.0120
	回扩器 DN450	只		0.0120	0.0120
	导向钻头	只	0.0120	0.0120	0.0120
	其他材料费	元	0.8000	0.8200	0.8200
机械	汽车式起重机 起重量 5t	台班	0.0310	0.0460	0.0600

续表

定　额　编　号			JYL1-81	JYL1-82	JYL1-83
项　　　目			单管		
			φ200 以内	φ300 以内	φ400 以内
机械	电动单级离心清水泵　出口直径　φ50	台班	0.0580	0.0690	0.0690
	热熔焊接机　SH-13	台班	0.0300	0.0410	0.0520
	水平定向钻机　小型	台班	0.0160	0.0160	0.0180
	输电专用载重汽车　4t	台班	0.0290	0.0530	0.0770

注　未计价材料管材、膨润土、注浆材料、水。

定额编号		JYL1-84	JYL1-85	JYL1-86	JYL1-87
项 目		多管			
		φ500 以内	φ600 以内	φ700 以内	φ800 以内
单 位		m	m	m	m
基 价（元）		**358.55**	**447.34**	**592.06**	**674.57**
其中	人 工 费（元）	48.32	56.62	81.67	90.03
	材 料 费（元）	51.06	104.35	121.21	181.24
	机 械 费（元）	259.17	286.37	389.18	403.30
名 称	单位	数 量			
人工 普通工	工日	0.0729	0.0855	0.1233	0.1359
建筑技术工	工日	0.4120	0.4828	0.6964	0.7677
计价材料 回扩器 DN450	只	0.0136	0.0136	0.0136	0.0136
回扩器 DN550	只	0.0136		0.0136	
回扩器 DN700	只		0.0136	0.0169	0.0136
回扩器 DN800	只				0.0169
导向钻头	只	0.0136	0.0136	0.0136	0.0136
清孔器 500mm	只	0.0087	0.0165	0.0165	0.0241
其他材料费	元	1.0000	2.0500	2.3800	3.5500
机械 载重汽车 25t	台班	0.0435	0.0546	0.0657	0.0675
灰浆搅拌机 拌筒容量 400L	台班	0.0426	0.0438	0.0642	0.0651
电动单级离心清水泵 出口直径 φ100	台班	0.0426	0.0438	0.0642	0.0651
输电专用载重汽车 4t	台班	0.0415	0.0521	0.0629	0.0644

续表

定额编号			JYL1-84	JYL1-85	JYL1-86	JYL1-87
项目			多管			
			φ500以内	φ600以内	φ700以内	φ800以内
机械	泥浆制作循环设备	台班	0.0426	0.0438	0.0642	0.0651
	水平定向钻机　中型	台班	0.0429	0.0441	0.0645	0.0657
	泥浆泵　出口直径　φ200	台班	0.0426	0.0438	0.0642	0.0651
	SH系列塑料管道热熔对接机　SHY-250	台班	0.0333	0.0426	0.0519	0.0766
	履带式单斗液压挖掘机　斗容量　0.2m³	台班	0.0435	0.0546	0.0657	0.0675
	导向仪	台班	0.0234	0.0234	0.0234	0.0234
	其他机械费	元	5.6900	6.1700	8.5100	8.8200

注　未计价材料管材、膨润土、水。

定 额 编 号			JYL1-88	JYL1-89	JYL1-90	JYL1-91	JYL1-92	JYL1-93
项 目			多管					
			φ900 以内	φ1000 以内	φ1100 以内	φ1200 以内	φ1300 以内	φ1400 以内
单 位			m	m	m	m	m	m
基 价（元）			**939.59**	**1194.28**	**1469.80**	**2030.02**	**2332.36**	**3106.59**
其中	人 工 费（元）		113.29	132.42	144.45	154.10	160.93	164.69
	材 料 费（元）		360.58	538.00	728.26	1221.06	1469.95	2209.15
	机 械 费（元）		465.72	523.86	597.09	654.86	701.48	732.75
名 称		单位	数 量					
人工	普通工	工日	0.1710	0.1999	0.2180	0.2326	0.2429	0.2486
	建筑技术工	工日	0.9660	1.1291	1.2317	1.3140	1.3722	1.4043
计价材料	回扩器 DN450	只	0.0136	0.0136	0.0136	0.0136	0.0136	0.0136
	回扩器 DN550	只		0.0136	0.0136	0.0136	0.0136	0.0136
	回扩器 DN700	只	0.0136					
	回扩器 DN800	只	0.0169	0.0169	0.0169	0.0169	0.0169	0.0169
	回扩器 DN900	只	0.0169	0.0169				
	回扩器 DN1000	只		0.0169	0.0169	0.0169	0.0169	0.0169
	回扩器 DN1100	只			0.0238	0.0238		
	回扩器 DN1200	只				0.0238	0.0238	0.0238
	回扩器 DN1300	只					0.0238	0.0238
	回扩器 DN1400	只						0.0238

续表

定 额 编 号			JYL1−88	JYL1−89	JYL1−90	JYL1−91	JYL1−92	JYL1−93
项 目			多管					
			$\phi900$ 以内	$\phi1000$ 以内	$\phi1100$ 以内	$\phi1200$ 以内	$\phi1300$ 以内	$\phi1400$ 以内
计价材料	导向钻头	只	0.0136	0.0136	0.0136	0.0136	0.0136	0.0136
	清孔器 500mm	只	0.0241	0.0318	0.0318	0.0318	0.0395	0.0395
	其他材料费	元	7.0700	10.5500	14.2800	23.9400	28.8200	43.3200
机械	载重汽车 25t	台班	0.0696	0.0807	0.0876	0.0954	0.1037	0.1089
	灰浆搅拌机 拌筒容量 400L	台班	0.0666	0.0738	0.0858	0.0942	0.0999	0.1043
	电动单级离心清水泵 出口直径 $\phi100$	台班	0.0666	0.0738	0.0858	0.0942	0.0999	0.1043
	输电专用载重汽车 4t	台班	0.0657	0.0756	0.0817	0.0879	0.0954	0.1030
	泥浆制作循环设备	台班	0.0666	0.0738	0.0858	0.0942	0.0999	0.1043
	水平定向钻机 大型	台班	0.0672	0.0744	0.0864	0.0948	0.1007	0.1052
	泥浆泵 出口直径 $\phi200$	台班	0.0666	0.0738	0.0858	0.0942	0.0999	0.1043
	SH 系列塑料管道热熔对接机 SHY−250	台班	0.0831	0.0999	0.1167	0.1338	0.1503	0.1509
	履带式单斗液压挖掘机 斗容量 0.2m³	台班	0.0696	0.0807	0.0876	0.0954	0.1037	0.1089
	导向仪	台班	0.0234	0.0234	0.0234	0.0234	0.0234	0.0234
	其他机械费	元	10.3300	11.5700	13.2600	14.5500	15.5600	16.2300

注 未计价材料管材、膨润土、水。

1.12 盖板制作、充砂

工作内容：模板制作、安拆，混凝土搅拌、捣固，养护，成品起模，归堆，砂找平，清理现场，工器具移运。

定　额　编　号			JYL1-94	JYL1-95	JYL1-96
项　　　　　目			盖板制作	型钢框预制盖板制作	充砂
单　　　　　位			m³	m³	m³
基　　价（元）			**164.40**	**1065.72**	**11.83**
其中	人　工　费（元）		54.73	863.17	10.12
	材　料　费（元）		16.10	66.62	
	机　械　费（元）		93.57	135.93	1.71
名　　称		单位	数　　量		
人工	普通工	工日	0.2020	3.9481	0.0807
	建筑技术工	工日	0.3806	5.4525	0.0391
计价材料	钢丝　φ1.6 以下	kg	1.3440		
	电焊条　J422　综合	kg		7.8693	
	聚氯乙烯塑料薄膜　0.5mm	m²		6.2999	
	防锈漆	kg		1.9000	
	通用钢模板	kg	0.5503		
	草袋	个	3.5408		
	其他材料费	元	0.3200	1.3100	

续表

定 额 编 号			JYL1-94	JYL1-95	JYL1-96
项 目			盖板制作	型钢框预制盖板制作	充砂
机械	电动夯实机 夯击能量 250N·m	台班			0.0066
	汽车式起重机 起重量 5t	台班	0.0073		
	门式起重机 起重量 20t	台班	0.1013		
	机动翻斗车 1t	台班	0.0737		
	滚筒式混凝土搅拌机（电动式） 出料容量 400L	台班	0.0510	0.0510	
	混凝土振捣器（平台式）	台班	0.0860	0.0110	
	型钢剪断机 剪断宽度 500mm	台班		0.0022	
	交流弧焊机 容量 21kVA	台班		1.8740	
	输电专用载重汽车 4t	台班	0.0062	0.0125	0.0048

注 未计价材料砂、石、水、水泥、型钢。

56

1.13 直 埋 保 护 板

工作内容：调整电缆间距，盖保护板（或砖），埋设标桩，标识带敷设，清理现场，工器具移运。

定 额 编 号			JYL1-97	JYL1-98
项 目			直埋电缆盖保护板	
			1~2 根	同沟每增加 1 根
单 位			m	m
基 价（元）			**2.65**	**0.66**
其中	人 工 费（元）		2.01	0.50
	材 料 费（元）			
	机 械 费（元）		0.64	0.16
名 称		单位	数 量	
人工	普通工	工日	0.0268	0.0067
机械	输电专用载重汽车 4t	台班	0.0020	0.0005

注 未计价材料砂、电缆保护板、电缆保护标识带、标桩。

1.14 揭、盖电缆沟盖板

工作内容：揭盖板、盖盖板，清理现场，工器具移运。

定 额 编 号		JYL1-99	JYL1-100	JYL1-101	JYL1-102	JYL1-103
项 目		揭、盖电缆沟盖板 每块重量（kg）				
		18 以内	40 以内	80 以内	120 以内	120 以上
单 位		块	块	块	块	块
基 价 （元）		**1.36**	**1.82**	**3.32**	**4.54**	**6.08**
其中	人 工 费 （元）	0.88	1.18	1.80	2.58	3.68
	材 料 费 （元）					
	机 械 费 （元）	0.48	0.64	1.52	1.96	2.40
名 称	单位	数 量				
人工						
普通工	工日	0.0107	0.0147	0.0223	0.0321	0.0458
建筑技术工	工日	0.0007	0.0007	0.0012	0.0017	0.0024
机械						
汽车式起重机 起重量 5t	台班			0.0010	0.0015	0.0020
输电专用载重汽车 4t	台班	0.0015	0.0020	0.0030	0.0035	0.0040

注 未计价材料电缆沟盖板。

第 2 章　陆上电缆敷设

说　　明

一、内容包括

1kV 电缆敷设、10kV 电缆敷设、35kV 电缆敷设、110kV 电缆敷设、220kV 电缆敷设、500kV 电缆敷设。

二、定额不包括

1. 电缆进变（配）电站、工井管孔的防水封堵。

2. 绝热设施。

三、工程量计算规则

10kV 及以上电压等级电缆敷设以"100m/三相"为计量单位，1kV 以下电缆敷设以"100m"为计量单位，已综合考虑电缆固定绳包扎、固定金具安装、测温电缆敷设等工作，固定绳、固定金具及测温电缆按未计价材料另计。

四、定额使用规则

1. 电缆敷设按铜芯电缆考虑，如果实际采用铝芯，可参考同截面相应定额人工、机械乘以 0.9 系数。

2.1kV 电力电缆敷设定额已综合考虑四芯、五芯电力电缆，五芯以上电力电缆每增加一芯相应定额增加 15%。

3.10kV 电缆是按一根三芯统包考虑，对 10kV 单芯电缆，在套用定额时采用相同截面的定额乘以

2.0 的系数；35kV 及以上电缆按一根单芯考虑，对 35kV 三芯统包电缆，在套用定额时采用相同截面的定额乘以 0.5 的系数。

4. 电缆敷设的长度以设计书中材料清单的计算长度为依据，包括材料损耗、波（蛇）形敷设、接头制作和两端预留弯头等附加长度。

5. 国外相近类型电力电缆安装可参照使用。700mm² 电缆、845mm² 电缆均套用 800mm² 定额。

6. 电缆沿桥架敷设执行排管敷设定额。

7. 竖直通道电缆敷设时，执行隧道内电缆敷设定额，人工乘以 3.0 的系数。

8. 电缆沟如需敷设标识带，每米敷设增加普通工 0.05 工日，标识带按未计价材料计列。

2.1　1kV 电缆敷设

工作内容： 开盘，电缆核对、检查，移运、架盘，沟槽清理，牵引头制作，放收钢丝绳，敷设，锯断、封头、丈量、整理、固定电缆，挂牌，运保护板，摇测绝缘电阻，试验后复位，清理现场，工器具移运，空盘运回。

定　额　编　号		JYL2-1	JYL2-2	JYL2-3	JYL2-4	JYL2-5
项　　　目		沟槽直埋（mm²)				
		50 以内	70 以内	120 以内	240 以内	400 以内
单　　　位		100m	100m	100m	100m	100m
基　价　（元）		**447.78**	**512.97**	**762.38**	**1093.05**	**1416.82**
其中	人　工　费（元）	319.24	335.38	480.56	728.57	922.12
	材　料　费（元）	31.50	37.85	55.04	60.00	63.68
	机　械　费（元）	97.04	139.74	226.78	304.48	431.02
名　　称	单位	数　　量				
人工	普通工	工日	1.1429	1.2007	1.7204	2.6083	3.3013
	输电技术工	工日	1.9460	2.0444	2.9294	4.4412	5.6210
计价材料	钢丝绳　φ15 以下	kg	0.8536	1.0670	1.6005	1.9206	2.1340
	黄铜丝　综合	kg	0.0582	0.0776	0.0970	0.0970	0.0970
	镀锌铁丝	kg	0.1552	0.1746	0.2910	0.2910	0.2910
	热缩管帽	只	0.6499	0.6499	0.6499	0.6499	0.6499
	自黏性橡胶带　25mm×20m	卷	0.6790	0.9700	1.9400	1.9400	1.9400

定　额　编　号			JYL2-1	JYL2-2	JYL2-3	JYL2-4	JYL2-5
项　　　目			沟槽直埋（mm^2）				
			50 以内	70 以内	120 以内	240 以内	400 以内
计价材料	塑料带　20mm×40m	卷	0.1940	0.2910	0.5820	0.5820	0.5820
	汽油	kg	0.2425	0.2425	0.3880	0.3880	0.3880
	凡士林	kg	0.5820	0.7760	1.2125	1.6975	2.0855
	硬酯酸　一级	kg	0.0970	0.0970	0.0970	0.0970	0.0970
	无絮棉布	kg	0.3880	0.4365	0.5335	0.5335	0.5335
	其他材料费	元	0.6200	0.7400	1.0800	1.1800	1.2500
机械	汽车式起重机　起重量　12t	台班	0.0931	0.1024	0.1490	0.1956	0.2421
	载重汽车　5t	台班	0.0652	0.0652	0.1676	0.2142	0.2514
	电动单筒慢速卷扬机　30kN	台班		0.1937			
	电缆输送机　JSD-3	台班			0.1862	0.2794	0.5773

注　未计价材料电缆、固定绳、固定金具。

工作内容： 开盘，电缆检查，核对规格，移运、架盘，固定，沟道清理，牵引头制作，放收钢丝绳，
敷设，锯断、封头、丈量、整理、固定电缆，挂牌，运盖板，摇测绝缘电阻，试验后复位，
清理现场，工器具移运，空盘运回。

定 额 编 号			JYL2-6	JYL2-7	JYL2-8	JYL2-9	JYL2-10
项 目			电缆沟（隧）道内（mm²）				
			50 以内	70 以内	120 以内	240 以内	400 以内
单 位			100m	100m	100m	100m	100m
基 价 （元）			**425.06**	**520.67**	**828.62**	**1161.72**	**1468.85**
其中	人 工 费 （元）		302.44	346.79	440.24	696.29	891.20
	材 料 费 （元）		25.58	30.38	44.19	46.31	47.73
	机 械 费 （元）		97.04	143.50	344.19	419.12	529.92
名 称		单位	数 量				
人工	普通工	工日	1.0828	1.2415	1.5761	2.4928	3.1905
	输电技术工	工日	1.8436	2.1140	2.6836	4.2444	5.4326
计价材料	钢丝绳 φ15 以下	kg	0.8536	1.0670	1.6005	1.9206	2.1340
	黄铜丝 综合	kg	0.0582	0.0776	0.0970	0.0970	0.0970
	镀锌铁丝	kg	0.1552	0.1746	0.2910	0.2910	0.2910
	热缩管帽	只	0.6499	0.6499	0.6499	0.6499	0.6499
	自黏性橡胶带 25mm×20m	卷	0.6790	0.9700	1.9400	1.9400	1.9400
	塑料带 20mm×40m	卷	0.1940	0.2910	0.5820	0.5820	0.5820
	汽油	kg	0.2425	0.2425	0.3880	0.3880	0.3880

续表

定 额 编 号			JYL2-6	JYL2-7	JYL2-8	JYL2-9	JYL2-10
项 目			电缆沟（隧）道内（mm²）				
			50 以内	70 以内	120 以内	240 以内	400 以内
计价材料	硬酯酸 一级	kg	0.0970	0.0970	0.0970	0.0970	0.0970
	无絮棉布	kg	0.0970	0.0970	0.0970	0.0970	0.0970
	其他材料费	元	0.5000	0.6000	0.8700	0.9100	0.9400
机械	汽车式起重机 起重量 12t	台班	0.0931	0.1024	0.1490	0.1956	0.2421
	载重汽车 5t	台班	0.0652	0.0652	0.1676	0.2049	0.2328
	载重汽车 8t	台班			0.1583	0.2142	0.2514
	电动单筒慢速卷扬机 30kN	台班		0.2142			
	电缆输送机 JSD-3	台班			0.3725	0.3725	0.5587

注 未计价材料电缆、固定绳、固定金具。

工作内容： 开盘，电缆检查，核对规格，移运、架盘，固定，管道疏通，牵引头制作，放收钢丝绳，
敷设，锯断、封头、丈量、整理，摇测绝缘电阻，试验后复位，清理现场，工器具移运，
空盘运回。

定 额 编 号			JYL2-11	JYL2-12	JYL2-13	JYL2-14	JYL2-15
项　　　目			排管内（mm²）				
			50 以内	70 以内	120 以内	240 以内	400 以内
单　　　位			100m	100m	100m	100m	100m
基　　价（元）			**529.06**	**634.46**	**1054.42**	**1508.45**	**1923.04**
其中	人 工 费（元）		378.39	407.29	639.83	979.91	1280.35
	材 料 费（元）		68.12	78.14	107.29	131.32	154.88
	机 械 费（元）		82.55	149.03	307.30	397.22	487.81
名　　　称		单位	数　　　量				
人工	普通工	工日	1.3547	1.4581	2.2906	3.5082	4.5837
	输电技术工	工日	2.3066	2.4828	3.9003	5.9733	7.8048
计价材料	圆钢　φ10 以上	kg	2.9100	2.9100	3.1040	3.1040	3.1040
	钢丝绳　φ15 以下	kg	0.0640	0.0854	0.1067	0.1067	0.1067
	黄铜丝　综合	kg	0.1552	0.1746	0.2910	0.2910	0.2910
	镀锌铁丝	kg	0.7760	0.9700	1.4550	1.7460	1.9400
	热缩管帽	只	0.6499	0.6499	0.6499	0.6499	0.6499
	自黏性橡胶带　25mm×20m	卷	0.6790	0.9700	1.9400	1.9400	1.9400
	塑料带　20mm×40m	卷	0.1940	0.2910	0.5820	0.5820	0.5820

续表

定 额 编 号			JYL2-11	JYL2-12	JYL2-13	JYL2-14	JYL2-15
项 目			排管内（mm²）				
			50 以内	70 以内	120 以内	240 以内	400 以内
计价材料	汽油	kg	0.2425	0.2425	0.3880	0.3880	0.3880
	凡士林	kg	4.8500	5.8200	7.7600	11.6400	15.5200
	硬酯酸 一级	kg	0.0970	0.0970	0.0970	0.0970	0.0970
	无絮棉布	kg	0.0970	0.0970	0.0970	0.0970	0.0970
	其他材料费	元	1.3400	1.5300	2.1000	2.5700	3.0400
机械	汽车式起重机 起重量 12t	台班	0.0745	0.0745	0.1769	0.2235	0.2794
	载重汽车 5t	台班	0.0652	0.0652	0.1676	0.2049	0.2328
	载重汽车 8t	台班			0.1769	0.2235	0.2794
	电动单筒慢速卷扬机 30kN	台班		0.3632			
	电缆输送机 JSD-3	台班			0.1117	0.1862	0.2328

注 未计价材料电缆、固定绳、固定金具。

工作内容： 开盘，电缆检查，核对规格，移运、架盘，牵引头制作，放收钢丝绳，敷设，锯断、封头、丈量、整理、固定、挂牌，摇测绝缘电阻、试验后复位，清理现场，工器具移运，空盘运回。

定 额 编 号			JYL2-16	JYL2-17	JYL2-18	JYL2-19	JYL2-20
项 目			沿支架、墙面卡设（mm²）				
			50 以内	70 以内	120 以内	240 以内	400 以内
单 位			100m	100m	100m	100m	100m
基 价（元）			**469.96**	**482.66**	**963.62**	**1390.92**	**2107.44**
其中	人 工 费（元）		352.85	356.22	748.05	1113.67	1774.34
	材 料 费（元）		20.07	22.15	29.79	30.56	33.80
	机 械 费（元）		97.04	104.29	185.78	246.69	299.30
名 称		单位	数 量				
人工	普通工	工日	1.2632	1.2753	2.6781	3.9870	6.3523
	输电技术工	工日	2.1509	2.1714	4.5599	6.7887	10.8160
计价材料	热缩管帽	只	0.6499	0.6499	0.6499	0.6499	0.6499
	自黏性橡胶带 25mm×20m	卷	0.6790	0.9700	1.9400	1.9400	1.9400
	塑料带 20mm×40m	卷	0.2910	0.2910	0.5820	0.5820	0.5820
	汽油	kg	0.9215	0.9215	0.9215	1.0088	1.4162
	凡士林	kg	0.0776	0.0776	0.0776	0.0970	0.1261
	其他材料费	元	0.3900	0.4300	0.5800	0.6000	0.6600
机械	汽车式起重机 起重量 12t	台班	0.0931	0.1024	0.1490	0.1956	0.2421

续表

定 额 编 号			JYL2-16	JYL2-17	JYL2-18	JYL2-19	JYL2-20
项 目			沿支架、墙面卡设（mm²）				
			50 以内	70 以内	120 以内	240 以内	400 以内
机械	载重汽车 5t	台班	0.0652	0.0652			
	载重汽车 8t	台班			0.1583	0.2142	0.2514

注 未计价材料电缆、沿墙支架、固定绳、固定金具。

2.2 10kV 电缆敷设

工作内容： 开盘，电缆核对、检查，移运、架盘，沟槽清理，牵引头制作，放收钢丝绳，敷设，锯断、封头、丈量、整理、固定电缆，挂牌，运保护板，摇测绝缘电阻，试验后复位，清理现场，工器具移运，空盘运回。

定 额 编 号			JYL2-21	JYL2-22	JYL2-23	JYL2-24	JYL2-25	JYL2-26	JYL2-27
项 目			沟槽直埋（mm²）						
			50 以内	70 以内	120 以内	240 以内	300 以内	400 以内	630 以内
单 位			100m/三相	100m/三相	100m/三相	100m/三相	100m/三相	100m/三相	100m/三相
基 价 （元）			**504.24**	**552.12**	**904.49**	**1187.33**	**1350.88**	**1520.48**	**1714.82**
其中	人 工 费 （元）		375.70	409.98	565.24	728.57	823.99	922.12	1007.43
	材 料 费 （元）		31.50	37.85	55.04	60.00	61.84	63.68	76.41
	机 械 费 （元）		97.04	104.29	284.21	398.76	465.05	534.68	630.98
名 称		单位	数 量						
人工	普通工	工日	1.3450	1.4678	2.0236	2.6083	2.9499	3.3013	3.6066
	输电技术工	工日	2.2902	2.4991	3.4456	4.4412	5.0229	5.6210	6.1411
计价材料	钢丝绳 φ15 以下	kg	0.8536	1.0670	1.6005	1.9206	2.0273	2.1340	2.5608
	黄铜丝 综合	kg	0.0582	0.0776	0.0970	0.0970	0.0970	0.0970	0.1164
	镀锌铁丝	kg	0.1552	0.1746	0.2910	0.2910	0.2910	0.2910	0.3492
	热缩管帽	只	0.6499	0.6499	0.6499	0.6499	0.6499	0.6499	0.7799
	自黏性橡胶带 25mm×20m	卷	0.6790	0.9700	1.9400	1.9400	1.9400	1.9400	2.3280

续表

定 额 编 号			JYL2-21	JYL2-22	JYL2-23	JYL2-24	JYL2-25	JYL2-26	JYL2-27
项 目			沟槽直埋（mm²）						
			50 以内	70 以内	120 以内	240 以内	300 以内	400 以内	630 以内
计价材料	塑料带 20mm×40m	卷	0.1940	0.2910	0.5820	0.5820	0.5820	0.5820	0.6984
	汽油	kg	0.2425	0.2425	0.3880	0.3880	0.3880	0.3880	0.4656
	凡士林	kg	0.5820	0.7760	1.2125	1.6975	1.8915	2.0855	2.5026
	硬酯酸 一级	kg	0.0970	0.0970	0.0970	0.0970	0.0970	0.0970	0.1164
	无絮棉布	kg	0.3880	0.4365	0.5335	0.5335	0.5335	0.5335	0.6402
	其他材料费	元	0.6200	0.7400	1.0800	1.1800	1.2100	1.2500	1.5000
机械	汽车式起重机 起重量 12t	台班	0.0931	0.1024	0.1490	0.1956	0.2142	0.2421	0.2857
	载重汽车 5t	台班	0.0652	0.0652	0.1676	0.2142	0.2142	0.2328	0.2748
	载重汽车 8t	台班			0.1583	0.2142	0.2235	0.2514	0.2966
	电动单筒慢速卷扬机 30kN	台班			0.1937				
	电缆输送机 JSD-3	台班				0.2794	0.4656	0.5773	0.6813

注 未计价材料电缆、固定绳、固定金具。

工作内容：开盘，电缆检查，核对规格，移运、架盘，固定，沟道清理，牵引头制作，放收钢丝绳，敷设，锯断、封头、丈量、整理、固定电缆，挂牌，运盖板，摇测绝缘电阻，试验后复位，清理现场，工器具移运，空盘运回。

定 额 编 号			JYL2-28	JYL2-29	JYL2-30	JYL2-31	JYL2-32	JYL2-33	JYL2-34
项 目			电缆沟（隧）道内（mm²）						
			50 以内	70 以内	120 以内	240 以内	300 以内	400 以内	630 以内
单 位			100m/三相	100m/三相	100m/三相	100m/三相	100m/三相	100m/三相	100m/三相
基 价（元）			**478.84**	**542.62**	**849.65**	**1130.24**	**1331.11**	**1426.50**	**1667.77**
其中	人 工 费（元）		356.22	407.95	517.50	662.68	811.89	848.85	984.68
	材 料 费（元）		25.58	30.38	44.19	48.44	47.02	47.73	57.75
	机 械 费（元）		97.04	104.29	287.96	419.12	472.20	529.92	625.34
名 称		单位	数 量						
人工	普通工	工日	1.2753	1.4605	1.8527	2.3724	2.9066	3.0390	3.5252
	输电技术工	工日	2.1714	2.4868	3.1546	4.0396	4.9491	5.1744	6.0024
计价材料	钢丝绳 ϕ15 以下	kg	0.8536	1.0670	1.6005	1.9206	2.0273	2.1340	2.5821
	黄铜丝 综合	kg	0.0582	0.0776	0.0970	0.0970	0.0970	0.0970	0.1174
	镀锌铁丝	kg	0.1552	0.1746	0.2910	0.2910	0.2910	0.2910	0.3521
	热缩管帽	只	0.6499	0.6499	0.6499	0.8439	0.6499	0.6499	0.7864
	自黏性橡胶带 25mm×20m	卷	0.6790	0.9700	1.9400	1.9400	1.9400	1.9400	2.3474
	塑料带 20mm×40m	卷	0.1940	0.2910	0.5820	0.5820	0.5820	0.5820	0.7042
	汽油	kg	0.2425	0.2425	0.3880	0.3880	0.3880	0.3880	0.4695

续表

定 额 编 号			JYL2-28	JYL2-29	JYL2-30	JYL2-31	JYL2-32	JYL2-33	JYL2-34
项 目			电缆沟（隧）道内（mm²）						
			50 以内	70 以内	120 以内	240 以内	300 以内	400 以内	630 以内
计价材料	硬酯酸 一级	kg	0.0970	0.0970	0.0970	0.0970	0.0970	0.0970	0.1174
	无絮棉布	kg	0.0970	0.0970	0.0970	0.0970	0.0970	0.0970	0.1174
	其他材料费	元	0.5000	0.6000	0.8700	0.9500	0.9200	0.9400	1.1300
机械	汽车式起重机 起重量 12t	台班	0.0931	0.1024	0.1490	0.1956	0.2142	0.2421	0.2857
	载重汽车 5t	台班	0.0652	0.0652	0.1676	0.2049	0.2142	0.2328	0.2748
	载重汽车 8t	台班			0.1583	0.2142	0.2235	0.2514	0.2966
	电动单筒慢速卷扬机 30kN	台班			0.2142				
	电缆输送机 JSD-3	台班				0.3725	0.4935	0.5587	0.6593

注 未计价材料电缆、固定绳、固定金具。

73

工作内容： 开盘，电缆检查，核对规格，移运、架盘，固定，管道疏通，牵引头制作，放收钢丝绳，敷设，锯断、封头、丈量、整理，摇测绝缘电阻，试验后复位，清理现场，工器具移运，空盘运回。

定 额 编 号			JYL2-35	JYL2-36	JYL2-37	JYL2-38	JYL2-39	JYL2-40	JYL2-41
项 目			排管内（mm²）						
			50 以内	70 以内	120 以内	240 以内	300 以内	400 以内	630 以内
单 位			100m/三相	100m/三相	100m/三相	100m/三相	100m/三相	100m/三相	100m/三相
基 价（元）			**593.67**	**637.72**	**1200.12**	**1503.78**	**1746.00**	**1918.86**	**2183.42**
其中	人 工 费（元）		445.60	479.19	752.75	979.91	1148.60	1280.35	1435.25
	材 料 费（元）		65.52	75.98	101.88	126.65	139.38	150.70	182.35
	机 械 费（元）		82.55	82.55	345.49	397.22	458.02	487.81	565.82
名 称		单位	数 量						
人工	普通工	工日	1.5953	1.7155	2.6949	3.5082	4.1121	4.5837	5.1383
	输电技术工	工日	2.7163	2.9211	4.5886	5.9733	7.0016	7.8048	8.7490
计价材料	圆钢 φ10 以上	kg	2.9100	2.9100	3.1040	3.1040	3.1040	3.1040	3.7558
	钢丝绳 φ15 以下	kg	0.8536	1.0670	1.6005	1.9206	2.1340	2.1340	2.5821
	黄铜丝 综合	kg	0.0582	0.0776	0.0970	0.0970	0.0970	0.0970	0.1174
	镀锌铁丝	kg	0.1552	0.1746	0.2910	0.2910	0.2910	0.2910	0.3521
	热缩管帽	只	0.6499	0.6499	0.6499	0.6499	0.6499	0.6499	0.7864
	自黏性橡胶带 25mm×20m	卷	0.6790	0.9700	1.9400	1.9400	1.9400	1.9400	2.3474
	塑料带 20mm×40m	卷	0.1940	0.2910	0.5820	0.5820	0.5820	0.5820	0.7042

续表

定 额 编 号			JYL2-35	JYL2-36	JYL2-37	JYL2-38	JYL2-39	JYL2-40	JYL2-41
项 目			排管内（mm²）						
			50 以内	70 以内	120 以内	240 以内	300 以内	400 以内	630 以内
计价材料	汽油	kg	0.2425	0.2425	0.3880	0.3880	0.3880	0.3880	0.4695
	凡士林	kg	4.8500	5.8200	7.7600	11.6400	13.5800	15.5200	18.7792
	硬酯酸　一级	kg	0.0970	0.0970	0.0970	0.0970	0.0970	0.0970	0.1174
	无絮棉布	kg	0.0970	0.0970	0.0970	0.0970	0.0970	0.0970	0.1174
	其他材料费	元	1.2800	1.4900	2.0000	2.4800	2.7300	2.9600	3.5800
机械	汽车式起重机　起重量　12t	台班	0.0745	0.0745	0.1769	0.2235	0.2607	0.2794	0.3241
	载重汽车　5t	台班	0.0652	0.0652	0.1676	0.2049	0.2142	0.2328	0.2700
	载重汽车　8t	台班			0.1769	0.2235	0.2607	0.2794	0.3241
	电动单筒慢速卷扬机　30kN	台班			0.3650				
	电缆输送机　JSD-3	台班				0.1862	0.2328	0.2328	0.2700

注　未计价材料电缆、固定绳、固定金具。

工作内容：开盘，电缆检查，核对规格，移运、架盘，牵引头制作，放收钢丝绳，敷设、锯断、封头、丈量、整理、固定、挂牌、摇测绝缘电阻、试验后复位，清理现场，工器具移运，空盘运回。

定 额 编 号			JYL2-42	JYL2-43	JYL2-44	JYL2-45	JYL2-46	JYL2-47	JYL2-48
项 目			沿支架、墙面卡设（mm²）						
			50以内	70以内	120以内	240以内	300以内	400以内	630以内
单 位			100m/三相	100m/三相	100m/三相	100m/三相	100m/三相	100m/三相	100m/三相
基 价（元）			**531.46**	**570.70**	**1032.89**	**1390.92**	**1673.59**	**2107.44**	**2372.07**
其中	人 工 费（元）		418.71	444.26	813.24	1113.67	1370.41	1774.34	1987.28
	材 料 费（元）		15.71	22.15	33.87	30.56	33.80	33.80	40.56
	机 械 费（元）		97.04	104.29	185.78	246.69	269.38	299.30	344.23
名 称		单位	数 量						
人工	普通工	工日	1.4990	1.5905	2.9115	3.9870	4.9062	6.3523	7.1146
	输电技术工	工日	2.5524	2.7081	4.9573	6.7887	8.3537	10.8160	12.1140
计价材料	热缩管帽	只	0.6499	0.6499	0.6499	0.6499	0.6499	0.6499	0.7799
	自黏性橡胶带 25mm×20m	卷	0.0679	0.9700	1.9400	1.9400	1.9400	1.9400	2.3280
	塑料带 20mm×40m	卷	0.2910	0.2910	0.5820	0.5820	0.5820	0.5820	0.6984
	汽油	kg	0.9215	0.9215	0.9215	1.0088	1.4162	1.4162	1.6994
	凡士林	kg	0.0776	0.0776	0.7760	0.0970	0.1261	0.1261	0.1513
	其他材料费	元	0.3100	0.4300	0.6600	0.6000	0.6600	0.6600	0.8000
机械	汽车式起重机 起重量 12t	台班	0.0931	0.1024	0.1490	0.1956	0.2142	0.2421	0.2784

续表

定 额 编 号			JYL2-42	JYL2-43	JYL2-44	JYL2-45	JYL2-46	JYL2-47	JYL2-48
项 目			沿支架、墙面卡设（mm²）						
			50 以内	70 以内	120 以内	240 以内	300 以内	400 以内	630 以内
机械	载重汽车 5t	台班	0.0652	0.0652					
	载重汽车 8t	台班			0.1583	0.2142	0.2328	0.2514	0.2892

注 未计价材料电缆、沿墙支架、固定绳、固定金具。

77

2.3 35kV 电缆敷设

工作内容： 开盘，电缆核对、检查，移运、架盘，沟槽清理，牵引头制作，放收钢丝绳，敷设，锯断、封头、丈量、整理、固定电缆，挂牌，运保护板，摇测绝缘电阻，试验后复位，清理现场，工器具移运，空盘运回。

定 额 编 号			JYL2-49	JYL2-50	JYL2-51	JYL2-52
项 目			沟槽直埋（mm²）			
			150 以内	240 以内	400 以内	630 以内
单 位			100m／三相	100m／三相	100m／三相	100m／三相
基 价（元）			**2643.00**	**2939.63**	**3247.70**	**3779.05**
其中	人 工 费（元）		1707.96	1769.87	1801.40	1963.16
	材 料 费（元）		96.37	106.70	116.32	142.49
	机 械 费（元）		838.67	1063.06	1329.98	1673.40
名 称		单位	数 量			
人工	普通工	工日	6.6979	6.9406	7.0643	7.6986
	输电技术工	工日	10.0468	10.4110	10.5965	11.5480
计价材料	钢丝绳 φ15 以下	kg	3.5212	4.2254	4.6948	5.1642
	黄铜丝 综合	kg	0.1940	0.1940	0.1940	0.1940
	镀锌铁丝	kg	0.5820	0.5820	0.5820	0.5820
	封铅	kg	1.0670	1.0670	1.0670	1.1640
	自黏性橡胶带 25mm×20m	卷	3.8800	3.8800	3.8800	3.8800

续表

定　额　编　号			JYL2-49	JYL2-50	JYL2-51	JYL2-52
项　　　目			沟槽直埋（mm²）			
			150 以内	240 以内	400 以内	630 以内
计价材料	塑料带　20mm×40m	卷	1.1640	1.1640	1.1640	1.1640
	凡士林	kg	2.4250	3.3950	4.1710	7.2750
	硬酯酸　一级	kg	0.1940	0.1940	0.1940	0.2910
	清洗剂	kg	0.7760	0.7760	0.7760	1.1640
	钢锯条　各种规格	根	0.7760	0.7760	0.9700	1.1640
	无絮棉布	kg	0.1940	0.1940	0.3880	0.5820
	其他材料费	元	1.8900	2.0900	2.2800	2.7900
机械	汽车式起重机　起重量　12t	台班	0.3073	0.3833	0.4526	0.5214
	载重汽车　8t	台班	0.3256	0.4206	0.4712	0.6258
	电动单筒慢速卷扬机　50kN	台班	0.3975	0.4244	0.4302	0.5848
	柴油发电机组　功率　30kW	台班	0.3065	0.4381	0.6958	0.8626
	电缆输送机　JSD-3	台班	0.3830	0.5475	0.8698	1.0782
	输电专用载重汽车　5t	台班	0.5166	0.6042	0.6510	0.8886

注　未计价材料电缆、固定绳、固定金具。

工作内容： 开盘，电缆检查，核对规格，移运、架盘，固定，沟道清理，牵引头制作，放收钢丝绳，敷设，锯断、封头、丈量、整理、固定电缆，挂牌，运盖板，摇测绝缘电阻，试验后复位，清理现场，工器具移运，空盘运回。

定 额 编 号			JYL2-53	JYL2-54	JYL2-55	JYL2-56
项 目			电缆沟内（mm²）			
			150 以内	240 以内	400 以内	630 以内
单 位			100m/三相	100m/三相	100m/三相	100m/三相
基 价（元）			**2343.61**	**2731.28**	**3109.41**	**3446.90**
其中	人 工 费（元）		1431.26	1586.88	1702.25	1756.34
	材 料 费（元）		82.22	86.89	91.68	104.61
	机 械 费（元）		830.13	1057.51	1315.48	1585.95
名 称		单位	数 量			
人工	普通工	工日	5.6128	6.2230	6.6755	6.8876
	输电技术工	工日	8.4192	9.3346	10.0132	10.3314
计价材料	钢丝绳 φ15 以下	kg	3.5212	4.2254	4.6948	5.1642
	黄铜丝 综合	kg	0.1940	0.1940	0.1940	0.2910
	镀锌铁丝	kg	0.5820	0.5820	0.5820	0.5820
	封铅	kg	1.0670	1.0670	1.0670	1.1640
	自黏性橡胶带 25mm×20m	卷	3.8800	3.8800	3.8800	3.8800
	塑料带 20mm×40m	卷	1.1640	1.1640	1.1640	1.1640
	硬酯酸 一级	kg	0.1940	0.1940	0.1940	0.2910

续表

定 额 编 号			JYL2-53	JYL2-54	JYL2-55	JYL2-56
项 目			电缆沟内（mm²）			
			150 以内	240 以内	400 以内	630 以内
计价材料	清洗剂	kg	0.7760	0.7760	0.7760	1.1640
	钢锯条　各种规格	根	0.7760	0.7760	0.7760	0.9700
	无絮棉布	kg	0.1940	0.1940	0.3880	0.5820
	其他材料费	元	1.6100	1.7000	1.8000	2.0500
机械	汽车式起重机　起重量　12t	台班	0.3073	0.3833	0.4752	0.5214
	载重汽车　8t	台班	0.3256	0.4206	0.4948	0.6258
	电动单筒慢速卷扬机　50kN	台班	0.3522	0.3950	0.4244	0.5290
	柴油发电机组　功率　30kW	台班	0.3065	0.4381	0.5162	0.6452
	电缆输送机　JSD-3	台班	0.3830	0.5475	0.9133	1.0782
	输电专用载重汽车　5t	台班	0.5166	0.6042	0.6836	0.8886

注　未计价材料电缆、固定绳、固定金具。

工作内容：开盘，电缆检查，核对规格，移运、架盘，固定，管道疏通，牵引头制作，放收钢丝绳，敷设，锯断、封头、丈量、整理，摇测绝缘电阻，护层耐压，试验后复位，清理现场，工器具移运，空盘运回。

定 额 编 号			JYL2-57	JYL2-58	JYL2-59	JYL2-60
项 目			隧道内（mm²）			
			150 以内	240 以内	400 以内	630 以内
单 位			100m/三相	100m/三相	100m/三相	100m/三相
基 价（元）			**2584.38**	**2859.18**	**3255.92**	**3626.77**
其中	人 工 费（元）		1531.53	1620.17	1768.80	1814.66
	材 料 费（元）		82.22	86.89	90.00	102.57
	机 械 费（元）		970.63	1152.12	1397.12	1709.54
名 称		单位	数 量			
人工	普通工	工日	6.0060	6.3536	6.9365	7.1163
	输电技术工	工日	9.0090	9.5304	10.4047	10.6745
计价材料	钢丝绳 φ15 以下	kg	3.5212	4.2254	4.6948	5.1642
	黄铜丝 综合	kg	0.1940	0.1940	0.1940	0.1940
	镀锌铁丝	kg	0.5820	0.5820	0.5820	0.5820
	封铅	kg	1.0670	1.0670	1.0670	1.1640
	自黏性橡胶带 25mm×20m	卷	3.8800	3.8800	3.8800	3.8800
	塑料带 20mm×40m	卷	1.1640	1.1640	1.1640	1.1640
	硬脂酸 一级	kg	0.1940	0.1940	0.1940	0.2910

续表

定 额 编 号			JYL2-57	JYL2-58	JYL2-59	JYL2-60
项 目			隧道内（mm²）			
			150 以内	240 以内	400 以内	630 以内
计价材料	清洗剂	kg	0.7760	0.7760	0.7760	0.9700
	钢锯条 各种规格	根	0.7760	0.7760	0.7760	0.9700
	无絮棉布	kg	0.1940	0.1940	0.1940	0.9700
	其他材料费	元	1.6100	1.7000	1.7600	2.0100
机械	汽车式起重机 起重量 12t	台班	0.3073	0.3833	0.4752	0.5214
	载重汽车 8t	台班	0.3256	0.4206	0.4948	0.6258
	柴油发电机组 功率 30kW	台班	0.4013	0.5443	0.5846	0.7296
	机动绞磨 3t 以内	台班	0.4407	0.4948	0.5300	0.6612
	电缆输送机 JSD-3	台班	0.7663	0.7314	1.0970	1.3932
	输电专用载重汽车 5t	台班	0.5166	0.6042	0.6836	0.8886

注 未计价材料电缆、固定绳、固定金具。

工作内容：开盘，电缆检查，核对规格，移运、架盘，固定，管道疏通，牵引头制作，放收钢丝绳，敷设，锯断、封头、丈量、整理，摇测绝缘电阻，试验后复位，清理现场，工器具移运，空盘运回。

定 额 编 号		JYL2-61	JYL2-62	JYL2-63	JYL2-64
项 目		排管内（mm²）			
		150 以内	240 以内	400 以内	630 以内
单 位		100m/三相	100m/三相	100m/三相	100m/三相
基 价（元）		**3523.51**	**3895.33**	**4350.77**	**4706.64**
其中	人 工 费（元）	2237.87	2325.12	2465.09	2679.25
	材 料 费（元）	197.61	246.79	293.65	323.30
	机 械 费（元）	1088.03	1323.42	1592.03	1704.09
名 称	单位	数 量			
人工	普通工	工日	8.7760	9.1181	9.6670	10.5069
	输电技术工	工日	13.1639	13.6772	14.5005	15.7603
计价材料	圆钢 φ10 以上	kg	6.2080	6.2080	6.2080	6.2080
	钢丝绳 φ15 以下	kg	3.5212	4.2254	4.6948	5.1642
	黄铜丝 综合	kg	0.1940	0.1940	0.1940	0.1940
	镀锌铁丝	kg	0.5820	0.5820	0.5820	0.5820
	封铅	kg	1.0670	0.9700	0.9700	1.1640
	自黏性橡胶带 25mm×20m	卷	3.8800	3.8800	3.8800	3.8800
	塑料带 20mm×40m	卷	1.1640	1.1640	0.5432	1.1640

续表

定 额 编 号			JYL2-61	JYL2-62	JYL2-63	JYL2-64
项 目			排管内（mm²）			
			150 以内	240 以内	400 以内	630 以内
计价材料	凡士林	kg	15. 5200	23. 2800	31. 0400	34. 9200
	硬酯酸 一级	kg	0. 1940	0. 1940	0. 1940	0. 1940
	清洗剂	kg	0. 7760	0. 7760	0. 7760	0. 9700
	钢锯条 各种规格	根	0. 7760	0. 7760	0. 7760	0. 9700
	无絮棉布	kg	0. 1940	0. 1940	0. 1940	0. 1940
	其他材料费	元	3. 8700	4. 8400	5. 7600	6. 3400
机械	汽车式起重机 起重量 12t	台班	0. 3316	0. 4381	0. 5475	0. 5214
	载重汽车 8t	台班	0. 3316	0. 4381	0. 5475	0. 5214
	电动单筒慢速卷扬机 50kN	台班	0. 6836	0. 7743	0. 8467	0. 8362
	污水泵 出口直径 φ100	台班	1. 6520	1. 9184	2. 2842	2. 6110
	柴油发电机组 功率 30kW	台班	0. 2786	0. 2925	0. 3646	0. 4172
	电缆输送机 JSD-3	台班	0. 3482	0. 3656	0. 4557	0. 5214
	输电专用载重汽车 5t	台班	0. 4696	0. 6042	0. 6836	0. 8886

注 未计价材料电缆、固定绳、固定金具。

2.4 110kV 电缆敷设

工作内容： 开盘，电缆检查，核对规格，移运、架盘，沟槽清理，牵引头制作，放收钢丝绳，敷设，锯断、封头、丈量、整理、固定电缆，挂牌，运保护板，摇测绝缘电阻，护层耐压，试验后复位，清理现场，工器具移运，空盘运回。

定 额 编 号		JYL2-65	JYL2-66	JYL2-67	JYL2-68
项 目		沟槽直埋（mm^2）			
		400 以内	800 以内	1200 以内	1600 以内
单 位		100m/三相	100m/三相	100m/三相	100m/三相
基 价 （元）		**4227.42**	**4700.13**	**5685.32**	**6849.75**
其中	人 工 费 （元）	2028.08	2262.93	2806.96	3743.06
	材 料 费 （元）	160.62	180.61	205.26	224.35
	机 械 费 （元）	2038.72	2256.59	2673.10	2882.34
名 称	单位	数 量			
人工 普通工	工日	7.9532	8.8742	11.0077	14.6786
输电技术工	工日	11.9299	13.3114	16.5115	22.0180
计价材料 钢丝绳 φ15 以下	kg	2.2407	2.5395	2.9876	3.2864
黄铜丝 综合	kg	0.3909	0.5432	0.6518	0.7605
镀锌六角螺栓 综合	kg	2.0370	2.1728	2.4444	2.7160
膨胀螺栓 M12	套	21.7280	21.7280	21.7280	21.7280
镀锌铁丝	kg	0.2716	0.2716	0.4074	0.4074

续表

定 额 编 号			JYL2-65	JYL2-66	JYL2-67	JYL2-68
项　　　　目			沟槽直埋（mm²）			
			400 以内	800 以内	1200 以内	1600 以内
计价材料	热收缩封头　1~4 号	只	2.7160	2.7160	2.7160	2.7160
	封铅	kg	2.4444	2.7160	2.9876	3.2592
	塑料带　20mm×40m	卷	2.4444	2.4444	2.7160	2.7160
	凡士林	kg	4.4814	5.6764	6.8715	8.0665
	硬酯酸　一级	kg	0.3259	0.3259	0.3802	0.3802
	清洗剂	kg	0.7333	0.7333	0.8555	0.8555
	石油液化气	m³	0.5772	0.6354	0.6984	0.8371
	钢锯条　各种规格	根	1.4666	1.4666	1.8333	1.8333
	无絮棉布	kg	0.6926	0.6926	0.9234	0.9234
	其他材料费	元	3.1500	3.5400	4.0200	4.4000
机械	汽车式起重机　起重量　20t	台班	0.2477	0.2812	0.3138	0.3473
	汽车式起重机　起重量　40t	台班	0.1173	0.1332	0.1490	0.1639
	平板拖车组　40t	台班	0.3520	0.3762	0.3995	0.4228
	电动单筒慢速卷扬机　30kN	台班	0.2645	0.3063	0.3501	0.3921
	柴油发电机组　功率　30kW	台班	0.4579	0.5270		
	柴油发电机组　功率　60kW	台班			0.6022	0.6756

续表

定 额 编 号			JYL2-65	JYL2-66	JYL2-67	JYL2-68
项 目			沟槽直埋（mm²）			
			400 以内	800 以内	1200 以内	1600 以内
机械	电缆输送机 JSD-3	台班	2.6111	2.8718		
	电缆输送机 JSD-5	台班			3.3067	3.4809
	输电专用载重汽车 5t	台班	0.8254	0.9133	1.0042	1.0922

注 未计价材料电缆、固定绳、固定金具及测温电缆。

88

工作内容：开盘，电缆检查，核对规格，移运、架盘，固定，沟道清理，牵引头制作，放收钢丝绳，敷设，锯断、封头、丈量、整理、固定电缆，挂牌，运盖板，摇测绝缘电阻，护层耐压，试验后复位，清理现场，工器具移运，空盘运回。

定 额 编 号		JYL2-69	JYL2-70	JYL2-71	JYL2-72
项 目		电缆沟内（mm²）			
		400 以内	800 以内	1200 以内	1600 以内
单 位		100m/三相	100m/三相	100m/三相	100m/三相
基 价（元）		**3993.87**	**4620.56**	**5345.75**	**6440.91**
其中	人 工 费（元）	1817.72	2044.70	2507.48	3388.98
	材 料 费（元）	137.43	147.48	165.17	177.28
	机 械 费（元）	2038.72	2428.38	2673.10	2874.65
名 称	单位	数 量			
人工 普通工	工日	7.1283	8.0184	9.8332	13.2901
输电技术工	工日	10.6925	12.0277	14.7499	19.9352
计价材料 钢丝绳 φ15 以下	kg	2.6675	2.5395	2.9876	3.2864
黄铜丝 综合	kg	0.4365	0.5432	0.6518	0.7605
镀锌六角螺栓 综合	kg	2.4250	2.1728	2.4444	2.7160
膨胀螺栓 M12	套	21.7280	21.7280	21.7280	21.7280
镀锌铁丝	kg	0.2716	0.2716	0.4074	0.4074
热收缩封头 1~4 号	只	2.7160	2.7160	2.7160	2.7160
封铅	kg	2.4444	2.7160	2.9876	3.2592

续表

定额编号			JYL2-69	JYL2-70	JYL2-71	JYL2-72
项目			电缆沟内（mm²）			
			400 以内	800 以内	1200 以内	1600 以内
计价材料	塑料带 20mm×40m	卷	0.4074	2.4444	2.7160	2.7160
	硬酯酸 一级	kg	0.3259	0.3259	0.3802	0.3802
	清洗剂	kg	0.7333	0.7333	0.8555	0.8555
	石油液化气	m³	0.5772	0.6354	0.6984	0.8371
	钢锯条 各种规格	根	1.4666	1.4666	1.8333	1.8333
	无絮棉布	kg	0.6926	0.6926	0.9234	0.9234
	其他材料费	元	2.6900	2.8900	3.2400	3.4800
机械	汽车式起重机 起重量 20t	台班	0.2477	0.2812	0.3138	0.3473
	汽车式起重机 起重量 40t	台班	0.1173	0.1332	0.1490	0.1639
	平板拖车组 40t	台班	0.3520	0.3762	0.3995	0.4228
	电动单筒慢速卷扬机 30kN	台班	0.2645	0.3063	0.3501	0.3501
	柴油发电机组 功率 30kW	台班	0.4579	0.5270		
	柴油发电机组 功率 60kW	台班			0.6022	0.6756
	电缆输送机 JSD-3	台班	2.6111	3.5423		
	电缆输送机 JSD-5	台班			3.3067	3.4809
	输电专用载重汽车 5t	台班	0.8254	0.9133	1.0042	1.0922

注 未计价材料电缆、固定绳、固定金具及测温电缆。

90

工作内容： 开盘，电缆检查，核对规格，移运、架盘，固定，管道疏通，牵引头制作，放收钢丝绳，敷设，锯断、封头、丈量、整理，摇测绝缘电阻，护层耐压，试验后复位，清理现场，工器具移运，空盘运回。

定 额 编 号		JYL2-73	JYL2-74	JYL2-75	JYL2-76
项 目		隧道内（mm²）			
		400 以内	800 以内	1200 以内	1600 以内
单 位		100m/三相	100m/三相	100m/三相	100m/三相
基 价（元）		**4096.19**	**4590.22**	**5598.87**	**6718.01**
其中	人 工 费（元）	1888.29	2149.72	2722.94	3622.05
	材 料 费（元）	159.60	172.61	192.88	204.99
	机 械 费（元）	2048.30	2267.89	2683.05	2890.97
名 称	单位	数 量			
人工	普通工	工日	7.4050	8.4303	10.6782	14.2041
	输电技术工	工日	11.1076	12.6454	16.0173	21.3062
计价材料	钢丝绳 φ15 以下	kg	2.2407	2.5395	2.9876	3.2864
	黄铜丝 综合	kg	0.3909	0.5432	0.6518	0.7605
	镀锌六角螺栓 综合	kg	2.0370	2.1728	2.4444	2.7160
	膨胀螺栓 M12	套	21.7280	21.7280	21.7280	21.7280
	镀锌铁丝	kg	0.2716	0.2716	0.4074	0.4074
	热收缩封头 1~4 号	只	2.7160	2.7160	2.7160	2.7160
	封铅	kg	2.4444	2.7160	2.9876	3.2592

续表

定　额　编　号			JYL2-73	JYL2-74	JYL2-75	JYL2-76
项　　　　目			隧道内（mm²）			
			400 以内	800 以内	1200 以内	1600 以内
计价材料	塑料带　20mm×40m	卷	2.4444	2.4444	2.7160	2.7160
	硬酯酸　一级	kg	2.4444	2.4444	2.7160	2.7160
	清洗剂	kg	0.7333	0.7333	0.8555	0.8555
	石油液化气	m³	0.5772	0.6354	0.6984	0.8371
	钢锯条　各种规格	根	1.4666	1.4666	1.8333	1.8333
	无絮棉布	kg	0.6926	0.6926	0.9234	0.9234
	其他材料费	元	3.1300	3.3800	3.7800	4.0200
机械	汽车式起重机　起重量　20t	台班	0.2477	0.2812	0.3138	0.3473
	汽车式起重机　起重量　40t	台班	0.1173	0.1332	0.1490	0.1639
	平板拖车组　40t	台班	0.3520	0.3762	0.3995	0.4228
	柴油发电机组　功率　30kW	台班	0.4579	0.5270		
	柴油发电机组　功率　60kW	台班			0.6022	0.6756
	机动绞磨　3t 以内	台班	0.3399	0.3948	0.4339	0.4712
	电缆输送机　JSD-3	台班	2.6111	2.8718		
	电缆输送机　JSD-5	台班			3.3067	3.4809
	输电专用载重汽车　5t	台班	0.8254	0.9133	1.0042	1.0922

注　未计价材料电缆、固定绳、固定金具及测温电缆。

工作内容：开盘，电缆检查，核对规格，移运、架盘，固定，管道疏通，牵引头制作，放收钢丝绳，敷设，锯断、封头、丈量、整理，摇测绝缘电阻，护层耐压，试验后复位，清理现场，工器具移运，空盘运回。

定 额 编 号			JYL2-77	JYL2-78	JYL2-79	JYL2-80
项 目			排管内（mm²）			
			400 以内	800 以内	1200 以内	1600 以内
单 位			100m/三相	100m/三相	100m/三相	100m/三相
基 价（元）			**5174.52**	**5749.83**	**6760.79**	**8137.60**
其中	人 工 费（元）		2190.02	2479.79	3066.53	4095.87
	材 料 费（元）		598.71	648.32	785.27	834.68
	机 械 费（元）		2385.79	2621.72	2908.99	3207.05
名 称		单位	数 量			
人工	普通工	工日	8.5883	9.7247	12.0256	16.0622
	输电技术工	工日	12.8825	14.5870	18.0384	24.0934
计价材料	钢丝绳 φ15 以下	kg	15.1727	15.1727	15.1727	15.1727
	黄铜丝 综合	kg	6.3050	6.4990	7.5660	7.9540
	膨胀螺栓 M12	套	15.5200	15.5200	15.5200	15.5200
	镀锌铁丝	kg	0.1940	0.1940	0.2910	0.2910
	热收缩封头 1~4 号	只	1.9400	1.9400	1.9400	1.9400
	封铅	kg	1.9400	1.9400	1.9400	1.9400
	塑料带 20mm×40m	卷	1.7460	1.7460	1.9400	1.9400

定　额　编　号			JYL2-77	JYL2-78	JYL2-79	JYL2-80
项　　　目			排管内（mm²）			
			400 以内	800 以内	1200 以内	1600 以内
计价材料	凡士林	kg	20.4864	27.3152	40.9728	46.0944
	硬酯酸　一级	kg	0.2910	0.2910	0.3395	0.3395
	清洗剂	kg	0.5238	0.5238	0.6111	0.6111
	钢锯条　各种规格	根	1.0476	1.0476	1.3095	1.3095
	无絮棉布	kg	0.4947	0.4947	0.6596	0.6596
	其他材料费	元	11.7400	12.7100	15.4000	16.3700
机械	汽车式起重机　起重量　20t	台班	0.2477	0.2812	0.3138	0.3473
	汽车式起重机　起重量　40t	台班	0.1313	0.1480	0.1658	0.1825
	平板拖车组　40t	台班	0.3520	0.3762	0.3995	0.4228
	电动单筒慢速卷扬机　50kN	台班	1.1463	1.3177	1.4899	1.6622
	污水泵　出口直径　φ100	台班	1.9583	1.9583	2.0756	2.0756
	柴油发电机组　功率　30kW	台班	1.1491	1.3219	1.4947	1.6675
	电缆输送机　JSD-3	台班	1.3055	1.3922		
	电缆输送机　JSD-5	台班			1.5160	1.8279
	输电专用载重汽车　5t	台班	0.8254	0.9133	1.0042	1.0922

注　未计价材料电缆、固定绳、固定金具及测温电缆。

2.5 220kV 电缆敷设

工作内容： 开盘，电缆检查，核对规格，移运、架盘，沟槽清理，牵引头制作，放收钢丝绳，敷设，锯断、封头、丈量、整理、固定电缆，挂牌，运保护板，摇测绝缘电阻，护层耐压，试验后复位，清理现场，工器具移运，空盘运回。

定 额 编 号			JYL2-81	JYL2-82	JYL2-83	JYL2-84	JYL2-85
项 目			沟槽直埋（mm²）				
			800 以内	1200 以内	1600 以内	2000 以内	2500 以内
单 位			100m/三相	100m/三相	100m/三相	100m/三相	100m/三相
基 价 （元）			**5696.36**	**6760.26**	**8714.77**	**10928.30**	**12282.06**
其中	人 工 费 （元）		3056.45	3670.57	4392.49	5270.60	6226.32
	材 料 费 （元）		142.37	184.93	226.68	247.78	280.16
	机 械 费 （元）		2497.54	2904.76	4095.60	5409.92	5775.58
名 称		单位	数 量				
人工	普通工	工日	11.9861	14.3944	17.2254	20.6690	24.4170
	输电技术工	工日	17.9791	21.5916	25.8382	31.0035	36.6254
计价材料	钢丝绳 φ15 以下	kg	1.9206	2.7742	3.4678	3.8092	4.3320
	黄铜丝 综合	kg	0.4850	0.8245	1.0282	1.1252	1.2901
	镀锌六角螺栓 综合	kg	1.9400	2.3280	2.8130	3.1040	3.4920
	膨胀螺栓 M12	套	15.5200	16.7616	18.6240	19.2448	20.4864
	镀锌铁丝	kg	0.2619	0.2765	0.3463	0.3783	0.4307

续表

定　额　编　号			JYL2-81	JYL2-82	JYL2-83	JYL2-84	JYL2-85
项　　　　　目			沟槽直埋（mm²）				
			800 以内	1200 以内	1600 以内	2000 以内	2500 以内
计价材料	热收缩封头　1~4 号	只	1.9400	1.9400	1.9400	1.9400	1.9400
	封铅	kg	1.9400	2.1340	2.6675	2.9294	3.3368
	塑料带　20mm×40m	卷	2.7936	3.1040	3.8800	4.2680	4.8500
	凡士林	kg	4.0740	5.9170	7.4011	8.1383	9.2441
	硬酯酸　一级	kg	0.2910	0.3395	0.4268	0.4656	0.5335
	清洗剂	kg	0.5820	0.6402	0.8051	0.8827	0.9991
	石油液化气	m³	0.4850	0.5869	0.7033	0.7712	0.8827
	钢锯条　各种规格	根	1.1640	1.3580	1.6975	1.8624	2.1243
	无絮棉布	kg	0.5820	0.6790	1.0670	1.3386	1.6684
	其他材料费	元	2.7900	3.6300	4.4400	4.8600	5.4900
机械	汽车式起重机　起重量　20t	台班	0.2877	0.3445	0.8623	0.9470	0.9573
	汽车式起重机　起重量　40t	台班	0.1369	0.1639	0.4107	0.4479	0.4563
	平板拖车组　40t	台班	0.4004	0.4525	0.5569	0.6966	0.6966
	电动单筒慢速卷扬机　30kN	台班	0.4022	0.4181	0.4703	0.4703	0.5224
	柴油发电机组　功率　60kW	台班	0.6653	0.6912	0.7776	1.5552	1.8144

续表

定　额　编　号			JYL2-81	JYL2-82	JYL2-83	JYL2-84	JYL2-85
项　　　　目			沟槽直埋（mm²）				
			800 以内	1200 以内	1600 以内	2000 以内	2500 以内
机械	电缆输送机　JSD-3	台班	2.8718				
	电缆输送机　JSD-5	台班		3.3067	3.4809	4.6988	5.2212
	输电专用载重汽车　5t	台班	0.9894	1.1580	1.3098	2.0845	2.2531

注　未计价材料电缆、固定绳、固定金具及测温电缆。

工作内容：开盘，电缆检查，核对规格，移运、架盘，固定，沟道清理，牵引头制作，放收钢丝绳，敷设，锯断、封头、丈量、整理、固定电缆，挂牌，运盖板，摇测绝缘电阻，护层耐压，试验后复位，清理现场，工器具移运，空盘运回。

定 额 编 号			JYL2-86	JYL2-87	JYL2-88	JYL2-89	JYL2-90
项 目			电缆沟内（mm²）				
			800 以内	1200 以内	1600 以内	2000 以内	2500 以内
单 位			100m/三相	100m/三相	100m/三相	100m/三相	100m/三相
基 价（元）			**5798.90**	**6822.70**	**8890.39**	**10947.84**	**12505.87**
其中	人 工 费（元）		3182.76	3767.54	4611.30	5337.63	6504.08
	材 料 费（元）		118.60	150.40	183.49	200.29	226.21
	机 械 费（元）		2497.54	2904.76	4095.60	5409.92	5775.58
名 称		单位	数 量				
人工	普通工	工日	12.4814	14.7746	18.0835	20.9319	25.5062
	输电技术工	工日	18.7221	22.1620	27.1253	31.3978	38.2593
计价材料	钢丝绳 φ15 以下	kg	1.9206	2.7742	3.4678	3.8092	4.3320
	黄铜丝 综合	kg	0.4850	0.8245	1.0282	1.1252	1.2901
	镀锌六角螺栓 综合	kg	1.9400	2.3280	2.8130	3.1040	3.4920
	膨胀螺栓 M12	套	15.5200	16.7616	18.6240	19.2448	20.4864
	镀锌铁丝	kg	0.2619	0.2765	0.3463	0.3783	0.4307
	热收缩封头 1~4 号	只	1.9400	1.9400	1.9400	1.9400	1.9400
	封铅	kg	1.9400	2.1340	2.6675	2.9294	3.3368

续表

定 额 编 号			JYL2-86	JYL2-87	JYL2-88	JYL2-89	JYL2-90
项 目			电缆沟内（mm²）				
			800 以内	1200 以内	1600 以内	2000 以内	2500 以内
计价材料	塑料带 20mm×40m	卷	2.7936	3.1040	3.8800	4.2680	4.8500
	硬酯酸 一级	kg	0.2910	0.3395	0.4268	0.4656	0.5335
	清洗剂	kg	0.5820	0.6402	0.8051	0.8827	0.9991
	石油液化气	m³	0.4850	0.5869	0.7033	0.7712	0.8827
	钢锯条 各种规格	根	1.1640	1.3580	1.6975	1.8624	2.1243
	无絮棉布	kg	0.5820	0.6790	1.0670	1.3386	1.6684
	其他材料费	元	2.3300	2.9500	3.6000	3.9300	4.4400
机械	汽车式起重机 起重量 20t	台班	0.2877	0.3445	0.8623	0.9470	0.9573
	汽车式起重机 起重量 40t	台班	0.1369	0.1639	0.4107	0.4479	0.4563
	平板拖车组 40t	台班	0.4004	0.4525	0.5569	0.6966	0.6966
	电动单筒慢速卷扬机 30kN	台班	0.4022	0.4181	0.4703	0.4703	0.5224
	柴油发电机组 功率 60kW	台班	0.6653	0.6912	0.7776	1.5552	1.8144
	电缆输送机 JSD-3	台班	2.8718				
	电缆输送机 JSD-5	台班		3.3067	3.4809	4.6988	5.2212
	输电专用载重汽车 5t	台班	0.9894	1.1580	1.3098	2.0845	2.2531

注　未计价材料电缆、固定绳、固定金具及测温电缆。

工作内容： 开盘，电缆检查，核对规格，移运、架盘，固定，管道疏通，牵引头制作，放收钢丝绳，敷设，锯断、封头、丈量、整理，摇测绝缘电阻，护层耐压，试验后复位，清理现场，工器具移运，空盘运回。

定 额 编 号		JYL2-91	JYL2-92	JYL2-93	JYL2-94	JYL2-95
项 目		隧道内（mm²）				
		800 以内	1200 以内	1600 以内	2000 以内	2500 以内
单 位		100m/三相	100m/三相	100m/三相	100m/三相	100m/三相
基 价（元）		**5789.95**	**6905.17**	**9207.47**	**11131.93**	**12567.13**
其中	人 工 费（元）	3178.81	3810.92	4532.64	5378.54	6372.36
	材 料 费（元）	118.60	150.40	186.50	216.46	250.56
	机 械 费（元）	2492.54	2943.85	4488.33	5536.93	5944.21
名 称	单位	数 量				
人工	普通工	工日	12.4659	14.9448	17.7751	21.0923	24.9896
	输电技术工	工日	18.6989	22.4172	26.6626	31.6385	37.4845
计价材料	钢丝绳 φ15 以下	kg	1.9206	2.7742	3.6278	4.4814	5.3350
	黄铜丝 综合	kg	0.4850	0.8245	1.0670	1.3580	1.6490
	镀锌六角螺栓 综合	kg	1.9400	2.3280	2.8130	3.1040	3.4920
	膨胀螺栓 M12	套	15.5200	16.7616	18.6240	19.2448	20.6600
	镀锌铁丝	kg	0.2619	0.2765	0.3463	0.3783	0.4307
	热收缩封头 1~4 号	只	1.9400	1.9400	1.9400	1.9400	1.9400
	封铅	kg	1.9400	2.1340	2.6675	2.9294	3.3368

续表

定 额 编 号			JYL2-91	JYL2-92	JYL2-93	JYL2-94	JYL2-95
项 目			隧道内（mm²）				
			800 以内	1200 以内	1600 以内	2000 以内	2500 以内
计价材料	塑料带 20mm×40m	卷	2.7936	3.1040	3.8800	4.2680	4.8500
	硬酯酸 一级	kg	0.2910	0.3395	0.4268	0.4656	0.4850
	清洗剂	kg	0.5820	0.6402	0.8051	0.8827	0.9991
	石油液化气	m³	0.4850	0.5869	0.7033	0.7712	0.8827
	钢锯条 各种规格	根	1.1640	1.3580	1.6975	1.8624	2.1243
	无絮棉布	kg	0.5820	0.6790	1.0670	1.3386	1.6684
	其他材料费	元	2.3300	2.9500	3.6600	4.2400	4.9100
机械	汽车式起重机 起重量 20t	台班	0.2877	0.3445	0.8623	0.9470	0.9573
	汽车式起重机 起重量 40t	台班	0.1369	0.1639	0.4107	0.4479	0.5112
	平板拖车组 40t	台班	0.4004	0.4525	0.5569	0.6966	0.6966
	柴油发电机组 功率 60kW	台班	0.6653	0.7776	1.5552	1.8144	1.9872
	机动绞磨 3t 以内	台班	0.4022	0.4181	0.4703	0.4703	0.5224
	电缆输送机 JSD-3	台班	2.8718				
	电缆输送机 JSD-5	台班		3.3067	3.4809	4.6988	5.2212
	输电专用载重汽车 5t	台班	0.9894	1.1580	1.3098	2.0845	2.2531

注 未计价材料电缆、固定绳、固定金具及测温电缆。

工作内容： 开盘，电缆检查，核对规格，移运、架盘，固定，管道疏通，牵引头制作，放收钢丝绳，敷设，锯断、封头、丈量、整理，摇测绝缘电阻，护层耐压，试验后复位，清理现场，工器具移运，空盘运回。

定 额 编 号		JYL2-96	JYL2-97	JYL2-98	JYL2-99	JYL2-100
项 目		排管内（mm²）				
		800 以内	1200 以内	1600 以内	2000 以内	2500 以内
单 位		100m/三相	100m/三相	100m/三相	100m/三相	100m/三相
基 价（元）		**6677.98**	**8011.63**	**10904.51**	**12760.79**	**14290.35**
其中	人 工 费（元）	3546.71	4431.82	5827.48	6932.61	8020.50
	材 料 费（元）	295.71	369.61	465.29	522.70	625.46
	机 械 费（元）	2835.56	3210.20	4611.74	5305.48	5644.39
名 称	单位	数 量				
人工	普通工	工日	13.9087	17.3797	22.8529	27.1867	31.4529
	输电技术工	工日	20.8630	26.0695	34.2793	40.7801	47.1794
计价材料	圆钢 φ10 以上	kg	9.1956	9.1956	9.1956	9.8940	9.8940
	钢丝绳 φ15 以下	kg	1.9206	2.7742	3.6278	4.4814	5.3350
	黄铜丝 综合	kg	0.4850	0.8245	1.0670	1.3580	1.6490
	镀锌六角螺栓 综合	kg	1.9400	2.3280	2.8130	3.1040	3.4920
	膨胀螺栓 M12	套	15.5200	16.7616	18.6240	19.2448	20.6600
	镀锌铁丝	kg	0.2619	0.2765	0.3463	0.3783	0.4307
	热收缩封头 1~4 号	只	1.9400	1.9400	1.9400	1.9400	1.9400

定 额 编 号			JYL2-96	JYL2-97	JYL2-98	JYL2-99	JYL2-100
项 目			排管内（mm²）				
			800 以内	1200 以内	1600 以内	2000 以内	2500 以内
计价材料	封铅	kg	1.9400	2.1340	2.6675	2.9294	3.3368
	塑料带 20mm×40m	卷	2.7936	3.1040	3.8800	4.2680	4.8500
	凡士林	kg	24.3470	31.6220	41.9040	46.1720	58.0060
	硬酯酸 一级	kg	0.2910	0.3395	0.4268	0.4656	0.4850
	清洗剂	kg	0.5820	0.6402	0.8051	0.8827	0.9991
	钢锯条 各种规格	根	1.1640	1.3580	1.6975	1.8624	2.1243
	无絮棉布	kg	0.5820	0.6790	1.0670	1.3386	1.6684
	其他材料费	元	5.8000	7.2500	9.1200	10.2500	12.2600
机械	汽车式起重机 起重量 20t	台班	0.2877	0.3445	0.8623	0.9470	0.9573
	汽车式起重机 起重量 40t	台班	0.1369	0.1639	0.4107	0.4479	0.5112
	平板拖车组 40t	台班	0.4181	0.4703	0.7133	0.7832	0.8008
	电动单筒慢速卷扬机 80kN	台班	1.4796	1.5662	1.6538	1.7404	1.9145
	污水泵 出口直径 φ100	台班	2.8281	2.8281	2.8281	2.8281	2.8281
	柴油发电机组 功率 30kW	台班	1.1923	1.3651	1.5552	1.8144	1.9872
	电缆输送机 JSD-3	台班	1.3307				
	电缆输送机 JSD-5	台班		1.5048	1.6789	2.0011	2.1753
	输电专用载重汽车 5t	台班	0.9894	1.1580	1.3098	2.0845	2.2531

注 未计价材料电缆、固定绳、固定金具及测温电缆。

2.6　500kV 电缆敷设

工作内容： 开盘，电缆检查，核对规格，移运、架盘，固定，沟道清理，牵引头制作，放收钢丝绳，敷设，锯断、封头、丈量、整理、固定电缆，挂牌，运盖板，摇测绝缘电阻，护层耐压，试验后复位，清理现场，工器具移运，空盘运回。

定　额　编　号		JYL2-101	JYL2-102
项　　目		电缆沟内（mm^2）	
		2000 以内	2500 以内
单　　位		100m/三相	100m/三相
基　价（元）		**15281.25**	**16557.36**
其中	人　工　费（元）	8405.09	9283.02
	材　料　费（元）	366.47	384.79
	机　械　费（元）	6509.69	6889.55
名　称	单位	数　　量	
人工	普通工　　　　　　　工日	32.9611	36.4040
	输电技术工　　　　　工日	49.4417	54.6060
计价材料	钢丝绳　φ15 以下　　kg	4.9436	5.1908
	黄铜丝　综合　　　　kg	1.2485	1.3109
	镀锌六角螺栓　综合　kg	4.9936	5.2433
	膨胀螺栓　M12　　　套	39.9485	41.9459
	镀锌铁丝　　　　　　kg	0.6743	0.7080

续表

定 额 编 号			JYL2-101	JYL2-102
项　　目			电缆沟内（mm²）	
			2000 以内	2500 以内
计价材料	热收缩封头　1~4 号	只	4.9936	5.2433
	封铅	kg	4.9936	5.2433
	塑料带　20mm×40m	卷	7.1907	7.5502
	凡士林	kg	10.4865	11.0108
	硬酯酸　一级	kg	0.7491	0.7866
	清洗剂	kg	1.4981	1.5730
	石油液化气	m³	1.2485	1.3109
	钢锯条　各种规格	根	2.9962	3.1460
	无絮棉布	kg	1.4981	1.5730
	其他材料费	元	7.1900	7.5500
机械	汽车式起重机　起重量　20t	台班	0.7406	0.7777
	汽车式起重机　起重量　40t	台班	0.3524	0.3701
	平板拖车组　40t	台班	1.0308	1.0823
	电动单筒慢速卷扬机　30kN	台班	1.0355	1.0872
	柴油发电机组　功率　60kW	台班	2.0352	2.2560
	电缆输送机　JSD-5	台班	7.3922	7.7618
	输电专用载重汽车　5t	台班	1.9173	1.9931

注　未计价材料电缆、固定绳、固定金具及测温电缆。

工作内容：开盘，电缆检查，核对规格，移运、架盘，固定，管道疏通，牵引头制作，放收钢丝绳，敷设，锯断、封头、丈量、整理，摇测绝缘电阻，护层耐压，试验后复位，清理现场，工器具移运，空盘运回。

定 额 编 号		JYL2-103	JYL2-104
项　　　　目		隧道内（mm²）	
		2000 以内	2500 以内
单　　　　位		100m/三相	100m/三相
基　　价（元）		**16483.74**	**17842.13**
其中	人　工　费（元）	8939.90	9873.60
	材　料　费（元）	277.66	291.54
	机　械　费（元）	7266.18	7676.99
名　　称	单位	数　　　量	
人工	普通工	工日	35.0584	38.7200
	输电技术工	工日	52.5877	58.0800
计价材料	钢丝绳 φ15 以下	kg	4.9436	5.1908
	黄铜丝　综合	kg	1.2485	1.3109
	镀锌六角螺栓　综合	kg	1.2485	1.3109
	膨胀螺栓　M12	套	39.9485	41.9459
	镀锌铁丝	kg	0.6743	0.7080
	热收缩封头　1~4 号	只	4.9936	5.2433
	封铅	kg	4.9936	5.2433

续表

定　额　编　号			JYL2-103	JYL2-104
项　　　　目			隧道内（mm²）	
			2000 以内	2500 以内
计价材料	塑料带　20mm×40m	卷	7.1907	7.5502
	硬酯酸　一级	kg	0.7491	0.7866
	清洗剂	kg	1.4981	1.5730
	石油液化气	m³	1.2485	1.3109
	钢锯条　各种规格	根	2.9962	3.1460
	无絮棉布	kg	1.4981	1.5730
	其他材料费	元	5.4400	5.7200
机械	汽车式起重机　起重量　20t	台班	0.8147	0.8555
	汽车式起重机　起重量　40t	台班	0.3876	0.4071
	平板拖车组　40t	台班	1.1339	1.1905
	电动单筒慢速卷扬机　30kN	台班	1.1391	1.1959
	柴油发电机组　功率　60kW	台班	2.4446	2.6738
	电缆输送机　JSD-5	台班	8.1314	8.5380
	输电专用载重汽车　5t	台班	2.1090	2.1924

注　未计价材料电缆、固定绳、固定金具及测温电缆。

工作内容： 开盘，电缆检查，核对规格，移运、架盘，固定，管道疏通，牵引头制作，放收钢丝绳，
敷设，锯断、封头、丈量、整理，摇测绝缘电阻，护层耐压，试验后复位，清理现场，工
器具移运，空盘运回。

定 额 编 号		JYL2-105	JYL2-106
项 目		排管内（mm²）	
		2000 以内	2500 以内
单 位		100m/三相	100m/三相
基 价（元）		**18052.00**	**19545.97**
其中	人 工 费（元）	10151.03	11197.08
	材 料 费（元）	761.16	799.22
	机 械 费（元）	7139.81	7549.67
名 称	单位	数 量	
人工	普通工	工日	39.8080	43.9101
	输电技术工	工日	59.7119	65.8652
计价材料	圆钢 $\phi 10$ 以上	kg	23.6695	24.8529
	钢丝绳 $\phi 15$ 以下	kg	4.9436	5.1908
	黄铜丝 综合	kg	1.2485	1.3109
	镀锌六角螺栓 综合	kg	4.9936	5.2432
	膨胀螺栓 M12	套	39.9485	41.9459
	镀锌铁丝	kg	0.6743	0.7080
	热收缩封头 1~4 号	只	4.9936	5.2432

续表

定 额 编 号		JYL2-105	JYL2-106
项 目		排管内（mm²）	
		2000 以内	2500 以内
计价材料	封铅　　　　　　　kg	4.9936	5.2432
	塑料带　20mm×40m　卷	7.1907	7.5502
	凡士林　　　　　　kg	62.6692	65.8027
	硬酯酸　一级　　　kg	0.7491	0.7866
	清洗剂　　　　　　kg	1.4981	1.5730
	钢锯条　各种规格　根	2.9962	3.1460
	无絮棉布　　　　　kg	1.4981	1.5730
	其他材料费　　　　元	14.9200	15.6700
机械	汽车式起重机　起重量　20t　台班	0.7406	0.7777
	汽车式起重机　起重量　40t　台班	0.3524	0.3700
	平板拖车组　40t　　　　　　台班	1.0763	1.1301
	电动单筒慢速卷扬机　80kN　台班	3.8087	3.9991
	污水泵　出口直径　φ100　　台班	7.2796	7.6435
	柴油发电机组　功率　60kW　台班	2.2224	2.4499
	电缆输送机　JSD-3　　　　　台班	3.4253	3.5965
	输电专用载重汽车　5t　　　　台班	1.9173	1.9931

注　未计价材料电缆、固定绳、固定金具及测温电缆。

第 **3** 章　陆上电缆头制作安装

说　　明

一、内容包括

电缆中间接头制作、安装，电缆终端头制作、安装。

二、定额不包括

110kV 及以上电压等级 GIS 终端头 SF_6 的收、充气。

三、工程量计算规则

10kV 及以上电压等级电缆中间接头、终端制作、安装以"套/三相"为计量单位，1kV 以下电缆间接头、终端制作、安装以"个"为计量单位。

四、定额使用规则

1. 10kV 电缆是按一根三芯统包考虑，对 10kV 单芯电缆中间头和终端头，在套用定额时采用相同截面的定额乘以 2.0 的系数；35kV 及以上电缆按一根单芯考虑，对 35kV 三芯统包电缆中间头和终端头，在套用定额时采用相同截面的定额乘以 0.5 的系数。

2. 充油电缆压力箱安装数量由设计单位根据线路的需用量确定，本定额的压力箱数量为：终端头按每端 3 只考虑，塞止头按每两端 6 只考虑（两端供油）。压力箱的安装包括油路管、支架及风雨罩的安装。如实际发生压力箱数量超过上述规定时，每增加一组（3 只）压力箱，其输电技术工增加 2 个工日，机械 8t 汽车式起重机、5t 载重汽车各增加 0.2 个台班。

3. 电缆头制作安装定额是按照铜芯电缆考虑的，如果实际采用铝芯，可参考同截面相应定额人工、机械乘以 0.9 系数。

4. 充油电缆接头制作安装所使用的电缆油均按厂家供货考虑。

3.1 1kV 电缆中间接头制作安装

工作内容：电源搭接、搭设工棚，电缆绝缘检查、接头定位、量尺寸，剥除电缆内、外护套、核相，绝缘层表面处理，套入收缩管、连接管就位、压接，带材绕包、去潮、收缩管安装定位、接地引线安装、密封处理，摇测绝缘电阻，试验后复位，电缆中间接头固定，清理现场，工器具移运。

定　额　编　号		JYL3-1	JYL3-2	JYL3-3	JYL3-4
项　　　　目		中间接头截面（mm^2）			
		50 以内	120 以内	240 以内	400 以内
单　　　　位		个	个	个	个
基　　价（元）		**208.38**	**324.80**	**442.63**	**542.91**
其中	人　工　费（元）	133.46	208.77	277.20	346.36
	材　料　费（元）	65.95	105.27	149.29	170.72
	机　械　费（元）	8.97	10.76	16.14	25.83
名　　称	单位	数　　　量			
人工 普通工	工日	0.2147	0.3358	0.4545	0.5572
输电技术工	工日	0.9780	1.5299	2.0259	2.5381
计价材料 焊锡	kg	0.0485	0.0970	0.1940	0.2425
焊锡膏	kg	0.0097	0.0194	0.0388	0.0485
终端填充剂环氧树脂冷浇剂	kg	3.1040	4.6560	6.4020	7.2750
自黏性橡胶带　25mm×20m	卷	0.4850	1.1640	1.9400	2.1340

定 额 编 号			JYL3－1	JYL3－2	JYL3－3	JYL3－4
项 目			中间接头截面（mm²）			
			50 以内	120 以内	240 以内	400 以内
计价材料	塑料带　20mm×40m	卷	0.3880	0.5820	0.9700	1.1640
	塑料带相色带　20mm×2000mm	卷	0.0970	0.1455	0.1940	0.2910
	汽油	kg	0.2910	0.6790	0.8730	0.9700
	电力复合脂	kg	0.0291	0.0485	0.0776	0.0970
	棉纱头	kg	0.4850	0.7760	0.9700	1.1640
	其他材料费	元	1.2900	2.0600	2.9300	3.3500
机械	电力工程车	台班	0.0250	0.0300	0.0450	0.0720

注　未计价材料电力电缆中间接头、电缆接线端子、接头保护盒及支架。

3.2 10kV 电缆中间接头制作安装

工作内容： 电源搭接、搭设工棚，电缆绝缘检查、接头定位、量尺寸，剥除电缆内、外护套、金属屏蔽层、核相，剥除内、外半导电屏蔽，绝缘层表面处理、套入预制件、连接管就位、压接，带材绕包、去潮、预制件就位、屏蔽层处理、接地引线安装、收缩管安装定位、密封处理，摇测绝缘电阻，试验后复位，电缆中间接头固定，清理现场，工器具移运。

定 额 编 号		JYL3-5	JYL3-6	JYL3-7	JYL3-8	JYL3-9
项 目		中间接头截面（mm²）				
		50 以内	120 以内	240 以内	400 以内	630 以内
单 位		套/三相	套/三相	套/三相	套/三相	套/三相
基 价（元）		**397.59**	**516.86**	**637.79**	**763.76**	**811.60**
其中	人 工 费（元）	281.24	361.90	430.72	511.18	541.83
	材 料 费（元）	85.86	119.81	162.95	200.57	210.59
	机 械 费（元）	30.49	35.15	44.12	52.01	59.18
名 称	单位	数 量				
人工 普通工	工日	0.5510	0.5436	0.6928	0.8223	0.8715
输电技术工	工日	1.9993	2.6761	3.1563	3.7459	3.9706
计价材料 终端填充剂环氧树脂冷浇剂	kg	4.0740	5.7715	7.6727	9.3023	9.7674
自黏性橡胶带 25mm×20m	卷	0.7850	1.1640	1.9885	2.9100	3.0555
聚氯乙烯塑料薄膜 0.5mm	kg	0.4850	0.4850	0.4850	0.4850	0.5093
塑料带 20mm×40m	卷	0.3880	0.5820	0.9700	1.4550	1.5278

续表

定　额　编　号			JYL3-5	JYL3-6	JYL3-7	JYL3-8	JYL3-9
项　　　目			中间接头截面（mm^2）				
			50 以内	120 以内	240 以内	400 以内	630 以内
计价材料	塑料带相色带　20mm×2000mm	卷	0.0970	0.1455	0.1940	0.2910	0.3056
	电力复合脂	kg	0.0391	0.0485	0.0776	0.0970	0.1019
	棉纱头	kg	0.5850	0.7760	1.2610	1.4550	1.5278
	其他材料费	元	1.6800	2.3500	3.2000	3.9300	4.1300
机械	电力工程车	台班	0.0850	0.0980	0.1230	0.1450	0.1650

注　未计价材料电力电缆中间接头、电缆接线端子、接头保护盒及支架。

3.3 35kV 纸绝缘电缆中间接头制作安装

工作内容：电源搭接、搭设工棚，电缆绝缘检查、接头定位、量尺寸，锯钢皮、剖铅、检查线芯绝缘、套接管、压接、剥切梯步、包绕绝缘带、包屏蔽层、搪铅、灌电缆胶、金属护层接地引线安装、防腐处理，摇测绝缘电阻，护层耐压，试验后复位，清理现场，工器具移运。

定 额 编 号			JYL3-10
项 目			纸绝缘（mm²）
			240 以内
单 位			套/三相
基 价（元）			**3547.83**
其中	人 工 费（元）		934.37
	材 料 费（元）		2448.77
	机 械 费（元）		164.69
名 称		单位	数 量
人工	普通工	工日	0.4902
	输电技术工	工日	7.4800
计价材料	黄铜丝 综合	kg	1.9344
	镀锡铜丝 φ1.22	kg	0.7738
	焊锡	kg	0.7738
	裸铜绞线 TJ25mm²	kg	0.8744

定 额 编 号			JYL3-10
项 目			纸绝缘（mm²）
			240 以内
计价材料	封铅	kg	19.3440
	绝缘胶带 25mm×50m	卷	30.9504
	自黏性橡胶带 25mm×20m	卷	5.0294
	沥青电缆胶	kg	30.9504
	硬酯酸 一级	kg	1.9344
	清洗剂	kg	11.6064
	石油液化气	m³	0.9672
	钢锯条 各种规格	根	5.8032
	白布带 20mm×20m	卷	5.8032
	铅衣（全套）	套	1.0000
	其他材料费	元	48.0200
机械	输电专用载重汽车 4t	台班	0.5184

注 未计价材料电力电缆中间接头、电缆接线端子、接头保护盒及支架。

3.4 35kV交联聚乙烯绝缘电缆中间接头制作安装

工作内容： 电源搭接、搭设工棚，电缆绝缘检查、接头定位、量尺寸，剥除电缆内、外护套、金属屏蔽层、核相，剥除内、外半导电屏蔽，绝缘层表面处理，套入预制件、连接管就位、压接，带材绕包、去潮、预制件就位、屏蔽层处理、接地引线安装、收缩管安装定位、密封处理，摇测绝缘电阻，试验后复位，电缆中间接头固定，清理现场，工器具移运。

定 额 编 号			JYL3-11	JYL3-12	JYL3-13
项 目			交联聚氯乙烯绝缘（mm^2）		
			240 以内	400 以内	630 以内
单 位			套/三相	套/三相	套/三相
基 价（元）			**2813.95**	**3048.84**	**3229.50**
其中	人 工 费（元）		2149.01	2320.94	2450.91
	材 料 费（元）		385.03	436.27	475.25
	机 械 费（元）		279.91	291.63	303.34
名 称		单位	数 量		
人工	普通工	工日	1.1274	1.2176	1.2857
	输电技术工	工日	17.2038	18.5802	19.6207
计价材料	黄铜丝 综合	kg	1.4550	1.4550	1.4550
	镀锡铜丝 ϕ1.22	kg	0.5820	0.5820	0.5820
	焊锡	kg	0.4850	0.5820	0.5820
	铜编织带 16mm	m	10.3984	13.8710	17.3630

续表

定 额 编 号			JYL3-11	JYL3-12	JYL3-13
项 目			交联聚氯乙烯绝缘（mm²）		
			240 以内	400 以内	630 以内
计价材料	乙丙橡胶带 0.5×20×5000	卷	17.4600	17.4600	17.4600
	丁基半导体橡胶带 0.5×20×5000	卷	1.1640	1.1640	1.1640
	自黏性橡胶带 25mm×20m	卷	4.9936	4.9936	4.9936
	塑料带 20mm×40m	卷	5.8200	5.8200	5.8200
	塑料带相色带 20mm×2000mm	卷	11.2520	12.6100	14.5500
	乙醇	kg	3.8800	5.8200	5.8200
	石油液化气	m³	0.4850	0.4850	0.4850
	无絮棉布	kg	3.8800	4.4620	4.8500
	聚四氟乙烯生料带	卷	0.9700	1.1640	1.1640
	其他材料费	元	7.5500	8.5500	9.3200
机械	机动液压压接机 100t 以内	台班	0.6906	0.8634	1.0360
	输电专用载重汽车 5t	台班	0.6906	0.6906	0.6906

注 未计价材料电力电缆中间接头、电缆接线端子、接头保护盒及支架。

3.5 110kV 充油电缆中间接头制作安装

工作内容: 电源搭接、搭设工棚,电缆绝缘检查、校正、接头定位、量尺寸,剥除电缆铠装层、内、外护套、核相、油处理,剥除外半导电屏蔽,切削绝缘层,连接油道、接续管就位、压接、去潮、绕包绝缘纸卷、屏蔽层处理、铜胆、绝缘环定位、封铅、金属护层接地引线安装、外壳安装、密封处理,真空设备校验、抽真空、注油、压力箱安装、油路连接,摇测绝缘电阻,护层耐压,试验后复位,电缆中间接头固定,清理现场,工器具移运。

定 额 编 号			JYL3-14	JYL3-15	JYL3-16	JYL3-17	JYL3-18	JYL3-19
项 目			充油电缆直线接头(mm^2)		充油电缆绝缘接头(mm^2)		充油电缆塞止头接头(mm^2)	
			400 以内	800 以内	400 以内	800 以内	400 以内	800 以内
单 位			套/三相	套/三相	套/三相	套/三相	套/三相	套/三相
基 价 (元)			**7281.69**	**7719.18**	**7396.24**	**7810.73**	**15739.81**	**16001.68**
其中	人 工 费 (元)		4081.81	4424.43	4157.44	4491.59	8061.60	8265.60
	材 料 费 (元)		1299.27	1332.42	1338.19	1356.81	4599.50	4603.17
	机 械 费 (元)		1900.61	1962.33	1900.61	1962.33	3078.71	3132.91
名 称		单位	数 量					
人工	普通工	工日	2.1413	2.3211	2.1810	2.3563	4.2291	4.3361
	输电技术工	工日	32.6768	35.4196	33.2822	35.9572	64.5368	66.1699

121

续表

定额编号			JYL3-14	JYL3-15	JYL3-16	JYL3-17	JYL3-18	JYL3-19
项目			充油电缆直线接头（mm²）		充油电缆绝缘接头（mm²）		充油电缆塞止头接头（mm²）	
			400 以内	800 以内	400 以内	800 以内	400 以内	800 以内
计价材料	紫铜管 φ4~13	kg					34.9200	34.9200
	黄铜丝 综合	kg	3.6375	3.8800	4.3650	4.3650	4.3650	4.3650
	镀锡铜丝 φ1.22	kg	0.5820	0.5820	0.5820	0.5820	1.1640	1.1640
	黄铜堵头	个					11.6400	11.6400
	压力阀四通式	只					2.9100	2.9100
	焊锡	kg	0.7275	0.9700	0.7275	0.9700	1.4550	1.4550
	铜螺栓 M16×15	个					52.3800	52.3800
	裸铜绞线 TJ120mm²	kg					14.5500	14.5500
	铜编织带 8mm	m	17.4600	17.4600	17.4600	17.4600	34.9200	34.9200
	封铅	kg	34.9200	34.9200	34.9200	34.9200	34.9200	34.9200
	绝缘束节	只					5.8200	5.8200
	自黏性橡胶带 25mm×20m	卷	10.2704	10.7845	10.2694	10.7835	10.2694	10.7845
	聚氯乙烯塑料薄膜 0.5mm	kg	6.9840	6.9840	6.9840	6.9840	6.9840	6.9840
	聚氯乙烯橡胶带 80mm×50m	卷	5.2380	5.8200	5.4320	5.8200	13.0950	13.0950
	聚氯乙烯橡胶粘带 40mm×50m	卷	16.2960	16.2960	16.2960	16.2960	33.7560	33.7560
	真空油脂	kg	0.7275	0.7275	0.7275	0.7275	0.9700	0.9700
	沥青电缆胶	kg	26.1900	26.1900	26.1900	26.1900		

122

续表

定　额　编　号			JYL3-14	JYL3-15	JYL3-16	JYL3-17	JYL3-18	JYL3-19
项　　　目			充油电缆直线接头（mm²）		充油电缆绝缘接头（mm²）		充油电缆塞止头接头（mm²）	
			400 以内	800 以内	400 以内	800 以内	400 以内	800 以内
计价材料	硬酯酸　一级	kg	2.9100	2.9100	2.9100	2.9100	2.9100	2.9100
	乙醇	kg	9.2150	9.2150	9.2150	9.2150	1.4550	1.4550
	四氯化碳　95%	kg	1.4550	1.4550	1.4550	1.4550	1.4550	1.4550
	石油液化气	m³	3.8800	3.8800	3.8800	3.8800	3.8800	3.8800
	砂布	张	8.7300	8.7300	8.7300	8.7300	8.7300	8.7300
	无絮棉布	kg	2.9100	2.9100	2.9100	2.9100	2.9100	2.9100
	其他材料费	元	25.4800	26.1300	26.2400	26.6000	90.1900	90.2600
机械	真空泵　抽气速度　204m³/h	台班	4.8170	4.8170	4.8170	4.8170	7.9773	7.9773
	真空去汽油车　200L/h	台班	2.7626	2.9284	2.7626	2.9284	5.5251	5.6629
	机动液压压接机　100t 以内	台班	0.8633		0.8633		0.8633	
	机动液压压接机　200t 以内	台班		0.8633		0.8633		0.8633
	输电专用载重汽车　5t	台班	2.1156	2.1156	2.1156	2.1156	2.8140	2.8140
	空调机	台班	1.7130	1.9041	1.7130	1.9041	1.7130	1.9041

注　未计价材料电力电缆中间接头、电缆接线端子、电缆塞止头组件、接头保护盒、接头支架、电缆油、压力箱及支架、油管路等。

123

3.6 110kV 交联聚乙烯绝缘电缆中间接头制作安装

工作内容： 电源搭接、搭设工棚，电缆绝缘检查、核相，接头定位、量尺寸，剥除电缆内、外护套、金属护层、电缆加热校直，剥除内、外半导电屏蔽，绝缘层表面处理，套入预制件、连接管就位、压接，带材绕包、去潮、预制件就位、屏蔽层处理、金属护层接地引线安装、保护盒安装定位、密封处理，摇测绝缘电阻，护层耐压，试验后复位，电缆中间接头固定，清理现场，工器具移运。

定 额 编 号			JYL3-20	JYL3-21	JYL3-22	JYL3-23
项 目			交联电缆直线、绝缘接头（mm^2）			
			400 以内	800 以内	1200 以内	1600 以内
单 位			套/三相	套/三相	套/三相	套/三相
基 价（元）			**4783.96**	**5379.33**	**6745.87**	**7774.53**
其中	人 工 费（元）		2713.95	3093.52	3860.69	4561.68
	材 料 费（元）		765.03	835.14	986.88	1084.07
	机 械 费（元）		1304.98	1450.67	1898.30	2128.78
名 称		单位	数 量			
人工	普通工	工日	1.4237	1.6229	2.0253	2.3931
	输电技术工	工日	21.7264	24.7650	30.9066	36.5183
计价材料	黄铜丝 综合	kg	2.4056	2.4056	2.5608	2.5608
	钢管卡子 DN32	个	1.2804	1.4065	1.6878	2.1146

续表

定 额 编 号			JYL3-20	JYL3-21	JYL3-22	JYL3-23
项 目			交联电缆直线、绝缘接头（mm^2）			
			400 以内	800 以内	1200 以内	1600 以内
计价材料	平板玻璃 3mm	m^2	0.2910	0.3201	0.4462	0.4850
	焊锡	kg	0.9603	1.2804	1.9206	2.8809
	松香焊锡丝	kg	1.2804	1.2804	1.2804	1.2804
	铝焊粉	kg	1.2804	1.2804	2.5608	2.5608
	镀锌六角螺栓 综合	kg	7.7600	7.7600	7.7600	7.6630
	膨胀螺栓 M12	套	6.7900	6.7900	6.7900	6.7900
	热收缩封头 1~4 号	只	5.8200	5.8200	5.8200	5.8200
	封铅	kg	23.0472	25.6080	28.8090	32.0100
	自黏性橡胶带 25mm×20m	卷	18.4378	18.4378	20.4864	20.4864
	聚乙烯吹塑膜	kg	3.8412	3.8412	5.1216	6.4020
	保鲜膜	卷	3.8800	4.3650	4.8500	5.8200
	塑料带相色带 20mm×2000mm	卷	3.2010	4.4814	5.7618	7.0422
	硬酯酸 一级	kg	0.6402	0.9603	1.0670	1.2804
	乙醇	kg	1.3095	1.3095	1.7072	1.8042
	石油液化气	m^3	4.6560	5.0440	5.4320	5.8200
	机用钢锯条 24 号	根	0.6402	0.8924	1.1252	1.3968
	砂布	张	8.7300	8.7300	8.7300	8.7300
	无絮棉布	kg		1.9400	2.4250	2.9100

定 额 编 号			JYL3-20	JYL3-21	JYL3-22	JYL3-23
项 目			交联电缆直线、绝缘接头（mm^2）			
			400 以内	800 以内	1200 以内	1600 以内
计价材料	聚四氟乙烯生料带	卷	1.9206	3.2010	3.8412	3.8412
	其他材料费	元	15.0000	16.3800	19.3500	21.2600
机械	载重汽车 8t	台班			3.8849	4.3165
	机动液压压接机 100t 以内	台班	0.8633	0.8633		
	机动液压压接机 200t 以内	台班			0.8633	0.8633
	输电专用载重汽车 5t	台班	3.4532	3.8849		
	空调机	台班	1.7266	1.7266	2.5899	3.4532

注 未计价材料电力电缆中间接头、电缆接线端子、接头保护盒及支架。

3.7 220kV充油电缆中间接头制作安装

工作内容：电源搭接、搭设工棚，电缆绝缘检查、校正、接头定位、量尺寸，剥除电缆铠装层、内、外护套、核相、油处理，剥除外半导电屏蔽，切削绝缘层，连接油道、接续管就位、压接，去潮、绕包绝缘纸卷、屏蔽层处理、铜胆、绝缘环定位、封铅、金属护层接地引线安装、外壳安装、密封处理，真空设备校验、抽真空、注油、压力箱安装、油路连接，摇测绝缘电阻，护层耐压，试验后复位，电缆中间接头固定，清理现场，工器具移运。

定 额 编 号			JYL3-24	JYL3-25	JYL3-26	JYL3-27	JYL3-28	JYL3-29
项 目			充油电缆直线接头 （mm^2）		充油电缆绝缘接头 （mm^2）		充油电缆塞止头接头 （mm^2）	
			400 以内	800 以内	400 以内	800 以内	400 以内	800 以内
单 位			套/三相	套/三相	套/三相	套/三相	套/三相	套/三相
基 价 （元）			**8036.67**	**8494.54**	**8088.00**	**8523.90**	**17262.77**	**17480.33**
其中	人 工 费 （元）		4425.29	4751.32	4425.30	4751.32	8622.36	8801.62
	材 料 费 （元）		1442.68	1503.71	1494.00	1533.07	4926.95	4940.81
	机 械 费 （元）		2168.70	2239.51	2168.70	2239.51	3713.46	3737.90
名 称		单位	数 量					
人工	普通工	工日	2.3215	2.4925	2.3215	2.4925	4.5233	4.6173
	输电技术工	工日	35.4265	38.0365	35.4266	38.0365	69.0259	70.4610

续表

定 额 编 号		JYL3-24	JYL3-25	JYL3-26	JYL3-27	JYL3-28	JYL3-29
项　　　目		充油电缆直线接头（mm²）		充油电缆绝缘接头（mm²）		充油电缆塞止头接头（mm²）	
		400 以内	800 以内	400 以内	800 以内	400 以内	800 以内
计价材料 紫铜管　φ4~13	kg					38.8000	38.8000
黄铜丝　综合	kg	4.6560	5.0925	5.3350	5.3350	5.0925	5.0925
镀锡铜丝　φ1.22	kg	0.5820	0.5820	0.5820	0.5820	1.1640	1.1640
黄铜堵头	个					11.6400	11.6400
压力阀四通式	只					2.9100	2.9100
焊锡	kg	0.9700	1.4550	0.9700	1.4550	1.4550	1.4550
铜螺栓　M16×15	个					52.3800	52.3800
裸铜绞线　TJ120mm²	kg					14.5500	14.5500
铜编织带　8mm	m	17.4600	17.4600	17.4600	17.4600	34.9200	34.9200
封铅	kg	34.9200	34.9200	34.9200	34.9200	34.9200	34.9200
绝缘束节	只					5.8200	5.8200
自黏性橡胶带　25mm×20m	卷	10.8640	12.8040	10.8640	12.8040	10.8640	12.8040
聚氯乙烯塑料薄膜　0.5mm	kg	6.9840	6.9840	6.9840	6.9840	6.9840	6.9840
聚乙烯吹塑膜	kg	1.0185	1.0185	1.0185	1.0185	1.6296	1.6296
聚氯乙烯橡胶带　80mm×50m	卷	5.4320	5.8200	5.4320	5.8200	13.0950	13.0950
聚氯乙烯橡胶粘带　40mm×50m	卷	20.1663	20.1663	21.9996	21.9996	36.2829	36.2829
煤油	kg	1.4550	1.4550	1.4550	1.4550	1.4550	1.4550

续表

定 额 编 号			JYL3-24	JYL3-25	JYL3-26	JYL3-27	JYL3-28	JYL3-29
项 目			充油电缆直线接头（mm²）		充油电缆绝缘接头（mm²）		充油电缆塞止头接头（mm²）	
			400 以内	800 以内	400 以内	800 以内	400 以内	800 以内
计价材料	真空油脂	kg	0.7275	0.7275	0.7275	0.7275	1.4550	1.4550
	沥青电缆胶	kg	30.2640	30.2640	30.2640	30.2640		
	硬酯酸 一级	kg	2.9100	2.9100	2.9100	2.9100	2.9100	2.9100
	乙醇	kg	9.2150	9.2150	9.2150	9.2150	9.2150	9.2150
	四氯化碳 95%	kg	1.4550	1.4550	1.4550	1.4550	1.4550	1.4550
	石油液化气	m³	4.2680	4.2680	4.2680	4.2680	4.2680	4.2680
	砂布	张	8.7300	8.7300	8.7300	8.7300	8.7300	8.7300
	无絮棉布	kg	2.9100	2.9100	2.9100	2.9100	3.6375	3.6375
	其他材料费	元	28.2900	29.4800	29.2900	30.0600	96.6100	96.8800
机械	真空泵 抽气速度 204m³/h	台班	5.1798	5.1798	5.1798	5.1798	8.6330	8.6330
	真空去汽油车 200L/h	台班	3.4532	3.6259	3.4532	3.6259	7.4244	7.4244
	机动液压压接机 100t 以内	台班	0.8633		0.8633		0.8633	
	机动液压压接机 200t 以内	台班		0.8633		0.8633		0.8633
	输电专用载重汽车 5t	台班	2.2184	2.2184	2.2184	2.2184	2.9866	2.9866
	空调机	台班	2.2446	2.5899	2.2446	2.5899	2.2446	2.5899

注 未计价材料电力电缆中间接头、电缆接线端子、电缆塞止头组件、接头保护盒、接头支架、电缆油、压力箱及支架、油管路等。

3.8 220kV 交联聚乙烯绝缘电缆中间接头制作安装

工作内容：电源搭接、搭设工棚，电缆绝缘检查、核相，接头定位、量尺寸，剥除电缆内、外护套、金属护层、电缆加热校直，剥除内、外半导电屏蔽，绝缘层表面处理，套入预制件、连接管就位、压接，带材绕包、去潮、预制件就位、屏蔽层处理、金属护层接地引线安装、保护盒安装定位、密封处理，摇测绝缘电阻，护层耐压，试验后复位，电缆中间接头固定，清理现场，工器具移运。

定 额 编 号			JYL3-30	JYL3-31	JYL3-32	JYL3-33	JYL3-34
项 目			交联电缆直线、绝缘接头（mm²）				
			800 以内	1200 以内	1600 以内	2000 以内	2500 以内
单 位			套/三相	套/三相	套/三相	套/三相	套/三相
基 价 （元）			**5969.17**	**6921.37**	**8110.32**	**9416.69**	**11007.32**
其中	人 工 费 （元）		3345.50	3737.31	4537.03	5524.63	6585.57
	材 料 费 （元）		1027.34	1095.80	1254.49	1369.93	1479.12
	机 械 费 （元）		1596.33	2088.26	2318.80	2522.13	2942.63
名 称		单位	数 量				
人工	普通工	工日	1.7550	1.9606	2.3801	2.8982	3.4548
	输电技术工	工日	26.7823	29.9189	36.3210	44.2272	52.7205
计价材料	黄铜丝 综合	kg	3.6375	3.6375	3.8800	3.8800	3.8800
	钢管卡子 DN32	个	1.4065	1.6490	2.1146	2.9100	3.2010

续表

定 额 编 号		JYL3-30	JYL3-31	JYL3-32	JYL3-33	JYL3-34
项 目		交联电缆直线、绝缘接头（mm²）				
		800以内	1200以内	1600以内	2000以内	2500以内
计价材料	平板玻璃 3mm	m²	0.3201	0.4462	0.4850	0.5820	0.6790
	焊锡	kg	1.4550	1.9400	2.9100	3.8800	4.3650
	松香焊锡丝	kg	1.9400	1.9400	1.9400	1.9400	1.9400
	铝焊粉	kg	1.9400	1.9400	2.4250	2.9100	3.8800
	镀锌六角螺栓 综合	kg	7.7600	7.7600	7.7600	7.7600	7.7600
	膨胀螺栓 M12	套	7.7600	7.7600	7.7600	7.7600	7.7600
	热收缩封头 1~4号	只	5.8200	5.8200	5.8200	5.8200	5.8200
	封铅	kg	27.9360	31.0400	34.9200	38.8000	42.6800
	自黏性橡胶带 25mm×20m	卷	24.4440	24.4440	27.1600	27.1600	27.1600
	聚乙烯吹塑膜	kg	4.0740	4.0740	5.4320	6.1110	6.7900
	保鲜膜	卷	5.2380	5.4126	6.9607	7.2750	7.5369
	塑料带相色带 20mm×2000mm	卷	4.8500	6.7900	8.7300	9.7000	10.6700
	硬酯酸 一级	kg	0.9700	1.1640	1.3580	1.5520	1.7460
	乙醇	kg	1.9400	1.9885	2.5802	3.2301	3.7830
	石油液化气	m³	5.8200	5.8200	5.8200	5.8200	5.8200
	机用钢锯条 24号	根	0.9700	1.3580	1.6975	1.9400	2.1243
	砂布	张	8.7300	8.7300	8.7300	8.7300	8.7300
	无絮棉布	kg	2.9100	3.3950	3.8800	4.3650	4.8500

131

定 额 编 号			JYL3-30	JYL3-31	JYL3-32	JYL3-33	JYL3-34
项 目			交联电缆直线、绝缘接头（mm²）				
			800 以内	1200 以内	1600 以内	2000 以内	2500 以内
计价材料	聚四氟乙烯生料带	卷	2.9100	3.3950	3.8800	4.3650	4.8500
	其他材料费	元	20.1400	21.4900	24.6000	26.8600	29.0000
机械	载重汽车 8t	台班		4.3165	4.7482	5.1798	6.0431
	机动液压压接机 100t 以内	台班	0.8633				
	机动液压压接机 200t 以内	台班		0.8633	0.8633	1.0360	1.0360
	输电专用载重汽车 5t	台班	4.3165				
	空调机	台班	1.7266	2.5899	3.4532	3.4532	4.3165

注 未计价材料电力电缆中间接头、电缆接线端子、接头保护盒及支架。

3.9 500kV 交联聚乙烯绝缘电缆中间接头制作安装

工作内容： 电源搭接、搭设工棚，电缆绝缘检查、核相，接头定位、量尺寸，剥除电缆内、外护套、金属护层、电缆加热校直，剥除内、外半导电屏蔽，绝缘层表面处理，套入预制件、连接管就位、压接，带材绕包、去潮、预制件就位、屏蔽层处理、金属护层接地引线安装、保护盒安装定位、密封处理，摇测绝缘电阻，护层耐压，试验后复位，电缆中间接头固定，清理现场，工器具移运。

定　额　编　号			JYL3-35	JYL3-36
项　　　　　目			交联电缆直线、绝缘接头（mm^2）	
			2000 以内	2500 以内
单　　　位			套/三相	套/三相
基　　价（元）			**16195.72**	**18345.21**
其中	人　工　费（元）		10307.07	11712.56
	材　料　费（元）		2105.46	2218.68
	机　械　费（元）		3783.19	4413.97
名　　　称		单位	数　　　　量	
人工	普通工	工日	5.4071	6.1444
	输电技术工	工日	82.5128	93.7644
计价材料	黄铜丝　综合	kg	5.8200	5.8200
	钢管卡子　DN32	个		4.8015

续表

定 额 编 号		JYL3-35	JYL3-36
项 目		交联电缆直线、绝缘接头（mm^2）	
		2000 以内	2500 以内
计价材料	平板玻璃 3mm	m^2	4.3650	1.0185
	焊锡	kg	5.8200	6.5475
	松香焊锡丝	kg	2.9100	2.9100
	铝焊粉	kg	4.3650	5.8200
	镀锌六角螺栓 综合	kg	11.6400	11.6400
	膨胀螺栓 M12	套	11.6400	11.6400
	热收缩封头 1~4 号	只	8.7300	8.7300
	封铅	kg	58.2000	64.0200
	自黏性橡胶带 25mm×20m	卷	40.7400	40.7400
	聚乙烯吹塑膜	kg	9.1665	10.1850
	保鲜膜	卷	10.9125	11.3054
	塑料带相色带 20mm×2000mm	卷	14.5500	16.0050
	硬酯酸 一级	kg	2.3280	2.6190
	乙醇	kg	4.8452	5.6745
	石油液化气	m^3	8.7300	8.7300
	机用钢锯条 24 号	根	2.9100	3.1865
	砂布	张	13.0950	13.0950
	无絮棉布	kg	6.5475	7.2750

134

定 额 编 号			JYL3-35	JYL3-36
项 目			交联电缆直线、绝缘接头（mm²）	
			2000 以内	2500 以内
计价材料	聚四氟乙烯生料带	卷	6.5475	7.2750
	其他材料费	元	41.2800	43.5000
机械	载重汽车 8t	台班	7.7697	9.0647
	机动液压压接机 200t 以内	台班	1.5540	1.5540
	空调机	台班	5.1798	6.4748

注 未计价材料电力电缆中间接头、电缆接线端子、接头保护盒及支架。

3.10 1kV 电缆终端头制作安装

工作内容：电源搭接、搭设工棚，电缆绝缘检查、终端定位、量尺寸，剥除电缆内、外护套、核相，连接管就位、压接，带材绕包、去潮、收缩管安装定位、密封处理，摇测绝缘电阻，试验后复位，电缆终端头固定，清理现场，工器具移运。

定 额 编 号			JYL3-37	JYL3-38	JYL3-39	JYL3-40
项 目			截面（mm²）			
			50 以内	120 以内	240 以内	400 以内
单 位			个	个	个	个
基 价（元）			**100.86**	**192.49**	**236.75**	**294.63**
其中	人 工 费（元）		63.44	142.78	166.90	206.63
	材 料 费（元）		29.89	38.95	51.92	62.89
	机 械 费（元）		7.53	10.76	17.93	25.11
名 称		单位	数 量			
人工	普通工	工日	0.1060	0.2297	0.2685	0.3325
	输电技术工	工日	0.4624	1.0463	1.2230	1.5141
计价材料	焊锡	kg	0.2910	0.3195	0.4065	0.4550
	焊锡膏	kg	0.0582	0.0619	0.0773	0.0970
	镀锌六角螺栓 综合	kg	0.7020	0.7140	1.0920	1.2744
	电缆卡子 40	个	0.6991			
	电缆卡子 60	个		0.6991		

续表

定 额 编 号			JYL3-37	JYL3-38	JYL3-39	JYL3-40
项 目			截面（mm²）			
			50 以内	120 以内	240 以内	400 以内
计价材料	电缆卡子 80	个			0.6991	
	电缆卡子 100	个				0.6991
	自黏性橡胶带 25mm×20m	卷	0.3850	0.7640	1.1250	1.6100
	聚氯乙烯塑料薄膜 0.5mm	kg	0.2850	0.3850	0.4350	0.4750
	塑料带 20mm×40m	卷	0.1340	0.1710	0.2250	0.3820
	塑料带相色带 20mm×2000mm	卷	0.0970	0.1255	0.1740	0.1910
	汽油	kg	0.4200	0.7760	0.8700	1.0640
	电力复合脂	kg	0.0201	0.0385	0.0576	0.0870
	丙酮 95%	kg	0.1910	0.2880	0.3820	0.4730
	棉纱头	kg	0.2010	0.2310	0.2910	0.3210
	其他材料费	元	0.5900	0.7600	1.0200	1.2300
机械	电力工程车	台班	0.0210	0.0300	0.0500	0.0700

注　未计价材料电力电缆终端头、电缆终端头夹具、电缆接线端子、终端支架。

3.11 10kV电缆终端头制作安装

工作内容: 电源搭接、搭设工棚,电缆绝缘检查、终端定位、量尺寸,剥除电缆内、外护套、金属屏蔽层、核相,剥除内、外半导电屏蔽,绝缘层表面处理,套入预制件、连接管就位、压接,带材绕包、去潮、预制件就位、屏蔽层处理、接地引线安装、收缩管安装定位、密封处理,摇测绝缘电阻,试验后复位,终端接头固定,清理现场,工器具移运。

定 额 编 号		JYL3-41	JYL3-42	JYL3-43	JYL3-44	JYL3-45
项　　　　目		户外截面（mm^2）				
		50 以内	120 以内	240 以内	400 以内	630 以内
单　　　　位		套/三相	套/三相	套/三相	套/三相	套/三相
基　价（元）		**257.15**	**380.90**	**464.40**	**610.67**	**695.82**
其中	人　工　费（元）	197.35	300.97	348.47	460.06	515.28
	材　料　费（元）	37.56	49.44	71.81	90.71	105.22
	机　械　费（元）	22.24	30.49	44.12	59.90	75.32
名　　称	单位	数　　量				
人工 普通工	工日	0.3174	0.4841	0.5605	0.7401	0.8288
输电技术工	工日	1.4462	2.2055	2.5536	3.3713	3.7760
计价材料 焊锡	kg	0.2910	0.3395	0.4365	0.4850	0.5626
焊锡膏	kg	0.0582	0.0679	0.0873	0.0970	0.1125
镀锌六角螺栓　综合	kg	0.9234	0.9234	1.3920	2.4832	2.8805
电缆卡子　40	个	0.9991				

续表

定 额 编 号			JYL3-41	JYL3-42	JYL3-43	JYL3-44	JYL3-45
项 目			户外截面（mm²）				
			50 以内	120 以内	240 以内	400 以内	630 以内
计价材料	电缆卡子　60	个		0.9991			
	电缆卡子　80	个			0.9991		
	电缆卡子　100	个				0.9991	1.1590
	自黏性橡胶带　25mm×20m	卷	0.5820	1.3580	2.4250	2.9100	3.3756
	聚氯乙烯塑料薄膜　0.5mm	kg	0.4850	0.4850	0.4850	0.4850	0.5626
	塑料带　20mm×40m	卷	0.1940	0.2910	0.4850	0.5820	0.6751
	塑料带相色带　20mm×2000mm	卷	0.0970	0.1455	0.1940	0.2425	0.2813
	汽油	kg	0.5820	0.7760	0.9700	1.1640	1.3502
	电力复合脂	kg	0.0291	0.0485	0.0776	0.0970	0.1125
	丙酮　95%	kg	0.2910	0.3880	0.5820	0.7760	0.9002
	棉纱头	kg	0.2910	0.4850	0.7760	0.9700	1.1252
	其他材料费	元	0.7400	0.9700	1.4100	1.7800	2.0600
机械	电力工程车	台班	0.0620	0.0850	0.1230	0.1670	0.2100

注 未计价材料电力电缆终端头、电缆终端头夹具、电缆接线端子、终端支架。

139

定额编号		JYL3-46	JYL3-47	JYL3-48	JYL3-49	JYL3-50
项目		户内截面（mm²）				
		50 以内	120 以内	240 以内	400 以内	630 以内
单位		套/三相	套/三相	套/三相	套/三相	套/三相
基价（元）		**216.45**	**324.70**	**396.76**	**517.97**	**592.68**
其中	人工费（元）	169.35	255.83	296.20	391.05	437.99
	材料费（元）	32.75	43.76	64.69	83.88	97.30
	机械费（元）	14.35	25.11	35.87	43.04	57.39
名称	单位	数量				
人工 普通工	工日	0.2697	0.4115	0.4764	0.6291	0.7045
输电技术工	工日	1.2427	1.8747	2.1706	2.8656	3.2096
焊锡	kg	0.2910	0.3395	0.4365	0.4850	0.5626
焊锡膏	kg	0.0582	0.0679	0.0873	0.0970	0.1125
镀锌六角螺栓 综合	kg	0.7234	0.7334	1.1920	1.4744	1.7103
电缆卡子 40	个	0.9991				
电缆卡子 60	个		0.9991			
计价材料 电缆卡子 80	个			0.9991		
电缆卡子 100	个				0.9991	1.1590
自黏性橡胶带 25mm×20m	卷	0.4820	1.2180	2.1250	2.9100	3.3756
聚氯乙烯塑料薄膜 0.5mm	kg	0.3850	0.4250	0.4550	0.4850	0.5626
塑料带 20mm×40m	卷	0.1540	0.1910	0.2450	0.5820	0.6751
塑料带相色带 20mm×2000mm	卷	0.0970	0.1455	0.1940	0.2910	0.3376

续表

定 额 编 号			JYL3-46	JYL3-47	JYL3-48	JYL3-49	JYL3-50
项 目			户内截面（mm²）				
			50 以内	120 以内	240 以内	400 以内	630 以内
计价材料	汽油	kg	0.4420	0.5760	0.7700	1.1640	1.3502
	电力复合脂	kg	0.0231	0.0485	0.0776	0.0970	0.1125
	丙酮 95%	kg	0.2710	0.3180	0.4820	0.8730	1.0127
	棉纱头	kg	0.2310	0.3850	0.6760	0.9700	1.1252
	其他材料费	元	0.6400	0.8600	1.2700	1.6400	1.9100
机械	电力工程车	台班	0.0400	0.0700	0.1000	0.1200	0.1600

注 未计价材料电力电缆终端头、电缆终端头夹具、电缆接线端子、终端支架。

定　额　编　号		JYL3-51	JYL3-52
项　　　　目		10kV 肘形电力电缆终端头制作安装	
		截面 150 以内	截面 400 以内
单　　　　位		套/三相	套/三相
基　价（元）		**381.34**	**520.71**
其中	人　工　费（元）	290.94	393.03
	材　料　费（元）	68.88	94.32
	机　械　费（元）	21.52	33.36

	名　　称	单位	数　　量	
人工	普通工	工日	0.4680	0.6323
	输电技术工	工日	2.1320	2.8801
计价材料	焊锡	kg	0.4365	0.4850
	焊锡膏	kg	0.0873	0.9700
	镀锌六角螺栓　综合	kg	1.3920	1.4744
	电缆卡子　80	个	0.9991	
	电缆卡子　100	个		0.9991
	自黏性橡胶带　25mm×20m	卷	2.4250	2.9100
	聚氯乙烯塑料薄膜　0.5mm	kg	0.4850	0.4850
	塑料带　20mm×40m	卷	0.4850	0.5820
	塑料带相色带　20mm×2000mm	卷	0.1940	0.2910
	汽油	kg	0.9700	1.1640
	电力复合脂	kg	0.0776	0.9700

定 额 编 号			JYL3-51	JYL3-52
项 目			10kV 肘形电力电缆终端头制作安装	
			截面 150 以内	截面 400 以内
计价材料	丙酮 95%	kg	0.5820	0.8730
	棉纱头	kg	0.2910	0.2910
	其他材料费	元	1.3500	1.8500
机械	电力工程车	台班	0.0600	0.0930

注 未计价材料电力电缆终端头、电缆终端头夹具、电缆接线端子、终端支架。

3.12 35kV 纸绝缘电缆终端头制作安装

工作内容： 电源搭接、搭设工棚，电缆绝缘检查，终端盒清理，搭、拆脚手架，支架安装，电缆就位、
固定，量尺寸、测相位、锯钢皮、剖铅、检查线芯绝缘、连接端子、压接、包绕应力锥、
装终端盒、封铅、灌电缆油、接地线、包相色带、搭尾线，摇测绝缘电阻，护层耐压，试
验后复位，清理现场，工器具移运。

定 额 编 号			JYL3-53	JYL3-54
项 目			纸绝缘	
			户内	户外
单 位			套/三相	套/三相
基 价（元）			**3412.59**	**4220.29**
其中	人 工 费（元）		1679.89	2428.26
	材 料 费（元）		1364.17	1391.73
	机 械 费（元）		368.53	400.30
	名 称	单位	数 量	
人工	普通工	工日	0.8813	1.3998
	输电技术工	工日	13.4483	19.3606
计价材料	黄铜丝 综合	kg	1.2000	1.2000
	裸铜绞线 TJ120mm²	kg	21.1400	21.1400
	封铅	kg	10.0000	12.0000
	熔丝 30~40A	片	3.0000	3.0000

续表

定　额　编　号			JYL3-53	JYL3-54
项　　　　目			纸绝缘	
			户内	户外
计价材料	绝缘胶带　25mm×50m	卷	10.0000	10.0000
	电缆油烷基苯合成	kg	40.0000	40.0000
	沥青电缆胶	kg	4.0000	6.0000
	硬酯酸　一级	kg	1.0000	1.0000
	清洗剂	kg	2.0000	2.0000
	石油液化气	m³	4.0000	4.0000
	其他材料费	元	26.7500	27.2900
机械	输电专用载重汽车　4t	台班	1.1600	1.2600

注　未计价材料电力电缆终端头、电缆终端头夹具、电缆接线端子、终端支架。

3.13 35kV交联聚乙烯绝缘电缆终端头制作安装

工作内容： 电源搭接、搭设工棚，电缆绝缘检查、终端定位、量尺寸，剥除电缆内、外护套、金属屏蔽层、核相，剥除内、外半导电屏蔽，绝缘层表面处理，套入预制件、连接管就位、压接，带材绕包、去潮、预制件就位、屏蔽层处理、接地引线安装、收缩管安装定位、密封处理，摇测绝缘电阻，试验后复位，终端接头固定，清理现场，工器具移运。

定 额 编 号			JYL3-55	JYL3-56	JYL3-57	JYL3-58	JYL3-59	JYL3-60
项 目			交联聚乙烯绝缘（mm^2）			交联聚乙烯绝缘（mm^2）		
			户内			户外		
			240	400	630	240	400	630
单 位			套/三相	套/三相	套/三相	套/三相	套/三相	套/三相
基 价（元）			**1750.67**	**1922.47**	**2143.25**	**2237.87**	**2540.12**	**2809.39**
其中	人 工 费（元）		808.91	939.57	1119.20	1099.17	1358.28	1468.66
	材 料 费（元）		709.35	723.20	737.06	906.29	922.14	1053.74
	机 械 费（元）		232.41	259.70	286.99	232.41	259.70	286.99
名 称		单位	数 量					
人工	普通工	工日	0.4244	0.4929	0.5871	0.5766	0.7126	0.7705
	输电技术工	工日	6.4757	7.5217	8.9597	8.7994	10.8736	11.7573
计价材料	黄铜丝 综合	kg	1.1640	1.1640	1.1640	1.1640	1.1640	1.1640
	裸铜绞线 TJ120mm^2	kg	9.7000	9.7000	9.7000	13.5800	13.5800	15.5200
	铜编织带 8mm	m	1.1640	1.1640	1.1640	1.1640	1.1640	1.5520

续表

定额编号			JYL3-55	JYL3-56	JYL3-57	JYL3-58	JYL3-59	JYL3-60
项目			交联聚乙烯绝缘（mm^2）			交联聚乙烯绝缘（mm^2）		
			户内			户外		
			240	400	630	240	400	630
计价材料	乙丙橡胶带 0.5×20×5000	卷	11.6400	11.6400	11.6400	11.6400	11.6400	11.6400
	自黏性橡胶带 25mm×20m	卷	15.5200	17.4600	19.4000	15.5200	17.4600	19.4000
	塑料带相色带 20mm×2000mm	卷	1.8430	1.8430	1.8430	11.6400	11.6400	13.5800
	塑料带防辐照聚乙烯 20mm×40m	卷	17.4600	17.4600	17.4600	17.4600	17.4600	23.2800
	丙酮 95%	kg	1.9400	1.9400	1.9400	1.9400	2.3280	2.9100
	聚四氟乙烯生料带	卷	0.7760	0.7760	0.7760	0.7760	0.7760	1.1640
	其他材料费	元	13.9100	14.1800	14.4500	17.7700	18.0800	20.6600
机械	机动液压压接机 100t 以内	台班	0.4152	0.5180	0.6208	0.4152	0.5180	0.6208
	输电专用载重汽车 5t	台班	0.6052	0.6654	0.7256	0.6052	0.6654	0.7256

注 未计价材料电力电缆终端头、电缆终端头夹具、电缆接线端子、终端支架。

147

3.14 110kV 充油电缆终端头制作安装

工作内容： 电源搭接、脚手架、工棚搭设，电缆绝缘检查、电缆固定、校正、量尺寸，剥除电缆铠装层、内、外护套、核相、油处理，剥除外半导电屏蔽，切削绝缘层，插衬芯、压接，去潮、绕包绝缘纸卷、屏蔽层处理、终端套管安装、封铅、金属护层接地引线安装、外壳安装、密封处理，真空设备校验、抽真空、注油、压力箱安装、油路连接，摇测绝缘电阻，护层耐压，试验后复位，脚手架拆除，清理现场，工器具移运。

定 额 编 号		JYL3-61	JYL3-62	JYL3-63	JYL3-64
项 目		充油电缆空气终端接头（mm²）		充油电缆 GIS 终端接头（mm²）	
		400 以内	800 以内	400 以内	800 以内
单 位		套/三相	套/三相	套/三相	套/三相
基 价（元）		**9194.07**	**9410.57**	**9020.40**	**9221.38**
其中	人 工 费（元）	3409.75	3544.90	3236.08	3355.71
	材 料 费（元）	3783.60	3798.43	3783.60	3798.43
	机 械 费（元）	2000.72	2067.24	2000.72	2067.24
名 称	单位	数 量			
人工 普通工	工日	1.7888	1.8597	1.6977	1.7604
输电技术工	工日	27.2966	28.3785	25.9063	26.8640
计价材料 紫铜管 φ4~13	kg	32.0100	32.0100	32.0100	32.0100
黄铜丝 综合	kg	3.5502	3.5502	3.5502	3.5502

定 额 编 号			JYL3－61	JYL3－62	JYL3－63	JYL3－64
项 目			充油电缆空气终端接头（mm^2）		充油电缆 GIS 终端接头（mm^2）	
			400 以内	800 以内	400 以内	800 以内
计价材料	镀锡铜丝 ϕ1.22	kg	3.8800	3.8800	3.8800	3.8800
	压力阀四通式	只	2.9100	2.9100	2.9100	2.9100
	压力阀尾管式	只	2.9100	2.9100	2.9100	2.9100
	铝焊丝	kg	0.7275	0.7275	0.7275	0.7275
	焊锡	kg	0.2425	0.2425	0.2425	0.2425
	铜螺栓 M16×15	个	17.4600	17.4600	17.4600	17.4600
	裸铜绞线 TJ120mm^2	kg	4.3650	4.3650	4.3650	4.3650
	铜编织带 8mm	m	0.1940	0.1940	0.1940	0.1940
	封铅	kg	11.6400	11.6400	11.6400	11.6400
	绝缘束节	只	2.9100	2.9100	2.9100	2.9100
	自黏性橡胶带 25mm×20m	卷	56.2600	58.2000	56.2600	58.2000
	聚氯乙烯塑料薄膜 0.5mm	kg	0.9700	0.9700	0.9700	0.9700
	聚乙烯吹塑膜	kg	1.0185	1.0185	1.0185	1.0185
	塑料带相色带 20mm×2000mm	卷	2.1825	2.6190	2.1825	2.6190
	聚氯乙烯橡胶带 80mm×50m	卷	6.1110	6.1110	6.1110	6.1110
	聚氯乙烯橡胶粘带 40mm×50m	卷	34.9200	34.9200	34.9200	34.9200
	真空油脂	kg	0.9700	0.9700	0.9700	0.9700
	硬酯酸 一级	kg	0.7275	0.7275	0.7275	0.7275

续表

定 额 编 号			JYL3-61	JYL3-62	JYL3-63	JYL3-64
项 目			充油电缆空气终端接头（mm^2）		充油电缆 GIS 终端接头（mm^2）	
			400 以内	800 以内	400 以内	800 以内
计价材料	乙醇	kg	4.8500	4.8500	4.8500	4.8500
	四氯化碳 95%	kg	1.4550	1.4550	1.4550	1.4550
	石油液化气	m^3	5.8200	5.8200	5.8200	5.8200
	银粉漆	kg	2.9100	2.9100	2.9100	2.9100
	砂布	张	0.9700	0.9700	0.9700	0.9700
	无絮棉布	kg	4.8500	4.8500	4.8500	4.8500
	其他材料费	元	74.1900	74.4800	74.1900	74.4800
机械	载重汽车 4t	台班	0.8633	0.8633	0.8633	0.8633
	真空泵 抽气速度 204m^3/h	台班	5.1798	5.1798	5.1798	5.1798
	真空去汽油车 200L/h	台班	2.5899	2.5899	2.5899	2.5899
	机动液压压接机 100t 以内	台班	0.8633		0.8633	
	机动液压压接机 200t 以内	台班		0.8633		0.8633
	输电专用载重汽车 5t	台班	1.5539	1.7266	1.5539	1.7266
	空调机	台班	1.7266	1.7266	1.7266	1.7266

注 未计价材料电力电缆终端头、电力终端夹具、电缆接线端子、终端支架、电缆油、压力箱及支架、油管路等。

3.15 110kV 交联聚乙烯绝缘电缆终端头制作安装

工作内容： 电源搭接、搭设工棚，电缆绝缘检查、核相、终端定位、量尺寸，剥除电缆内、外护套、金属屏蔽层、电缆加热校直，剥除内、外半导电屏蔽，绝缘层表面处理，套入预制件、连接管就位、压接，带材绕包、去潮、预制件就位、屏蔽层处理、金属护层接地引线安装、收缩管安装定位、密封处理，摇测绝缘电阻，护层耐压，试验后复位，终端接头固定，清理现场，工器具移运。

定 额 编 号			JYL3-65	JYL3-66	JYL3-67	JYL3-68
项 目			交联电缆空气终端绝缘接头（mm^2）			
			400 以内	800 以内	1200 以内	1600 以内
单 位			套/三相	套/三相	套/三相	套/三相
基 价（元）			**6535.25**	**7882.90**	**9081.82**	**10877.14**
其中	人 工 费（元）		2865.49	3297.42	3744.99	4880.04
	材 料 费（元）		835.09	960.43	1070.94	1177.94
	机 械 费（元）		2834.67	3625.05	4265.89	4819.16
名 称		单位	数 量			
人工	普通工	工日	1.5032	1.7299	1.9646	2.5600
	输电技术工	工日	22.9396	26.3973	29.9804	39.0670
计价材料	黄铜丝 综合	kg	1.9400	2.4250	2.5899	2.6869
	铝箔 0.02mm×50mm	kg	0.7760	0.9700	1.2901	1.9400

续表

定 额 编 号			JYL3-65	JYL3-66	JYL3-67	JYL3-68
项 目			交联电缆空气终端绝缘接头（mm²）			
			400 以内	800 以内	1200 以内	1600 以内
计价材料	钢管卡子 DN32	个	1.4550	2.1340	2.9876	4.1807
	平板玻璃 3mm	m²	0.2425	0.3201	0.4559	0.5141
	电焊条 J557 综合	kg	0.2910	0.3589	0.4268	0.5335
	焊锡	kg	0.9700	1.2901	1.2901	1.2901
	松香焊锡丝	kg	0.3880	0.6499	0.9991	1.2901
	铝焊粉	kg	0.3880	0.6499	0.9991	1.2901
	镀锌铁丝	kg	3.2301	3.2010	3.2301	3.2301
	封铅	kg	11.6400	12.9301	14.5500	16.1699
	自黏性橡胶带 25mm×20m	卷	20.3700	23.2800	24.8999	25.8699
	聚氯乙烯塑料薄膜 0.5mm	kg	2.9100	3.8800	5.1701	6.4699
	聚乙烯吹塑膜	kg	3.3950	3.8800	5.1701	6.4699
	保鲜膜	卷	15.0350	17.3339	19.7589	21.4661
	塑料带相色带 20mm×2000mm	卷	3.3950	4.5299	5.8200	7.1101
	硬酯酸 一级	kg	0.7760	0.9700	1.0961	1.2901
	乙醇	kg	2.2310	3.2010	3.8800	4.5299
	丙酮 95%	kg	0.5820	0.7178	0.8536	1.0670
	石油液化气	m³	5.8200	5.8200	5.8200	5.8200
	木脚手板	m³	0.1455	0.1455	0.1455	0.1455

续表

定额编号			JYL3-65	JYL3-66	JYL3-67	JYL3-68
项目			交联电缆空气终端绝缘接头（mm²）			
			400 以内	800 以内	1200 以内	1600 以内
计价材料	机用钢锯条　24 号	根	0.8051	0.9021	1.1349	1.4162
	砂布	张	8.7300	8.7300	8.7300	8.7300
	无絮棉布	kg	4.8500	4.8500	4.8500	4.8500
	聚四氟乙烯生料带	卷	2.4250	3.2010	3.8800	4.5299
	其他材料费	元	16.3700	18.8300	21.0000	23.1000
机械	汽车式起重机　起重量　8t	台班	0.8978	0.8978	0.8978	0.8978
	载重汽车　8t	台班	2.6935	4.4892	5.9257	7.1827
	机动液压压接机　100t 以内	台班	0.8978	0.8978		
	机动液压压接机　200t 以内	台班			0.8978	0.8978
	输电专用载重汽车　5t	台班	2.6935	2.6935	2.6935	2.6935
	空调机	台班	1.7957	1.7957	1.7957	1.7957

注 未计价材料电力电缆终端头、电缆终端头夹具、电缆接线端子、终端支架。

定 额 编 号		JYL3-69	JYL3-70	JYL3-71	JYL3-72
项 目		交联电缆 GIS 终端绝缘接头（mm^2）			
		400 以内	800 以内	1200 以内	1600 以内
单 位		套/三相	套/三相	套/三相	套/三相
基 价 （元）		**6486.71**	**7493.93**	**8532.79**	**10102.62**
其中	人 工 费 （元）	2690.63	3100.41	3543.42	4599.21
	材 料 费 （元）	766.92	869.07	1000.59	1137.88
	机 械 费 （元）	3029.16	3524.45	3988.78	4365.53
名 称	单位	数 量			
人工 普通工	工日	1.4115	1.6265	1.8589	2.4127
输电技术工	工日	21.5397	24.8202	28.3667	36.8188
计价材料 黄铜丝 综合	kg	2.1340	2.4250	2.5220	2.5899
铝箔 0.02mm×50mm	kg	0.7760	0.9700	1.2901	1.9400
钢管卡子 DN32	个	0.9700	1.4259	1.9885	2.7839
平板玻璃 3mm	m^2	0.2910	0.3201	0.4559	0.5141
电焊条 J557 综合	kg	0.4850	0.5335	0.6402	0.8051
焊锡	kg	0.9700	1.2901	1.9400	2.9100
松香焊锡丝	kg	1.2901	1.2901	1.2901	1.2901
铝焊粉	kg	0.4850	0.6499	1.2901	1.6102
镀锌铁丝	kg	1.2901	1.2901	1.2901	1.2901
热收缩封头 1~4 号	只	2.9100	2.9100	2.9100	2.9100
封铅	kg	10.6700	12.9301	14.5500	16.1699

154

续表

定 额 编 号			JYL3-69	JYL3-70	JYL3-71	JYL3-72
项 目			交联电缆 GIS 终端绝缘接头（mm²）			
			400 以内	800 以内	1200 以内	1600 以内
计价材料	自黏性橡胶带 25mm×20m	卷	20.3700	23.2800	24.8999	25.8699
	聚氯乙烯塑料薄膜 0.5mm	kg	3.3950	3.8800	5.1701	6.4699
	聚乙烯吹塑膜	kg	3.3950	3.8800	5.1701	6.4699
	保鲜膜	卷	8.2450	10.0880	11.5915	12.8719
	塑料带相色带 20mm×2000mm	卷	3.8800	4.3650	5.3350	6.7900
	硬酯酸 一级	kg	0.7760	0.9700	1.1931	1.2901
	乙醇	kg	1.3580	1.7848	2.1340	2.6675
	丙酮 95%	kg	0.5820	0.7178	0.8536	1.0670
	石油液化气	m³	5.8200	5.8200	5.8200	5.8200
	木脚手板	m³	0.0679	0.0679	0.0679	0.0679
	机用钢锯条 24 号	根	0.7760	0.9021	1.1349	1.4162
	砂布	张	8.7300	8.7300	8.7300	8.7300
	无絮棉布	kg	4.8500	4.8500	4.8500	4.8500
	聚四氟乙烯生料带	卷	2.7160	3.2301	3.8800	4.5299
	其他材料费	元	15.0400	17.0400	19.6200	22.3100
机械	载重汽车 8t	台班	4.3096	5.3870	6.3746	7.1827
	真空泵 抽气速度 204m³/h	台班	0.8978	0.8978	0.8978	0.8978
	机动液压压接机 100t 以内	台班	0.8978	0.8978		

续表

定 额 编 号			JYL3-69	JYL3-70	JYL3-71	JYL3-72
项 目			交联电缆 GIS 终端绝缘接头（mm^2）			
			400 以内	800 以内	1200 以内	1600 以内
机械	机动液压压接机　200t 以内	台班			0.8978	0.8978
	输电专用载重汽车　5t	台班	2.6935	2.6935	2.6935	2.6935
	空调机	台班	2.2446	2.6935	3.1425	3.5913

注　未计价材料电力电缆终端头、电缆终端头夹具、电缆接线端子、终端支架。

156

3.16 220kV 充油电缆终端头制作安装

工作内容：电源搭接、脚手架、工棚搭设，电缆绝缘检查、电缆固定、校正、量尺寸，剥除电缆铠装层、内、外护套、核相、油处理，剥除外半导电屏蔽，切削绝缘层，插衬芯、压接，去潮、绕包绝缘纸卷、屏蔽层处理、终端套管安装、封铅、金属护层接地引线安装、外壳安装、密封处理，真空设备校验、抽真空、注油、压力箱安装、油路连接，摇测绝缘电阻，护层耐压，试验后复位，脚手架拆除，清理现场，工器具移运。

定 额 编 号		JYL3-73	JYL3-74	JYL3-75	JYL3-76
项 目		充油电缆空气终端接头（mm^2）		充油电缆 GIS 终端接头（mm^2）	
		400 以内	800 以内	400 以内	800 以内
单 位		套/三相	套/三相	套/三相	套/三相
基 价（元）		**13181.01**	**13350.20**	**12731.30**	**13025.37**
其中	人 工 费（元）	4104.63	4266.18	3979.75	4266.18
	材 料 费（元）	4985.28	4992.92	4985.28	4992.92
	机 械 费（元）	4091.10	4091.10	3766.27	3766.27
名 称	单位	数 量			
人工 普通工	工日	2.1532	2.2381	2.0877	2.2381
输电技术工	工日	32.8595	34.1527	31.8598	34.1527
计价材料 紫铜管 φ4～13	kg	32.0100	32.0100	32.0100	32.0100
黄铜丝 综合	kg	4.2680	4.2680	4.2680	4.2680

续表

定 额 编 号			JYL3-73	JYL3-74	JYL3-75	JYL3-76
项 目			充油电缆空气终端接头（mm²）		充油电缆 GIS 终端接头（mm²）	
			400 以内	800 以内	400 以内	800 以内
计价材料	镀锡铜丝 φ1.22	kg	3.8800	3.8800	3.8800	3.8800
	压力阀四通式	只	2.9100	2.9100	2.9100	2.9100
	压力阀尾管式	只	2.9100	2.9100	2.9100	2.9100
	铝焊丝	kg	0.7275	0.7275	0.7275	0.7275
	银焊丝	kg	0.7275	0.7275	0.7275	0.7275
	焊锡	kg	0.2425	0.2425	0.2425	0.2425
	铜螺栓 M16×15	个	17.4600	17.4600	17.4600	17.4600
	裸铜绞线 TJ120mm²	kg	4.3650	4.3650	4.3650	4.3650
	铜编织带 8mm	m	0.1940	0.1940	0.1940	0.1940
	封铅	kg	14.5500	14.5500	14.5500	14.5500
	绝缘束节	只	2.9100	2.9100	2.9100	2.9100
	自黏性橡胶带 25mm×20m	卷	2.5511	2.5511	2.5511	2.5511
	聚乙烯吹塑膜	kg	1.8333	1.8333	1.8333	1.8333
	塑料带相色带 20mm×2000mm	卷	2.6190	4.3650	2.6190	4.3650
	聚氯乙烯橡胶带 80mm×50m	卷	7.5660	7.5660	7.5660	7.5660
	聚氯乙烯橡胶粘带 40mm×50m	卷	58.2000	58.2000	58.2000	58.2000
	煤油	kg	1.6975	1.6975	1.6975	1.6975
	电缆油烷基苯合成	kg	175.5700	176.5400	175.5700	176.5400

续表

定　额　编　号			JYL3－73	JYL3－74	JYL3－75	JYL3－76
项　　目			充油电缆空气终端接头（mm²）		充油电缆 GIS 终端接头（mm²）	
			400 以内	800 以内	400 以内	800 以内
计价材料	真空油脂	kg	0.9700	0.9700	0.9700	0.9700
	硬酯酸　一级	kg	0.7275	0.7275	0.7275	0.7275
	乙醇	kg	4.8500	4.8500	4.8500	4.8500
	四氯化碳　95%	kg	1.4550	1.4550	1.4550	1.4550
	石油液化气	m³	5.8200	5.8200	5.8200	5.8200
	银粉漆	kg	2.9100	2.9100	2.9100	2.9100
	钢锯条　各种规格	根	4.8500	4.8500	4.8500	4.8500
	砂布	张	0.9700	0.9700	0.9700	0.9700
	无絮棉布	kg	5.3350	5.3350	5.3350	5.3350
	其他材料费	元	97.7500	97.9000	97.7500	97.9000
机械	载重汽车　4t	台班	0.8978	0.8978		
	真空泵　抽气速度　204m³/h	台班	8.4396	8.4396	8.4396	8.4396
	真空去汽油车　200L/h	台班	8.5213	8.5213	8.5213	8.5213
	机动液压压接机　100t 以内	台班	0.8978	0.8978	0.8978	0.8978
	机动液压压接机　200t 以内	台班	1.9218	1.9218	1.9218	1.9218
	输电专用载重汽车　5t	台班	1.9218	1.9218	1.9218	1.9218
	空调机	台班	1.7957	1.7957	1.7957	1.7957

注　未计价材料电力电缆终端头、电力终端夹具、电缆接线端子、终端支架、电缆油、压力箱及支架、油管路等。

159

3.17 220kV交联聚乙烯绝缘电缆终端头制作安装

工作内容：电源搭接、搭设工棚，电缆绝缘检查、核相、终端定位、量尺寸，剥除电缆内、外护套、
金属屏蔽层、电缆加热校直，剥除内、外半导电屏蔽，绝缘层表面处理，套入预制件、连
接管就位、压接，带材绕包、去潮、预制件就位、屏蔽层处理、金属护层接地引线安装、
收缩管安装定位、密封处理，摇测绝缘电阻，护层耐压，试验后复位，终端接头固定，清
理现场，工器具移运。

定 额 编 号		JYL3-77	JYL3-78	JYL3-79	JYL3-80	JYL3-81
项 目		交联电缆空气终端接头（mm²）				
		800 以内	1200 以内	1600 以内	2000 以内	2500 以内
单 位		套/三相	套/三相	套/三相	套/三相	套/三相
基 价 （元）		**9386.28**	**10422.29**	**12725.72**	**14214.26**	**15678.61**
其中	人 工 费 （元）	4043.64	4604.37	6011.72	7133.18	8301.69
	材 料 费 （元）	1256.82	1336.93	1561.21	1691.19	1767.43
	机 械 费 （元）	4085.82	4480.99	5152.79	5389.89	5609.49
名 称	单位	数 量				
人工 普通工	工日	2.1213	2.4155	3.1538	3.7420	4.3550
输电技术工	工日	32.3712	36.8601	48.1265	57.1044	66.4589
计价材料 黄铜丝 综合	kg	3.6375	3.6375	3.8800	3.8800	3.8800
铝箔 0.02mm×50mm	kg	0.9700	1.4550	1.9400	2.4250	2.9100

160

续表

定 额 编 号			JYL3-77	JYL3-78	JYL3-79	JYL3-80	JYL3-81
项 目			交联电缆空气终端接头（mm²）				
			800 以内	1200 以内	1600 以内	2000 以内	2500 以内
计价材料	钢管卡子 DN32	个	2.9100	3.2010	4.4620	5.3350	6.3050
	平板玻璃 3mm	m²	0.4850	0.4850	0.5820	0.6790	0.7760
	电焊条 J557 综合	kg	0.4850	0.5335	0.6402	0.7566	0.8051
	焊锡	kg	1.4550	1.9400	2.9100	3.8800	4.3650
	松香焊锡丝	kg	1.9400	1.9400	1.9400	1.9400	1.9400
	铝焊粉	kg	0.9700	0.9700	1.9400	1.9400	1.9400
	镀锌铁丝	kg	4.8500	4.8500	4.8500	4.8500	4.8500
	热收缩封头 1~4 号	只	2.9100	2.9100	2.9100	2.9100	2.9100
	封铅	kg	17.4600	19.4000	21.8250	23.2800	24.2500
	自黏性橡胶带 25mm×20m	卷	34.9200	34.9200	38.8000	38.8000	38.8000
	聚氯乙烯塑料薄膜 0.5mm	kg	5.8200	5.8200	7.7600	8.7300	9.7000
	聚乙烯吹塑膜	kg	5.8200	5.8200	7.7600	8.7300	9.7000
	保鲜膜	卷	25.2200	25.9960	29.6432	31.0400	32.2040
	塑料带相色带 20mm×2000mm	卷	4.8500	6.7900	7.7600	8.7300	10.6700
	硬酯酸 一级	kg	1.4550	1.4550	1.4550	1.9400	1.9400
	乙醇	kg	4.3650	4.8015	5.7618	6.5475	7.2071
	丙酮 95%	kg	0.9700	1.0670	1.2804	1.4841	1.6102
	石油液化气	m³	5.8200	5.8200	5.8200	5.8200	5.8200

续表

定　额　编　号			JYL3-77	JYL3-78	JYL3-79	JYL3-80	JYL3-81
项　　　　目			交联电缆空气终端接头（mm²）				
			800 以内	1200 以内	1600 以内	2000 以内	2500 以内
计价材料	聚氨酯清漆	kg	0.2910	0.2910	0.2910	0.2910	0.2910
	木脚手板　50×250×4000	块	1.7460	1.9400	2.1340	2.4250	2.4250
	机用钢锯条　24 号	根	1.0670	1.3580	1.6975	1.8915	2.0370
	砂布	张	8.7300	8.7300	8.7300	8.7300	8.7300
	无絮棉布	kg	4.8500	4.8500	4.8500	4.8500	4.8500
	聚四氟乙烯生料带	卷	2.9100	3.3950	3.8800	4.3650	4.8500
	其他材料费	元	24.6400	26.2100	30.6100	33.1600	34.6600
机械	汽车式起重机　起重量　8t	台班	0.8978	0.8978	0.8978	0.8978	0.8978
	载重汽车　8t	台班	5.3870	6.2848	7.8111	8.3498	8.9783
	真空泵　抽气速度　204m³/h	台班	0.8978	0.8978	0.8978	0.8978	
	机动液压压接机　200t 以内	台班	0.8978	0.8978	0.8978	0.8978	0.8978
	输电专用载重汽车　5t	台班	2.6935	2.6935	2.6935	2.6935	2.6935
	空调机	台班	1.7957	1.7957	1.7957	1.7957	1.7957

注　未计价材料电力电缆终端头、电缆终端头夹具、电缆接线端子、终端支架。

定 额 编 号		JYL3-82	JYL3-83	JYL3-84	JYL3-85	JYL3-86
项 目		交联电缆 GIS 终端接头（mm²）				
		800 以内	1200 以内	1600 以内	2000 以内	2500 以内
单 位		套/三相	套/三相	套/三相	套/三相	套/三相
基 价 （元）		8663.64	9585.32	12031.23	13415.42	14991.87
其中	人 工 费（元）	3989.45	4450.43	6016.63	7030.15	8289.18
	材 料 费（元）	1183.32	1248.85	1456.76	1550.80	1631.11
	机 械 费 （元）	3490.87	3886.04	4557.84	4834.47	5071.58
名 称	单位	数 量				
人工 普通工	工日	2.0928	2.3347	3.1563	3.6880	4.3485
输电技术工	工日	31.9374	35.6277	48.1659	56.2796	66.3587
计价材料 黄铜丝 综合	kg	3.6375	3.6375	3.8800	3.8800	3.8800
铝箔 0.02mm×50mm	kg	0.9700	1.4550	1.9400	2.4250	2.9100
钢管卡子 DN32	个	1.9400	2.1340	2.9876	3.4435	4.1807
平板玻璃 3mm	m²	0.4850	0.4850	0.4850	0.6790	0.7760
电焊条 J557 综合	kg	0.4850	0.5335	0.6402	0.7566	0.8051
焊锡	kg	1.9400	1.9400	2.9100	3.8800	4.3650
松香焊锡丝	kg	1.9400	1.9400	1.9400	1.9400	1.9400
铝焊粉	kg	0.9700	0.9700	1.9400	1.9400	1.9400
镀锌铁丝	kg	1.9400	1.9400	1.9400	1.9400	1.9400
热收缩封头 1~4 号	只	2.9100	2.9100	2.9100	2.9100	2.9100
封铅	kg	17.4600	19.4000	21.8250	22.7950	24.2500

163

续表

定 额 编 号			JYL3-82	JYL3-83	JYL3-84	JYL3-85	JYL3-86
项 目			交联电缆 GIS 终端接头（mm²）				
			800 以内	1200 以内	1600 以内	2000 以内	2500 以内
计价材料	自黏性橡胶带 25mm×20m	卷	34.9200	34.9200	38.8000	38.8000	38.8000
	聚氯乙烯塑料薄膜 0.5mm	kg	5.8200	5.8200	7.7600	8.7300	9.7000
	聚乙烯吹塑膜	kg	5.8200	5.8200	7.7600	8.7300	9.7000
	保鲜膜	卷	14.5500	15.1320	17.3630	17.9450	19.3030
	塑料带相色带 20mm×2000mm	卷	4.8500	6.7900	7.7600	8.7300	9.7000
	硬酯酸 一级	kg	1.4550	1.4550	1.9400	1.9400	1.9400
	乙醇	kg	2.4250	2.6675	3.2010	3.5405	4.0061
	丙酮 95%	kg	0.9700	1.0670	1.2804	1.4841	1.6102
	石油液化气	m³	5.8200	5.8200	5.8200	5.8200	5.8200
	木脚手板	m³	0.0970	0.0970	0.0970	0.0970	0.0970
	机用钢锯条 24 号	根	0.9700	1.3580	1.6975	1.8430	2.1340
	砂布	张	8.7300	8.7300	8.7300	8.7300	8.7300
	无絮棉布	kg	4.8500	4.8500	4.8500	4.8500	4.8500
	聚四氟乙烯生料带	卷	2.9100	3.3950	3.8800	4.3650	4.8500
	其他材料费	元	23.2000	24.4900	28.5600	30.4100	31.9800
机械	载重汽车 8t	台班	5.3870	6.2848	7.8111	8.4396	8.9783
	真空泵 抽气速度 204m³/h	台班	0.8978	0.8978	0.8978	0.8978	0.8978
	机动液压压接机 200t 以内	台班	0.8978	0.8978	0.8978	0.8978	0.8978

续表

定 额 编 号			JYL3-82	JYL3-83	JYL3-84	JYL3-85	JYL3-86
项 目			交联电缆 GIS 终端接头（mm²）				
			800 以内	1200 以内	1600 以内	2000 以内	2500 以内
机械	输电专用载重汽车 5t	台班	2.6935	2.6935	2.6935	2.6935	2.6935
	空调机	台班	1.7957	1.7957	1.7957	1.7957	1.7957

注 未计价材料电力电缆终端头、电缆终端头夹具、电缆接线端子、终端支架。

3.18 500kV交联聚乙烯绝缘电缆终端头制作安装

工作内容：电源搭接、搭设工棚，电缆绝缘检查、核相、终端定位、量尺寸，剥除电缆内、外护套、金属屏蔽层、电缆加热校直，剥除内、外半导电屏蔽，绝缘层表面处理、套入预制件、连接管就位、压接，带材绕包、去潮、预制件就位、屏蔽层处理、金属护层接地引线安装、收缩管安装定位、密封处理，摇测绝缘电阻，护层耐压，试验后复位，终端接头固定，清理现场，工器具移运。

定 额 编 号			JYL3-87	JYL3-88
项 目			交联电缆空气终端接头（mm^2）	
			2000 以内	2500 以内
单 位			套/三相	套/三相
基 价（元）			**25954.37**	**28353.10**
其中	人 工 费（元）		12206.72	14030.71
	材 料 费（元）		3382.38	3534.85
	机 械 费（元）		10365.27	10787.54
名 称		单位	数 量	
人工	普通工	工日	6.4036	7.3605
	输电技术工	工日	97.7204	112.3223
计价材料	黄铜丝 综合	kg	7.7600	7.7600
	铝箔 0.02mm×50mm	kg	4.8500	5.8200

续表

定 额 编 号			JYL3-87	JYL3-88
项　　　　目			交联电缆空气终端接头（mm^2）	
			2000 以内	2500 以内
计价材料	钢管卡子　DN32	个	10.6700	12.6100
	平板玻璃　3mm	m^2	1.3580	1.5520
	电焊条　J557　综合	kg	1.5132	1.6102
	焊锡	kg	7.7600	8.7300
	松香焊锡丝	kg	3.8800	3.8800
	铝焊粉	kg	3.8800	3.8800
	镀锌铁丝	kg	9.7000	9.7000
	热收缩封头　1~4号	只	5.8200	5.8200
	封铅	kg	46.5600	48.5000
	自黏性橡胶带　25mm×20m	卷	77.6000	77.6000
	聚氯乙烯塑料薄膜　0.5mm	kg	17.4600	19.4000
	聚乙烯吹塑膜	kg	17.4600	19.4000
	保鲜膜	卷	62.0800	64.4080
	塑料带相色带　20mm×2000mm	卷	17.4600	21.3400
	硬酯酸　一级	kg	3.8800	3.8800
	乙醇	kg	13.0950	14.4142
	丙酮　95%	kg	2.9682	3.2204
	石油液化气	m^3	11.6400	11.6400

续表

定　额　编　号			JYL3-87	JYL3-88
项　　目			交联电缆空气终端接头（mm^2）	
			2000 以内	2500 以内
计价材料	聚氨酯清漆	kg	0.5820	0.5820
	木脚手板　50×250×4000	块	4.8500	4.8500
	机用钢锯条　24 号	根	3.7830	4.0740
	砂布	张	17.4600	17.4600
	无絮棉布	kg	9.7000	9.7000
	聚四氟乙烯生料带	卷	8.7300	9.7000
	其他材料费	元	66.3200	69.3100
机械	汽车式起重机　起重量　8t	台班	1.7266	1.7266
	载重汽车　8t	台班	16.0574	17.2660
	真空泵　抽气速度　204m^3/h	台班	1.7266	
	机动液压压接机　200t 以内	台班	1.7266	1.7266
	输电专用载重汽车　5t	台班	5.1798	5.1798
	空调机	台班	3.4532	3.4532

注　未计价材料电力电缆终端头、电缆终端头夹具、电缆接线端子、终端支架。

168

定 额 编 号		JYL3-89	JYL3-90
项 目		交联电缆GIS终端接头（mm²）	
		2000 以内	2500 以内
单 位		套/三相	套/三相
基 价（元）		**21082.05**	**23151.33**
其中	人 工 费（元）	11783.03	13389.84
	材 料 费（元）	2326.19	2446.67
	机 械 费（元）	6972.83	7314.82
名 称	单位	数 量	
人工 普通工	工日	6.1813	7.0243
输电技术工	工日	94.3286	107.1918
计价材料 黄铜丝 综合	kg	5.8200	5.8200
铝箔 0.02mm×50mm	kg	3.6375	4.3650
钢管卡子 DN32	个	5.1653	6.2711
平板玻璃 3mm	m²	1.0185	1.1640
电焊条 J557 综合	kg	1.1349	1.2077
焊锡	kg	5.8200	6.5475
松香焊锡丝	kg	2.9100	2.9100
铝焊粉	kg	2.9100	2.9100
镀锌铁丝	kg	2.9100	2.9100
热收缩封头 1~4 号	只	4.3650	4.3650
封铅	kg	34.1925	36.3750

续表

定 额 编 号			JYL3-89	JYL3-90
项 目			交联电缆 GIS 终端接头（mm²）	
			2000 以内	2500 以内
计价材料	自黏性橡胶带 25mm×20m	卷	58.2000	58.2000
	聚氯乙烯塑料薄膜 0.5mm	kg	13.0950	14.5500
	聚乙烯吹塑膜	kg	13.0950	14.5500
	保鲜膜	卷	26.9175	28.9545
	塑料带相色带 20mm×2000mm	卷	13.0950	14.5500
	硬酯酸 一级	kg	2.9100	2.9100
	乙醇	kg	5.3108	6.0092
	丙酮 95%	kg	2.2262	2.4153
	石油液化气	m³	8.7300	8.7300
	木脚手板	m³	0.1455	0.1455
	机用钢锯条 24 号	根	2.7645	3.2010
	砂布	张	13.0950	13.0950
	无絮棉布	kg	7.2750	7.2750
	聚四氟乙烯生料带	卷	6.5475	7.2750
	其他材料费	元	45.6100	47.9700
机械	载重汽车 8t	台班	12.1725	12.9495
	真空泵 抽气速度 204m³/h	台班	1.2950	1.2950
	机动液压压接机 200t 以内	台班	1.2950	1.2950

续表

定　额　编　号		JYL3-89	JYL3-90
项　　　目		交联电缆 GIS 终端接头（mm^2）	
		2000 以内	2500 以内
机械	输电专用载重汽车　5t　台班	3.8849	3.8849
	空调机　台班	2.5899	2.5899

注　未计价材料电力电缆终端头、电缆终端头夹具、电缆接线端子、终端支架。

第 **4** 章　陆上电缆附属工程

说　　明

一、内容包括

接地安装，保护管敷设，电缆防火，电缆在线监测安装，电缆配套设备安装，电缆支架、桥架制作安装，其他。

二、工程量计算规则

1. 直接接地箱以"套"为计量单位，单相式以单相为一套，三相式以三相为一套，六相式以六相为一套。

2. 经护层保护器接地箱，以"套"为计量单位，三相式以三相为一套，六相式以六相为一套。

3. 接地电缆、同轴电缆敷设以"100m"为计量单位。

4. 接地极制作安装以"根"为计量单位；接地体制作安装以"m"为计量单位。

5. 沿电杆、塔保护管以"根"为计量单位；电缆保护管敷设以"m"为计量单位。

6. 防火带、防火槽以"m"为计量单位；防火涂料、防火墙、防火隔板以"m²"为计量单位；孔洞防火封堵以"t"为计量单位，管塞以"个"为计量单位。

7. 监控主机安装及调试以"台"为计量单位；监控井盖安装及调试以"套"为计量单位；接地环流检测装置以"套"为计量单位；在线监测通信线缆敷设及调试以"km"为计量单位。

8. 电缆分支箱以"台"为单位计算。

9. 电缆支架制作、安装以"t"为计量单位；复合支架安装以"付"为计量单位；玻璃钢桥架安装以"m"为计量单位；铝合金桥架、托盘安装以"m"为计量单位；电缆工程临时支架搭拆以"处"为计量单位，按实际脚手架搭拆处数计算；钢制桥架以"t"为计量单位。

10. 充油电缆双孔封端以"只"为计量单位；空调机、去湿机安装与拆除以"处"为计量单位；充油电缆供油装置以"处"为计量单位；玻璃钢垫板安装以"块"为计量单位；避雷器安装调试以"组/三相"为计量单位；绝缘子安装调试以"柱"为计量单位。

11. 冬季电缆加热以"盘"为计量单位，敷设电缆环境温度低于电缆施工规范要求的最低环境温度时，按实际加热电缆盘数计算。

三、其他说明

1. 空调机、去湿机安装中的接地、通风道的制作执行其他册有关定额。

2. 电缆过路保护管、引上电缆保护管等局部电缆保护管敷设，执行本章电缆保护管敷设定额。

4.1 接地装置安装

工作内容： 直接接地装置安装，支架安装，清理现场，工器具移运。

定 额 编 号			JYL4-1	JYL4-2	JYL4-3
项 目			直线接地箱		
			单相式	三相式	六相式
单 位			套	套	套
基 价 （元）			**297.54**	**888.44**	**1323.17**
其中	人 工 费 （元）		109.82	329.45	374.27
	材 料 费 （元）		159.13	473.21	863.12
	机 械 费 （元）		28.59	85.78	85.78
	名 称	单位	数 量		
人工	普通工	工日	0.0460	0.1379	0.1576
	输电技术工	工日	0.8864	2.6592	3.0204
计价材料	黄铜丝 综合	kg	0.0758	0.2275	0.2275
	钢筋混凝土 150 号	m³	0.0216	0.0650	0.0650
	铜芯聚氯乙烯绝缘电线 120mm²	m	1.6250	4.8750	9.7500
	铜接线端子 120mm²	个	1.1700	3.2500	5.2000
	塑料带相色带 20mm×2000mm	卷	0.6500	1.9500	2.6000

定 额 编 号			JYL4-1	JYL4-2	JYL4-3
项 目			直线接地箱		
			单相式	三相式	六相式
计价材料	醇酸磁漆	kg	0.0541	0.1625	0.1625
	其他材料费	元	3.1200	9.2800	16.9200
机械	输电专用载重汽车　4t	台班	0.0900	0.2700	0.2700

注　未计价材料电缆信号箱、放电计数器、直接接地箱、支架等。

工作内容: 经护层保护器接地箱、交叉互联箱、护层保护器安装，支架安装，清理现场，工器具移运。

定　额　编　号			JYL4-4	JYL4-5	JYL4-6	JYL4-7
项　　　　目			经护层保护器接地箱		交叉互联箱	护层保护器安装
			三相式	六相式		
单　　　　位			套	套	套/三相	套/三相
基　　价（元）			**944.73**	**1414.97**	**1050.30**	**469.78**
其中	人　工　费（元）		349.34	399.67	418.29	49.29
	材　料　费（元）		509.61	929.52	546.23	394.76
	机　械　费（元）		85.78	85.78	85.78	25.73
名　　　称		单位	数　　　　量			
人工	普通工	工日	0.1510	0.1707	0.1773	0.0217
	输电技术工	工日	2.8168	3.2239	3.3749	0.3972
计价材料	黄铜丝　综合	kg	0.2450	0.2450	0.2450	0.2450
	钢筋混凝土　150号	m³	0.0700	0.0700	0.0700	0.0700
	铜芯聚氯乙烯绝缘电线　120mm²	m	5.2500	10.5000	5.2500	4.2000
	铜接线端子　120mm²	个	3.5000	5.6000	5.6000	1.4000
	塑料带相色带　20mm×2000mm	卷	2.1000	2.8000	2.8000	0.7000
	醇酸磁漆	kg	0.1750	0.1750	0.1750	0.1750
	其他材料费	元	9.9900	18.2300	10.7100	7.7400
机械	输电专用载重汽车　4t	台班	0.2700	0.2700	0.2700	0.0810

　注　未计价材料电缆信号箱、放电计数器、经护层保护器接地箱、交叉互联箱、交叉互联箱混凝土底座及钢结构支架、护层保护器等。

工作内容：架盘，敷设，切割，临时封头，整理固定，挂牌，清理现场，工器具移运。

定额编号			JYL4-8	JYL4-9	JYL4-10	JYL4-11	JYL4-12	JYL4-13
项　　目			接地电缆、同轴电缆敷设					
			截面 35mm²	截面 120mm²	截面 240mm²	截面 400mm²	截面 630mm²	截面 800mm²
单　　位			100m	100m	100m	100m	100m	100m
基　价（元）			**139.85**	**193.21**	**296.15**	**480.47**	**691.04**	**937.93**
其中	人　工　费（元）		37.67	80.98	94.85	117.49	145.09	165.75
	材　料　费（元）		96.14	105.88	194.60	355.90	472.24	695.61
	机　械　费（元）		6.04	6.35	6.70	7.08	73.71	76.57
名　　称		单位	数　　　量					
人工	普通工	工日	0.0780	0.1690	0.1950	0.2405	0.2990	0.3445
	输电技术工	工日	0.2652	0.5692	0.6685	0.8288	1.0222	1.1659
计价材料	软铜绞线　25mm²	m	1.6500	1.7600	1.8700	1.9800	2.0900	2.2000
	铜接线端子　25mm²	个	1.1220	1.1220	1.1220	1.1220	1.1220	1.1220
	铜接线端子　120mm²	个	3.3660	3.3660				
	铜接线端子　240mm²	个			3.3660			
	铜接线端子　400mm²	个				3.3660		
	铜接线端子　630mm²	个					3.3660	
	铜接线端子　800mm²	个						3.3660
	自黏性橡胶带　25mm×20m	卷	0.6600	1.5400	2.7500	3.3000	3.8500	4.4000
	塑料带　20mm×40m	卷	0.2200	0.3300	0.5500	0.6600	0.7700	0.8800

定 额 编 号			JYL4-8	JYL4-9	JYL4-10	JYL4-11	JYL4-12	JYL4-13
项　　　目			接地电缆、同轴电缆敷设					
			截面 35mm^2	截面 120mm^2	截面 240mm^2	截面 400mm^2	截面 630mm^2	截面 800mm^2
计价材料	塑料带相色带　20mm×2000mm	卷	0.1100	0.1650	0.2200	0.3300	0.3850	0.4400
	三氯乙烯	kg	0.5500	0.5500	0.5500	0.5500	0.5500	0.5500
	电力复合脂	kg	0.0330	0.0550	0.0880	0.1100	0.1100	0.1100
	丙酮　95%	kg	0.3300	0.4400	0.6600	0.9900	1.1000	1.2100
	碎布	kg	0.3300	0.5500	0.8800	1.1000	1.3200	1.4300
	其他材料费	元	1.8900	2.0800	3.8200	6.9800	9.2600	13.6400
机械	输电专用载重汽车　4t	台班	0.0190	0.0200	0.0211	0.0223	0.2320	0.2410

注　未计价材料接地电缆、同轴电缆等。

工作内容：将接地极打入土中，接地体连接安装，接地电阻测定，清理现场，工器具移运。

定 额 编 号		JYL4-14	JYL4-15	JYL4-16
项 目		接地极制作安装		
		钢管（圆钢）	角钢	铜棒
单 位		根	根	根
基 价（元）		**24.53**	**18.69**	**150.52**
其中	人 工 费（元）	19.54	14.78	125.73
	材 料 费（元）	2.10	1.83	23.52
	机 械 费（元）	2.89	2.08	1.27
名 称	单位	数 量		
人工	普通工	工日	0.0525	0.0362	0.3461
	输电技术工	工日	0.1300	0.1005	0.8314
计价材料	电焊条 J422 综合	kg	0.1000	0.0500	
	铜焊条	kg			0.2200
	清洗剂	kg			1.0000
	氧气	m³			1.2900
	乙炔气	m³			0.3515
	钢锯条 各种规格	根	1.0000	1.0000	
	其他材料费	元	0.0400	0.0400	0.4600
机械	交流弧焊机 容量 21kVA	台班	0.0250	0.0125	
	输电专用载重汽车 4t	台班	0.0040	0.0040	0.0040

注 未计价材料钢管（圆钢）、角钢、铜棒。

工作内容： 平直、下料，接地体展开敷设，焊接，接地体连接安装，接地电阻测定，清理现场，工器具移运。

定 额 编 号		JYL4-17	JYL4-18	JYL4-19
项 目		接地敷设		
		扁钢	圆钢	铜排
单 位		m	m	m
基 价（元）		**20.81**	**11.56**	**23.49**
其中	人 工 费（元）	19.08	10.70	20.31
	材 料 费（元）	1.12	0.39	1.27
	机 械 费（元）	0.61	0.47	1.91
名 称	单位	数 量		
人工 普通工	工日	0.0538	0.0302	0.0665
输电技术工	工日	0.1254	0.0703	0.1277
计价材料 电焊条 J422 综合	kg	0.0180	0.0090	
铜焊粉	kg			0.0254
清洗剂	kg	0.0018	0.0018	0.0254
氧气	m³			0.0254
乙炔气	m³			0.0099
防锈漆	kg	0.0450		
沥青清漆	kg	0.0450	0.0180	
钢锯条 各种规格	根	0.0990	0.0900	0.1017
砂布	张			0.1017

续表

定 额 编 号			JYL4-17	JYL4-18	JYL4-19
项 目			接地敷设		
			扁钢	圆钢	铜排
计价材料	棉纱头	kg	0.0090	0.0090	0.0102
	其他材料费	元	0.0200	0.0100	0.0200
机械	汽车式起重机 起重量 5t	台班			0.0018
	交流弧焊机 容量 21kVA	台班	0.0045	0.0023	
	输电专用载重汽车 4t	台班	0.0010	0.0010	0.0028

注 未计价材料扁钢、圆钢、铜排。

4.2 保护板及保护管敷设

工作内容: 电缆保护管固定及敷设,临时封堵,清理现场,工器具移运。

定 额 编 号		JYL4-20	JYL4-21	JYL4-22	JYL4-23	JYL4-24
项 目		沿电杆、塔	电缆保护管敷设			
		保护管	水泥压力管敷设			
			φ50 以内	φ150 以内	φ200 以内	φ250 以内
单 位		根	m	m	m	m
基 价 (元)		**48.78**	**2.52**	**4.98**	**10.27**	**12.19**
其中	人 工 费(元)	46.50	2.17	4.24	9.14	10.67
	材 料 费(元)	2.28	0.35	0.39	0.43	0.47
	机 械 费(元)			0.35	0.70	1.05
名 称	单位	数 量				
人工 普通工	工日	0.3000	0.0275	0.0484	0.1033	0.1213
输电技术工	工日	0.2000	0.0009	0.0051	0.0116	0.0131
计价材料 普通硅酸盐水泥 32.5	t		0.0009	0.0010	0.0011	0.0012
沥青清漆	kg	0.2910				
其他材料费	元	0.0400	0.0100	0.0100	0.0100	0.0100
机械 输电专用载重汽车 4t	台班			0.0011	0.0022	0.0033

注 未计价材料管材,电缆保护标识带、金具。

定　额　编　号		JYL4-25	JYL4-26	JYL4-27	JYL4-28	JYL4-29
项　　　　目		电缆保护管敷设				
		无缝钢管敷设				
		φ50 以内	φ100 以内	φ150 以内	φ200 以内	φ250 以内
单　　位		m	m	m	m	m
基　　价（元）		**8. 89**	**10. 33**	**12. 95**	**15. 43**	**17. 89**
其中	人　工　费（元）	5. 15	5. 71	6. 39	7. 20	8. 09
	材　料　费（元）	1. 81	2. 33	3. 92	4. 92	5. 83
	机　械　费（元）	1. 93	2. 29	2. 64	3. 31	3. 97
名　　称	单位	数　　　　量				
人工	普通工　　工日	0. 0574	0. 0637	0. 0715	0. 0809	0. 0917
	输电技术工　工日	0. 0070	0. 0078	0. 0086	0. 0094	0. 0101
计价材料	钢管卡子　DN50　个	0. 4000				
	钢管卡子　DN100　个		0. 4000			
	钢管卡子　DN150　个			0. 4000		
	钢管卡子　DN200　个				0. 4000	
	钢管卡子　DN250　个					0. 4000
	电焊条　J422　综合　kg	0. 0400	0. 0500	0. 0600	0. 0700	0. 0800
	精制六角螺栓　综合　kg	0. 0160	0. 0180	0. 0200	0. 0220	0. 0240
	镀锌铁丝　　kg	0. 0700	0. 0900	0. 1100	0. 1300	0. 1500
	氧气　　m³	0. 0700	0. 0800	0. 0900	0. 1000	0. 1100
	乙炔气　　m³	0. 0210	0. 0240	0. 0270	0. 0300	0. 0330

续表

定 额 编 号			JYL4-25	JYL4-26	JYL4-27	JYL4-28	JYL4-29
项 目			电缆保护管敷设				
			无缝钢管敷设				
			φ50 以内	φ100 以内	φ150 以内	φ200 以内	φ250 以内
计价材料	沥青清漆	kg	0.0080	0.0120	0.1600	0.2000	0.2400
	其他材料费	元	0.0400	0.0500	0.0800	0.1000	0.1100
机械	氩弧焊机 电流 500A	台班	0.0160	0.0195	0.0230	0.0265	0.0299
	输电专用载重汽车 4t	台班	0.0010	0.0010	0.0010	0.0020	0.0030

注 未计价材料电缆保护管，电缆保护标识带、金具。

定 额 编 号		JYL4-30	JYL4-31	JYL4-32	JYL4-33	JYL4-34
项 目		电缆保护管敷设				
		塑料管				
		φ50 以内	φ100 以内	φ150 以内	φ200 以内	φ250 以内
单 位		m	m	m	m	m
基 价（元）		**1. 40**	**2. 19**	**3. 37**	**4. 15**	**5. 43**
其中	人 工 费（元）	0. 94	1. 73	2. 52	2. 92	3. 81
	材 料 费（元）	0. 14	0. 14	0. 21	0. 28	0. 35
	机 械 费（元）	0. 32	0. 32	0. 64	0. 95	1. 27
名 称	单位	数 量				
人工	普通工	工日	0. 0101	0. 0195	0. 0289	0. 0332	0. 0426
	输电技术工	工日	0. 0015	0. 0022	0. 0029	0. 0036	0. 0051
计价材料	中砂	m³	0. 0020	0. 0020	0. 0030	0. 0040	0. 0050
	其他材料费	元				0. 0100	0. 0100
机械	输电专用载重汽车 4t	台班	0. 0010	0. 0010	0. 0020	0. 0030	0. 0040

注 未计价材料电缆保护管，电缆保护标识带、金具。

工作内容：下料，法兰制作，打喇叭口，焊接，敷设，密封，紧固，刷油等。

定 额 编 号			JYL4-35	JYL4-36	JYL4-37	JYL4-38	JYL4-39	JYL4-40
项　　　　目			密封电缆保护管安装					
			φ50 以内	φ80 以内	φ100 以内	φ125 以内	φ150 以内	φ200 以内
单　　　　位			根	根	根	根	根	根
基　　价（元）			77.97	99.70	109.53	127.87	141.67	204.57
其中	人　工　费（元）		28.44	37.98	40.26	47.13	48.61	95.22
	材　料　费（元）		49.53	61.72	69.27	80.74	93.06	109.35
	机　械　费（元）							
名　　　称		单位	数　　　　量					
人工	普通工	工日	0.1825	0.2467	0.2614	0.3058	0.3256	0.6166
	输电技术工	工日	0.1229	0.1623	0.1721	0.2016	0.2016	0.4081
计价材料	钢板　综合	kg	4.2680	6.4020	7.3720	9.3120	11.4460	13.8710
	防水砂浆	m³	0.0485	0.0485	0.0485	0.0485	0.0485	0.0485
	电焊条　J507　综合	kg	0.1261	0.2134	0.2619	0.3298	0.4074	0.5141
	精制六角带帽螺栓　M12×100 以下	套	3.9576	3.9576	3.9576	3.9576	3.9576	3.9576
	氧气	m³	0.1067	0.1358	0.2037	0.2522	0.3007	0.3589
	乙炔气	m³	0.0631	0.0825	0.1213	0.1504	0.1795	0.2134
	沥青清漆	kg	0.3880	0.5820	0.7760	0.9700	1.1640	1.5520

续表

定　额　编　号			JYL4-35	JYL4-36	JYL4-37	JYL4-38	JYL4-39	JYL4-40
项　　　目			密封电缆保护管安装					
			φ50 以内	φ80 以内	φ100 以内	φ125 以内	φ150 以内	φ200 以内
计价材料	麻绳	kg	0.4850	0.5820	0.6790	0.7760	0.8730	1.0670
	其他材料费	元	0.9700	1.2100	1.3600	1.5800	1.8200	2.1400

注　未计价材料管材。

4.3 电缆防火

工作内容： 防火隔板加工，固定，孔洞封堵，防火涂料，涂刷，防火墙、防火包、防火带、防火槽安装，清理现场，工器具移运。

定 额 编 号			JYL4-41	JYL4-42	JYL4-43	JYL4-44	JYL4-45	JYL4-46	JYL4-47
项 目			防火带	防火槽	防火涂料	防火墙	孔洞防火封堵	防火隔板	管塞
单 位			m	m	kg	m²	t	m²	个
基 价（元）			**1.78**	**3.15**	**97.07**	**19.76**	**2816.34**	**60.61**	**5.57**
其中	人 工 费（元）		1.14	2.51	43.95	19.12	2478.97	56.85	5.57
	材 料 费（元）				21.35		331.02	3.12	
	机 械 费（元）		0.64	0.64	31.77	0.64	6.35	0.64	
名 称		单位	数 量						
人工	普通工	工日	0.0131	0.0282	0.1700	0.2160	28.0638	0.6436	0.0360
	输电技术工	工日	0.0013	0.0033	0.2600	0.0243	3.1182	0.0715	0.0239
计价材料	板材红白松 一等	m³			0.0100		0.1500		
	镀锌铁丝	kg			0.2500		6.0000		
	钢锯条 各种规格	根						2.0000	
	其他材料费	元			0.4200		6.4900	0.0600	
机械	输电专用载重汽车 4t	台班	0.0020	0.0020	0.1000	0.0020	0.0200	0.0020	

注 未计价材料防火带、防火槽、防火隔板、堵料、涂料、防火包、防火墙、管塞等。

4.4 电缆在线监测安装

工作内容：监控主机安装调试，监控井盖安装调试，接地电流采集器、传感器安装调试，主干通信电流敷设垂直固定处理、不锈钢软管穿管保护、绑扎固定，设备用线缆敷设、标识牌安装。

定额编号			JYL4-48	JYL4-49	JYL4-50	JYL4-51	JYL4-52
项目			监控主机安装及调试	监控井盖安装及调试	接地环流检测装置安装及调试	在线监测主干通信线缆敷设及调试	在线监测站内通信线缆敷设及调试
单位			台	套	套	km	km
基价（元）			**1863.58**	**1532.96**	**1888.35**	**619.06**	**293.09**
其中	人工费（元）		946.89	548.20	787.42	179.41	64.78
	材料费（元）		149.12	217.19	290.06	264.18	52.84
	机械费（元）		767.57	767.57	810.87	175.47	175.47
名称		单位	数量				
人工	普通工	工日	1.9935	1.9935	1.9935	1.3289	0.3322
	输电技术工	工日	6.6448	3.3224	5.3159	0.6645	0.3322
计价材料	射钉	个	1000.0000	1000.0000	1000.0000	1000.0000	200.0000
	金属软管 DN50	m		15.0000	15.0000		
	尼龙扎带 $L=400mm$	根	400.0000	120.0000	500.0000	1000.0000	200.0000
	其他材料费	元	2.9200	4.2600	5.6900	5.1800	1.0400

定 额 编 号			JYL4-48	JYL4-49	JYL4-50	JYL4-51	JYL4-52
项 目			监控主机安装及调试	监控井盖安装及调试	接地环流检测装置安装及调试	在线监测主干通信线缆敷设及调试	在线监测站内通信线缆敷设及调试
机械	输电专用载重汽车 4t	台班	2.0000	2.0000	2.0000		
	回路电阻测试仪 量程 1~1999μΩ	台班			1.0000	1.0000	1.0000
	冲击钻	台班	2.0000	2.0000	2.0000	2.0000	2.0000

注 未计价材料监控主机、监控井盖、接地环流检测装置、在线监测通信线缆。

4.5 电缆配套设备安装

工作内容：施工准备，分支箱就位并固定，接地连接，清理现场，工器具移运。

定 额 编 号		JYL4-53	JYL4-54	JYL4-55	JYL4-56
项 目		电缆分支箱 10kV			电缆分支箱 1kV
		6 回路	8 回路	10 回路	
单 位		台	台	台	台
基 价 （元）		**181.03**	**199.35**	**216.34**	**121.39**
其中	人 工 费 （元）	104.01	122.33	139.32	61.28
	材 料 费 （元）	50.70	50.70	50.70	47.78
	机 械 费 （元）	26.32	26.32	26.32	12.33
名 称	单位	数 量			
人工 普通工	工日	0.6709	0.7893	0.8978	0.3714
输电技术工	工日	0.4474	0.5261	0.5999	0.2785
计价材料 平垫铁 综合	kg	0.2910	0.2910	0.2910	0.1900
电焊条 J422 综合	kg	0.1455	0.1455	0.1455	0.0700
镀锌六角螺栓 综合	kg	5.9364	5.9364	5.9364	5.9364
镀锌半圆头螺栓 综合	套				0.0446
平垫圈	个				7.9152
弹簧垫圈 2~10mm	个	5.9364	5.9364	5.9364	5.9364
裸铜绞线 综合	kg	0.0485	0.0485	0.0485	0.0291

定 额 编 号			JYL4-53	JYL4-54	JYL4-55	JYL4-56
项 目			电缆分支箱 10kV			电缆分支箱 1kV
			6 回路	8 回路	10 回路	
计价材料	醇酸调和漆	kg	0.1940	0.1940	0.1940	0.0812
	其他材料费	元	0.9900	0.9900	0.9900	0.9400
机械	交流弧焊机 容量 21kVA	台班	0.1213	0.1213	0.1213	
	输电专用载重汽车 4t	台班	0.0582	0.0582	0.0582	0.0388

注 未计价材料电缆分支箱。

4.6 电缆支架、桥架制作安装

工作内容：电缆支架、桥架制作，安装，跨接接地线安装，清理现场，工器具移运。

定 额 编 号		JYL4-57	JYL4-58
项 目		电缆支架制作	电缆支架安装
单 位		t	t
基 价（元）		**2376.12**	**1637.66**
其中	人 工 费（元）	1545.69	948.42
	材 料 费（元）	537.03	502.96
	机 械 费（元）	293.40	186.28
名 称	单位	数 量	
人工 普通工	工日	7.9266	4.8637
输电技术工	工日	7.9266	4.8637
计价材料 电焊条 J422 综合	kg	13.3000	17.1000
镀锌六角螺栓 综合	kg		45.8451
清洗剂	kg	4.1800	0.9500
防锈漆	kg	16.8150	2.8500
普通调和漆	kg	13.3000	1.9000
清油 综合	kg	5.7000	
钢锯条 各种规格	根	19.0000	9.5000
砂布	张	47.5000	

194

续表

定 额 编 号			JYL4-57	JYL4-58
项 目			电缆支架制作	电缆支架安装
计价材料	碎布	kg	1.9000	0.9500
	其他材料费	元	10.5300	9.8600
机械	联合冲剪机 板厚 16mm	台班	0.4656	
	交流弧焊机 容量 21kVA	台班	2.1502	2.7645
	输电专用载重汽车 4t	台班	0.0291	0.0243

注 未计价材料型钢。

195

工作内容：组对、安装、弯头、三通或四通、盖板、隔板、附件及支吊架安装、接地跨接、桥架整理。

定 额 编 号		JYL4-59	JYL4-60	JYL4-61	JYL4-62	JYL4-63
项 目		复合支架安装	玻璃钢桥架安装（断面：宽+高）			
			100 以内	400 以内	800 以内	1200 以内
单 位		付	m	m	m	m
基 价（元）		**13.15**	**33.98**	**46.13**	**54.46**	**58.68**
其中	人 工 费（元）	8.07	10.96	17.08	24.45	27.94
	材 料 费（元）	4.76	18.09	24.12	24.12	24.12
	机 械 费（元）	0.32	4.93	4.93	5.89	6.62
名 称	单位	数 量				
人工 普通工	工日	0.0289	0.0332	0.0508	0.1319	0.1615
输电技术工	工日	0.0492	0.0706	0.1106	0.1213	0.1319
计价材料 电焊条 J422 综合	kg		0.0263	0.0350	0.0350	0.0350
镀锌六角螺栓 综合	kg		0.4778	0.6370	0.6370	0.6370
膨胀螺栓 M12	套		0.3060	0.4080	0.4080	0.4080
钢管脚手架 包括扣件	kg	0.8120	2.8125	3.7500	3.7500	3.7500
木脚手板 50×250×4000	块	0.0110	0.0068	0.0090	0.0090	0.0090
其他材料费	元	0.0900	0.3500	0.4700	0.4700	0.4700

196

定 额 编 号			JYL4-59	JYL4-60	JYL4-61	JYL4-62	JYL4-63
项 目			复合支架安装	玻璃钢桥架安装（断面：宽+高）			
				100 以内	400 以内	800 以内	1200 以内
机械	交流弧焊机 容量 21kVA	台班		0.0700	0.0700	0.0700	0.0700
	半自动切割机 厚度 100mm	台班		0.0010	0.0010	0.0010	0.0020
	输电专用载重汽车 4t	台班	0.0010	0.0010	0.0010	0.0040	0.0060

注 未计价材料支架、桥架。

工作内容：定位、支架安装、托臂安装、本体固定、连接、接地、补漆。

定 额 编 号			JYL4-64	JYL4-65	JYL4-66	JYL4-67
项 目			铝合金桥架、托盘安装（断面：宽+高）			钢制桥架
			400 以内	750 以内	1150 以内	
单 位			m	m	m	t
基 价（元）			**45.13**	**48.85**	**52.56**	**2543.36**
其中	人 工 费（元）		13.15	16.87	20.58	1903.03
	材 料 费（元）		27.78	27.78	27.78	512.02
	机 械 费（元）		4.20	4.20	4.20	128.31
名 称		单位	数 量			
人工	普通工	工日	0.0398	0.0532	0.0665	6.0800
	输电技术工	工日	0.0847	0.1073	0.1299	12.0586
计价材料	电焊条 J507 综合	kg	0.4310	0.4310	0.4310	1.0770
	镀锌铁丝	kg	0.2200	0.2200	0.2200	3.1350
	清洗剂	kg	0.0110	0.0110	0.0110	1.0450
	防锈漆	kg	0.0220	0.0220	0.0220	3.1350
	普通调和漆	kg	0.0220	0.0220	0.0220	2.0900
	钢管脚手架 包括扣件	kg	4.1250	4.1250	4.1250	75.7630
	木脚手板 50×250×4000	块	0.0410	0.0410	0.0410	0.7580
	钢锯条 各种规格	根	0.2200	0.2200	0.2200	5.2250
	其他材料费	元	0.5400	0.5400	0.5400	10.0400

定　额　编　号			JYL4-64	JYL4-65	JYL4-66	JYL4-67
项　　　目			铝合金桥架、托盘安装（断面：宽+高）			钢制桥架
			400 以内	750 以内	1150 以内	
机械	交流弧焊机　容量　21kVA	台班	0.0601	0.0601	0.0601	0.1494
	输电专用载重汽车　4t	台班	0.0010	0.0010	0.0010	0.3735

注　未计价材料支架、桥架及托臂。

工作内容：支架、脚手板等运输，场地平整，场内移运，支架搭设，脚手板铺设，支架、脚手板等拆除，清理现场，工器具移运。

定 额 编 号			JYL4-68	JYL4-69	JYL4-70	JYL4-71	JYL4-72	JYL4-73
项 目			临时支架搭、拆					
			终端塔平台、户外落地					
			环氧树脂绝缘管			钢管		
			高度10m 以内	高度15m 以内	高度20m 以内	高度10m 以内	高度15m 以内	高度20m 以内
单 位			处	处	处	处	处	处
基 价（元）			**6802.30**	**9013.76**	**11045.84**	**10850.72**	**13940.34**	**17191.39**
其中	人 工 费（元）		1226.46	1444.25	1746.64	1203.54	1430.49	1729.86
	材 料 费（元）		4843.01	6666.62	8226.29	8968.72	11799.78	14464.07
	机 械 费（元）		732.83	902.89	1072.91	678.46	710.07	997.46
名 称		单位	数 量					
人工	普通工	工日	10.6648	12.5586	15.5487	10.4656	12.4391	15.3994
	输电技术工	工日	3.5550	4.1863	4.8374	3.4885	4.1463	4.7909
计价材料	塑料管卡子 DN50	个	128.4000	157.5000	174.7200			
	橡胶地板块料	m²	0.4280	0.6300	0.4160			
	镀锌铁丝	kg	11.7700	12.6000	13.5200	11.5500	12.4800	13.3900
	裸铜线 4mm²	kg	3.7450	3.8850	4.1600	3.6750	3.8480	4.1200
	铜编织带 35mm	m	10.7000	10.5000	10.4000	10.5000	10.4000	10.3000
	尼龙扎带 L=300mm	根	107.0000	126.0000	156.0000	105.0000	124.8000	154.5000

定　额　编　号			JYL4-68	JYL4-69	JYL4-70	JYL4-71	JYL4-72	JYL4-73
项　　　目			临时支架搭、拆					
			终端塔平台、户外落地					
			环氧树脂绝缘管			钢管		
			高度10m以内	高度15m以内	高度20m以内	高度10m以内	高度15m以内	高度20m以内
计价材料	自黏性橡胶带　25mm×20m	卷	1.0700	2.1000	3.1200	1.0500	2.0800	3.0900
	玻璃钢管雨水管	m	231.1200	315.0000	399.3600			
	钢管脚手架　包括扣件	kg				1029.6720	1414.4800	1795.6608
	木脚手板　80×200×4000	块				16.8000	17.8000	19.7700
	防火防雨布	m²	64.2000	105.0000	124.8000	63.0000	104.0000	123.6000
	尼龙编织布	m²	192.6000	283.5000	374.4000	189.0000	280.8000	370.8000
	钢锯条　各种规格	根	2.1400	2.1000	2.0800	2.1000	2.0800	2.0600
	尼龙绳　φ25	kg	2.1400	2.1400	2.1400	2.1400	2.1400	2.1400
	记号笔	支	0.1070	0.1070	0.1070	0.1070	0.1070	0.1070
	防腐编织袋	只	0.5350	0.5350	0.5350	0.5350	0.5350	0.5350
	其他材料费	元	94.9600	130.7200	161.3000	175.8600	231.3700	283.6100
机械	输电专用载重汽车　4t	台班	1.1349	1.5278	1.9206	1.0185	1.0961	1.9788
	电力工程车	台班	1.0379	1.1640	1.2901	0.9894	1.0088	1.0282

4.7 其　　他

工作内容：揭、盖井盖，搭电源、排水、通风、清扫、架台组装及拆除；空调机、去湿机就位固定、搭电源、密封棚安装，调试、拆除，清理现场，工器具移运。

	定　额　编　号		JYL4-74	JYL4-75	JYL4-76
	项　　　　目		充油电缆双孔封端	空调机、去湿机安装与拆除	充油电缆供油装置
	单　　　位		只	处	处
	基　　价（元）		**91.13**	**239.03**	**745.35**
其中	人　工　费（元）		21.97	236.49	743.76
	材　料　费（元）		68.21		
	机　械　费（元）		0.95	2.54	1.59
	名　　　称	单位		数　量	
人工	普通工	工日	0.0617	1.5260	4.7985
	输电技术工	工日	0.1445	1.0170	3.1989
计价材料	黄铜丝　综合	kg	0.2425		
	黄铜堵头	个	1.9400		
	铜螺栓　M16×15	个	1.9400		
	金属套管双孔封端	个	0.0970		
	封铅	kg	1.9400		
	自黏性橡胶带　25mm×20m	卷	1.2833		
	聚氯乙烯橡胶粘带　40mm×50m	卷	1.9400		

定　额　编　号		JYL4-74	JYL4-75	JYL4-76
项　　　目		充油电缆双孔封端	空调机、去湿机安装与拆除	充油电缆供油装置
计价材料	其他材料费　　　　　元	1.3400		
机械	输电专用载重汽车　4t　　台班	0.0030	0.0080	0.0050

注　未计价材料双孔封端组件、铁件。

工作内容：玻璃钢垫板固定、安装。

定　额　编　号			JYL4-77
项　　　　目			玻璃钢垫板安装
单　　　　位			块
基　　　价（元）			**26.92**
其中	人　工　费（元）		21.94
	材　料　费（元）		
	机　械　费（元）		4.98
名　　　称	单位		数　　　量
人工	普通工	工日	0.2268
	输电技术工	工日	0.0411
机械	输电专用载重汽车　4t	台班	0.0080
	电动扳手（充电式起子机）	台班	0.0290

注 未计价材料玻璃钢板等。

204

工作内容：避雷器安装、单体调试

定 额 编 号		JYL4-78	JYL4-79	JYL4-80	JYL4-81	JYL4-82	JYL4-83	JYL4-84
项 目		氧化锌式避雷器安装				普通阀式避雷器安装		
		35kV	110kV	220kV	500kV	35kV	110kV	220kV
单 位		组／三相	组／三相	组／三相	组／三相	组／三相	组／三相	组／三相
基 价 （元）		**819.23**	**1548.88**	**2926.30**	**9008.54**	**588.02**	**1943.06**	**4022.10**
其中	人 工 费 （元）	358.69	658.16	1697.90	5491.31	241.58	1109.31	2571.49
	材 料 费 （元）	75.88	111.63	136.46	232.98	57.80	83.16	89.14
	机 械 费 （元）	384.66	779.09	1091.94	3284.25	288.64	750.59	1361.47
名 称	单位	数 量						
人工 普通工	工日	0.3747	0.9654	2.3288	10.4116	0.5346	1.9274	6.8560
输电技术工	工日	2.7549	4.8813	12.6937	39.2537	1.6790	8.0396	17.1441
计价材料 紫铜棒 ϕ6	kg	0.3780	0.3780	0.4640	0.6199	0.3780	0.3780	0.3780
紫铜皮 0.5 以下	kg	0.0300	0.0300	0.0300	0.2000	0.1500	0.1500	0.2000
平垫铁 综合	kg					0.5000	1.5000	2.5000
钢垫板 综合	kg	2.5000	2.5000	2.5000	2.5000			
电焊条 J422 综合	kg	0.2500	0.3250	0.3750	0.5000	0.1000	0.1250	0.2000
镀锌六角螺栓 综合	kg	2.3870	2.3870	2.3870	5.4160	2.3870	2.3870	2.3870
镀锌铁丝	kg		5.0000	6.5000	10.0000			
铜芯聚氯乙烯绝缘电线 500VBV-2.5mm²	m	2.0000	3.0000	4.0000	6.0000	2.0000	3.0000	4.0000
塑料带防辐照聚乙烯 20mm×40m	卷	0.2500	0.2500	0.2500	5.0000	0.2500	0.2500	0.2500
电力复合脂	kg	0.1000	0.2000	0.2500	0.3500	0.2000	0.3000	0.4000

续表

定　额　编　号			JYL4-78	JYL4-79	JYL4-80	JYL4-81	JYL4-82	JYL4-83	JYL4-84
项　　目			氧化锌式避雷器安装				普通阀式避雷器安装		
			35kV	110kV	220kV	500kV	35kV	110kV	220kV
计价材料	丙酮　95%	kg	0.1500	0.1000	0.1000	0.1500	0.1500	0.1000	0.1000
	清洗剂	kg	0.2000	0.3000	0.4400	0.7000	0.1000	0.3000	0.4000
	氧气	m³	0.5000	0.5000	0.8000	0.8000		1.8000	0.8000
	乙炔气	m³	0.1750	0.1750	0.2800	0.2800		0.6300	0.2800
	防锈漆	kg	0.2500	0.4000	0.7000	1.0000	0.1000	0.1250	0.2000
	普通调和漆	kg	0.7500	1.2500	1.5000	2.6000	0.1000	0.1250	0.1250
	硝基快干腻子	kg	0.1000	0.1000	0.2000	0.3000			
	砂布	张	0.5000	1.0000	2.0000	3.0000			
	无絮棉布	kg	0.1000	0.1000	0.1500	0.2500	0.1000	0.1000	0.1500
	棉纱头	kg	0.3000	0.5000	0.6000	1.0000	0.3000	0.5000	1.0000
	其他材料费	元	1.4900	2.1900	2.6800	4.5700	1.1300	1.6300	1.7500
机械	汽车式起重机　起重量　5t	台班	0.2000	0.3000	0.5000	0.1900	0.0300	0.2950	0.2500
	汽车式起重机　起重量　16t	台班				0.6000			
	交流弧焊机　容量　21kVA	台班	0.0650	0.6500	0.6500	0.1000	0.0650	0.1000	0.1000
	高空作业车　30m 以内	台班				0.1500			
	输电专用载重汽车　4t	台班		0.1000	0.1700	0.1700		0.1310	0.2500
	阻性电流分析仪	台班	0.6080	0.7300	0.9720	1.4590	0.6080	0.7300	0.9720
	直流高压发生器　60~120kV	台班	0.6080	0.7300	0.9720	1.4590	0.6080	0.7300	0.9720

206

定 额 编 号			JYL4-78	JYL4-79	JYL4-80	JYL4-81	JYL4-82	JYL4-83	JYL4-84
项 目			氧化锌式避雷器安装				普通阀式避雷器安装		
			35kV	110kV	220kV	500kV	35kV	110kV	220kV
机械	交流高压发生器 5kVA 以下 50kV	台班	0.6080				0.6080		
	交流高压发生器 30kVA 以下 300kV	台班		0.7300	0.9720			0.7300	1.9720
	交流高压发生器 50kVA 以下 500kV	台班				2.5000			

注 未计价设备避雷器。

工作内容：支持绝缘子安装、试验。

定 额 编 号		JYL4-85	JYL4-86	JYL4-87	JYL4-88
项 目		支持绝缘子安装、试验			
		35kV	110kV	220kV	500kV
单 位		柱	柱	柱	柱
基 价（元）		**78.33**	**148.50**	**229.89**	**526.35**
其中	人 工 费（元）	23.75	43.47	66.98	188.53
	材 料 费（元）	6.48	6.97	13.16	116.73
	机 械 费（元）	48.10	98.06	149.75	221.09
名 称	单位	数 量			
人工 普通工	工日	0.0231	0.0607	0.2124	0.0592
输电技术工	工日	0.1835	0.3243	0.4254	1.5341
计价材料 镀锌扁钢 综合	kg				19.3100
电焊条 J422 综合	kg	0.0500	0.0500	0.1000	0.1000
镀锌六角螺栓 综合	kg	0.6400	0.6400	1.2790	2.5428
丙酮 95%	kg	0.0100	0.0200	0.0400	0.0400
清洗剂	kg	0.0300	0.0500	0.1000	0.2400
防锈漆	kg	0.0300	0.0500	0.0700	0.0900
普通调和漆	kg	0.0700	0.0700	0.1000	0.1000
白洁布	kg	0.0100	0.0200	0.0400	0.0400
棉纱头	kg	0.0300	0.0500	0.1000	0.2000
其他材料费	元	0.1300	0.1400	0.2600	2.2900

定　额　编　号			JYL4-85	JYL4-86	JYL4-87	JYL4-88
项　　　　目			支持绝缘子安装、试验			
			35kV	110kV	220kV	500kV
机械	汽车式起重机　起重量　5t	台班	0.0780			
	汽车式起重机　起重量　8t	台班		0.1300	0.1950	0.2500
	交流弧焊机　容量　21kVA	台班	0.0300	0.0600	0.1000	0.2000
	高空作业车　20m 以内	台班		0.0080	0.0140	0.0170
	输电专用载重汽车　4t	台班				0.0800
	交流高压发生器　30kVA 以下　300kV	台班	0.0050			

注　未计价材料绝缘子。

工作内容: 电缆移运,加热篷搭设,加热设备安装调试,加热测温,加热篷加热设备拆除,清理现场,
工器具移运。

定 额 编 号			JYL4-89	JYL4-90
项 目			冬季电缆加热	
			110kV	220kV
单 位			盘	盘
基 价(元)			**5533.92**	**6805.53**
其中	人 工 费(元)		521.74	1010.91
	材 料 费(元)		1662.80	1980.41
	机 械 费(元)		3349.38	3814.21
名 称		单位	数 量	
人工	普通工	工日	3.6895	7.4052
	输电技术工	工日	2.0419	3.7960
计价材料	镀锌六角螺栓 综合	kg	0.2872	0.3619
	铜编织带 150mm	m	3.6000	4.5360
	铝芯聚氯乙烯绝缘电线 BLV-2.5mm²	m	12.0000	15.1200
	密闭灯具防爆灯	套	0.1200	0.1512
	迪尼玛绳 φ2	m	12.0000	15.1200
	钢管脚手架 包括扣件	kg	240.0547	278.5689
	防火防雨布	m²	10.3680	13.0637
	纤维编织袋	百只	0.0240	0.0302
	其他材料费	元	32.6000	38.8300

续表

定　额　编　号			JYL4-89	JYL4-90
项　　　　目			冬季电缆加热	
			110kV	220kV
机械	汽车式起重机　起重量　50t	台班	0.6000	0.7560
	载重汽车　25t	台班	0.6000	0.7560
	电力工程车	台班	3.2700	3.0240
	空调机	台班	1.0500	1.0500

第 **5** 章 陆上电缆试验

说　　明

一、内容包括

护层试验，电缆耐压试验，电缆局放试验，电缆参数测定，充油电缆绝缘油试验。

二、工程量计算规则

1. 电缆护层试验子目均以"互联段/三相"为计量单位。

2. 电缆直流耐压试验按电压等级设置子目，交流耐压试验按电压等级、单回路径长度设置子目，均以"回路"为计量单位。

3. 35kV 及以下电缆采用 OWTS 震荡波局放试验，按电压等级设置子目，以"回路"为计量单位；110kV（66kV）以上电缆采用高频分布式局放试验，按电缆接头、终端数量计算，以"只"为计量单位。

4. 电缆参数测定以"回路"为计量单位，回路是指交流三相为一个回路。

5. 充油电缆油试验中耐压、介损与色谱分析以"瓶"为计量单位，油流、含气检查以"油段/三相"为计量单位。

三、其他说明

1. 电缆交流耐压试验 10kV 最大试验长度 5km 计算，35kV 及 110kV 最大试验长度 20km 计算，220kV 最大试验长度 16km 计算，500kV 最大试验长度 8km 计算；超出最大长度时，按批准后的试验方案，费用另行计算。

2. 电缆交流耐压试验在同一地点做两回路及以上试验时，从第二回路按 60% 计算。

5.1 护层试验

工作内容：试验设备移运、布置，接线及布线，核相，测量绝缘电阻，参数测定，波阻抗测量，电缆头，电缆油、护层耐压及交叉互联系统试验，介质损耗试验，耐压试验、含气量及油流检查，油色谱分析等，试验后复位，清理现场，工器具移运。

定 额 编 号		JYL5-1	JYL5-2	JYL5-3
项 目		电缆护层试验		
		摇测	耐压试验	交叉互联系统试验
单 位		互联段/三相	互联段/三相	互联段/三相
基 价（元）		**73.38**	**164.51**	**355.53**
其中	人 工 费（元）	73.38	75.27	185.55
	材 料 费（元）			
	机 械 费（元）		89.24	169.98
名 称	单位	数 量		
人工	普通工	工日	0.0381	0.0381	0.0788
	输电技术工	工日	0.5877	0.6034	1.4970
机械	电力工程车	台班		0.2100	0.4000
	直流高压发生器 60~120kV	台班		0.2100	0.4000

5.2 电缆耐压试验

工作内容：试验设备移运、检查布置、连接组装、调试，连接被试电缆，进行耐压试验，摇测绝缘电阻，试验完毕对被试电缆充分放电，拆卸回收试验设备及连接线，清理现场，工器具移运。

定　额　编　号			JYL5-4	JYL5-5	JYL5-6
项　　　　　目			电缆主绝缘试验		
			直流耐压试验		
			10kV 以下	35kV 以下	220kV 以下
单　　　　位			回路	回路	回路
基　　　价（元）			**628.62**	**749.98**	**1447.00**
其中	人　工　费（元）		304.03	376.56	949.10
	材　料　费（元）		14.80	20.59	56.05
	机　械　费（元）		309.79	352.83	441.85
名　　称		单位	数　　量		
人工	普通工	工日	0.2300	0.1590	0.4030
	输电技术工	工日	2.3898	3.0386	7.6573
计价材料	黄铜丝　综合	kg	0.2500	0.2375	0.2500
	塑料带　20mm×40m	卷	0.9000	0.8550	0.9000
	四氯化碳　95%	kg		0.4750	3.0000
	其他材料费	元	0.2900	0.4000	1.1000

定　额　编　号		JYL5-4	JYL5-5	JYL5-6
项　　　　目		电缆主绝缘试验		
		直流耐压试验		
		10kV 以下	35kV 以下	220kV 以下
机械	电力工程车　　　　　　台班	0.7000	0.8200	1.0500
	高压试验变压器全套装置　YDJ　台班	0.2250	0.2250	0.2500

定 额 编 号		JYL5-7	JYL5-8	JYL5-9	JYL5-10	JYL5-11	JYL5-12
项 目		电缆主绝缘试验					
		交流耐压试验					
		10kV		35kV		110kV	
		长度1km 以内	长度每增加 1km	长度10km 以内	长度每增加 10km	长度10km 以内	长度每增加 10km
单 位		回路	回路	回路	回路	回路	回路
基 价（元）		**2107.36**	**1030.83**	**25757.43**	**3098.02**	**44398.86**	**21393.07**
其中	人 工 费（元）	386.12	154.45	2396.99	276.27	3380.06	1065.75
	材 料 费（元）	313.15	313.15	1270.12	237.76	6529.61	2426.19
	机 械 费（元）	1408.09	563.23	22090.32	2583.99	34489.19	17901.13
名 称	单位	数 量					
人工	普通工	工日	0.5600	0.2240	0.7583	0.2167	1.5017	0.3542
	输电技术工	工日	2.8677	1.1471	19.5010	2.1668	27.2286	8.6599
计价材料	黄铜丝 综合	kg	0.2500	0.2500				
	铜带 200mm×0.2mm	m	15.0000	15.0000	17.5000	2.5000		
	铜芯聚氯乙烯绝缘电线 120mm²	m					28.5600	5.4500
	铜芯聚氯乙烯绝缘软线 BVR-35mm²	m			17.5000	2.5000		
	铜芯电缆 五芯16mm²	m					28.5600	5.4500
	绝缘胶带 25mm×50m	卷					17.1360	5.4500
	塑料带 20mm×40m	卷	0.9000	0.9000				
	六氟化硫	kg			12.0000	3.0000		

续表

定　额　编　号			JYL5-7	JYL5-8	JYL5-9	JYL5-10	JYL5-11	JYL5-12
项　　　　　目			电缆主绝缘试验					
			交流耐压试验					
			10kV		35kV		110kV	
			长度 1km 以内	长度每增加 1km	长度 10km 以内	长度每增加 10km	长度 10km 以内	长度每增加 10km
计价材料	绝缘支杆	支					16.1360	5.9500
	绝缘穿杆	支					6.7540	2.6800
	电抗器均压罩	只					1.1424	1.0900
	其他材料费	元	6.1400	6.1400	24.9000	4.6600	128.0300	47.5700
机械	汽车式起重机　起重量　8t	台班	1.0000	0.4000	3.5000			
	汽车式起重机　起重量　20t	台班			2.6200	0.3750		
	汽车式起重机　起重量　40t	台班					2.2848	1.0900
	载重汽车　8t	台班	1.0000	0.4000				
	载重汽车　50t	台班					2.2848	2.1800
	平板拖车组　20t	台班			3.5200	0.7510		
	输电专用载重汽车　5t	台班			4.0500	0.7500		
	电力工程车	台班					1.1424	0.5450
	交流耐压试验装置　电缆试验用　35kV	台班			5.5000	0.5500		

218

定 额 编 号		JYL5-7	JYL5-8	JYL5-9	JYL5-10	JYL5-11	JYL5-12
项　　　目		电缆主绝缘试验					
		交流耐压试验					
		10kV		35kV		110kV	
		长度1km以内	长度每增加1km	长度10km以内	长度每增加10km	长度10km以内	长度每增加10km
机械	交流耐压试验装置　设备耐压用　35kV	台班	0.8000	0.3200				
	高压核相仪	台班	0.6000	0.2400				
	串联谐振耐压系统	台班					1.1424	0.5450

定　额　编　号		JYL5-13	JYL5-14	JYL5-15	JYL5-16
项　　　目		电缆主绝缘试验			
		交流耐压试验			
		220kV 以下		500kV 以下	
		长度 8km 以内	长度每增加 8km	长度 4km 以内	长度每增加 4km
单　　　位		回路	回路	回路	回路
基　　价（元）		**63624.90**	**33394.76**	**220645.34**	**138537.49**
其中	人　工　费（元）	5654.70	1785.01	15985.64	5272.21
	材　料　费（元）	7285.69	3534.52	14916.27	10658.72
	机　械　费（元）	50684.51	28075.23	189743.43	122606.56
名　　　称	单位	数　　　量			
人工	普通工	工日	2.1262	0.6901	8.0431	2.9931
	输电技术工	工日	45.7936	14.4438	128.1867	42.0644
计价材料	铜芯聚氯乙烯绝缘电线　120mm²	m	33.9660	13.9600	37.4800	14.4900
	铜芯电缆　五芯 16mm²	m	33.9660	13.9600	37.4800	14.4900
	绝缘胶带　25mm×50m	卷	22.6440		11.6000	11.2000
	绝缘支杆	支	16.1360	5.9500	16.1360	5.9500
	绝缘穿杆	支	6.7540	2.6800	6.7540	2.6800
	电抗器均压罩	只	1.1424	1.0900	2.3200	2.2400
	电抗器绝缘支撑平台	只			1.1600	1.1200
	其他材料费	元	142.8600	69.3000	292.4800	208.9900
机械	汽车式起重机　起重量　20t	台班			4.6400	0.8400

续表

定 额 编 号			JYL5-13	JYL5-14	JYL5-15	JYL5-16
项 目			电缆主绝缘试验			
			交流耐压试验			
			220kV 以下		500kV 以下	
			长度 8km 以内	长度每增加 8km	长度 4km 以内	长度每增加 4km
机械	汽车式起重机 起重量 40t	台班	2.2580	1.2410		
	汽车式起重机 起重量 100t	台班			2.3200	1.1200
	载重汽车 50t	台班	4.4588	4.4440	4.6400	4.4800
	电力工程车	台班	1.1322	0.5555	1.8200	1.2100
	串联谐振耐压系统	台班	1.6983	0.8333	6.9600	4.5800

5.3 电缆局放试验

工作内容：试验设备移运、检查布置、连接组装、调试，被试电缆接地放电，连接被试电缆，进行局部放电试验，试验完毕拆卸回收试验设备及连接线，清理现场，工器具移运。

定 额 编 号			JYL5-17	JYL5-18
项 目			电缆 OWTS 震荡波局放试验	
			20kV 及以下	35kV
单 位			回路	回路
基 价 (元)			**4302.55**	**14086.55**
其中		人 工 费 (元)	567.82	624.54
		材 料 费 (元)	313.15	1213.09
		机 械 费 (元)	3421.58	12248.92
名 称		单位	数 量	
人工	输电技术工	工日	4.7318	5.2045
计价材料	黄铜丝　综合	kg	0.2500	
	铜带　200mm×0.2mm	m	15.0000	
	温度计　100℃	只		2.0000
	不锈钢螺栓	套		3.1200
	铜编织带　150mm	m		6.0700
	铜芯聚氯乙烯绝缘电线　500VBV-2.5mm²	m		20.1250
	铜芯聚氯乙烯绝缘电线　500VBV-8mm²	m		2.0250

续表

定 额 编 号			JYL5-17	JYL5-18
项 目			电缆 OWTS 震荡波局放试验	
			20kV 及以下	35kV
计价材料	聚氯乙烯绝缘护套屏蔽软线 RVVP-2×1.0mm²	m		1.0000
	控制电缆 48 芯以下 2.5mm²	m		0.7800
	铜接线端子 120mm²	个		1.0000
	绝缘胶带 25mm×50m	卷		1.0000
	蚕丝绝缘绳	kg		0.1000
	高压电缆 DC50kV	m		0.7800
	塑料带 20mm×40m	卷	0.9000	
	乙醇	kg		4.0000
	电源线盘架 1.5mm²×50m	盘		1.0000
	无絮棉布	kg		1.0000
	其他材料费	元	6.1400	23.7900
机械	汽车式起重机 起重量 8t	台班	1.0000	1.9060
	载重汽车 8t	台班	1.0000	
	电力工程车	台班		1.0670
	脉冲定位仪	台班	0.5000	
	振荡波试验设备	台班	0.4500	
	OWTS 震荡波试验装置 35kV	台班		0.8500

工作内容：试验设备移运、单体调试，试验光纤敷设，试验设备连接组装、调试，实时数据采集录入，试验完毕设备拆除，清理现场，工器具移运。

定　额　编　号		JYL5-19
项　　　　目		高频分布式局放试验
		110kV（66kV）及以上
单　　　　位		只
基　　价（元）		**5214.28**
其中	人　工　费（元）	700.30
	材　料　费（元）	498.00
	机　械　费（元）	4015.98
名　　　　称	单位	数　　　量
人工　输电技术工	工日	5.8358
计价材料　镀锌扁钢钩	个	0.4040
军用光纤	m	799.3000
其他材料费	元	9.7600
机械　电力工程车	台班	1.2827
同步分布式局放测试仪	台班	0.4545

5.4 电缆参数测定

工作内容：试验设备移运、检查、接线，测量线路干扰，进行线路参数测量试验，波阻抗试验，试验完毕拆除设备以及连接线，清理现场，工器具移运。

定 额 编 号			JYL5-20	JYL5-21	JYL5-22	JYL5-23
项 目			电缆参数测定			
			35kV	110kV	220kV	500kV
单 位			回路	回路	回路	回路
基 价 （元）			**1121.69**	**2412.82**	**3662.99**	**5461.04**
其中	人 工 费 （元）		360.56	551.23	714.17	892.72
	材 料 费 （元）		31.10	46.64	60.43	75.54
	机 械 费 （元）		730.03	1814.95	2888.39	4492.78
名 称		单位	数 量			
人工	输电技术工	工日	3.0047	4.5936	5.9514	7.4393
计价材料	铜芯聚氯乙烯绝缘电线 500VBV-2.5mm^2	m	21.2000	31.8000	41.2000	51.5000
	其他材料费	元	0.6100	0.9100	1.1800	1.4800
机械	电力工程车	台班	0.5200	0.5200	0.5200	0.5200
	线路参数测试仪	台班	0.1040	0.3116	0.5170	0.8240

5.5 充油电缆绝缘油试验

工作内容： 试验设备移运、布置，接电及布线，电缆油耐压试验、介质损失试验，油色谱分析，含气量及油流检查，试验后复位，清理现场，工器具移运。

定　额　编　号			JYL5-24	JYL5-25	JYL5-26
项　　　目			电缆绝缘油试验		
			耐压、介损	色谱分析	油流、含气检查
单　　　位			瓶	瓶	油段/三相
基　　价（元）			**24.84**	**43.35**	**356.66**
其中	人　工　费（元）		14.86	33.37	161.10
	材　料　费（元）		7.11	7.11	43.12
	机　械　费（元）		2.87	2.87	152.44
名　　　称		单位	数　　　量		
人工	普通工	工日	0.0066	0.0158	0.0658
	输电技术工	工日	0.1197	0.2682	1.3014
计价材料	电缆油烷基苯合成	kg	0.5000	0.5000	9.0000
	无絮棉布	kg	0.6000	0.6000	1.0000
	其他材料费	元	0.1400	0.1400	0.8500
机械	电力工程车	台班	0.0080	0.0080	0.4250

第 **6** 章　海底电缆运输

说　　明

一、内容包括

整盘吊装、散装过缆、船舶运输。

二、定额不包括

海底电缆陆上运输。

三、工程量计算规则

1. 整盘吊装单盘重量为海底电缆净重，不包括包装物、运输加固措施等重量，其费用已综合考虑在相关子目中。

2. 整盘吊装按码头吊装考虑，以"盘"为计量单位，如单盘海底电缆重量大于320t时，按照专项施工组织设计，另行计算费用。

3. 散装过缆按设计长度计算，以"km"为计量单位。单根外径是指海底电缆（光缆）最外层直径；单根重量是指单根海底电缆（光缆）设计长度乘以海底电缆（光缆）空气中单位长度重量。

4. 海底电缆运输距离为海底电缆施工船装缆地点运至施工地点的距离，按海图所示航线计算，以"段"为计量单位。按其基本航程为100km以内为一基本段，每增加50km计算一个续航段，不足50km按照50km计算。

5. 光缆整盘吊装执行海底电缆整盘吊装定额子目。

6. 光缆运输参照海底电缆运输相应的定额乘系数0.3。

四、其他说明

1. 散装过缆定额已综合考虑立体退扭和平面退扭两种过缆方式，使用时不因过缆方式不同而调整定额。

2. 当海底电缆余缆长度超过 20m 时，余缆卸船按不同外径执行散装过缆定额。

3. 海底电缆采用陆上运输时，可按照运输方案另行计算费用。

6.1 整盘吊装

工作内容： 船靠泊，海底电缆外观检查、核对规格，海底电缆吊装，清理现场，工器具移运，驶离等。

定 额 编 号			JYL6-1	JYL6-2	JYL6-3	JYL6-4	JYL6-5
项 目			25t 以内	80t 以内	130t 以内	180t 以内	320t 以内
单 位			盘	盘	盘	盘	盘
基 价 （元）			**3499.59**	**7143.41**	**13420.74**	**21564.32**	**30256.50**
其中	人 工 费 （元）		285.62	669.73	792.84	915.96	1260.67
	材 料 费 （元）		763.75	1951.52	4869.43	7798.40	9851.55
	机 械 费 （元）		2450.22	4522.16	7758.47	12849.96	19144.28
名 称		单位	数 量				
人工	普通工	工日	0.6566	2.6264	4.2679	5.9094	10.5056
	输电技术工	工日	1.9698	3.9396	3.9396	3.9396	3.9396
计价材料	电焊条 J557 综合	kg	0.5000	1.0000	2.0000	3.0000	4.0000
	氧气	m³	0.1500	0.3000	0.3900	0.4800	0.9000
	乙炔气	m³	0.0500	0.1000	0.1300	0.1600	0.3000
	吊带 25t	m	2.0000				
	吊带 50t	m		2.0000			
	吊带 100t	m			2.0000		
	吊带 150t	m				2.0000	

定 额 编 号			JYL6-1	JYL6-2	JYL6-3	JYL6-4	JYL6-5
项 目			25t 以内	80t 以内	130t 以内	180t 以内	320t 以内
计价材料	吊带 200t	m					2.0000
	U型挂环 U-50	件	0.0200	0.0800			
	U型挂环 U-70	件			0.1300		
	U型挂环 U-100	件				0.1800	0.6400
	其他材料费	元	14.9800	38.2700	95.4800	152.9100	193.1700
机械	履带式起重机 起重量 250t	台班			0.2500		
	履带式起重机 起重量 500t	台班				0.3325	
	履带式起重机 起重量 750t	台班					0.3950
	汽车式起重机 起重量 50t	台班	0.1250				
	汽车式起重机 起重量 150t	台班		0.1880			
	交流弧焊机 容量 50kVA	台班	0.3750	0.7500	0.9750	1.2000	2.2500
	海底电缆驳船 1000t	艘班	0.0950	0.1280	0.2570	0.3325	0.3950
	拖轮 1228kW	艘班	0.0950	0.1280	0.2570	0.3325	0.3950

6.2 散 装 过 缆

工作内容： 船靠泊，海底电缆外观检查、核对规格，过缆，清理现场，工器具移运，驶离等。

定 额 编 号			JYL6-6	JYL6-7	JYL6-8	JYL6-9	JYL6-10
项 目			单根外径100mm 以内		单根外径160mm 以内		单根外径 250mm 以内
			单根重量 1000t 以内	单根重量 3000t 以内	单根重量 1000t 以内	单根重量 3000t 以内	单根重量 1000t 以内
单 位			km	km	km	km	km
基 价 （元）			**3207.07**	**5182.26**	**4241.23**	**6923.05**	**6579.58**
其中	人 工 费 （元）		323.09	340.09	430.78	453.45	646.18
	材 料 费 （元）		288.43	288.43	288.43	288.43	288.43
	机 械 费 （元）		2595.55	4553.74	3522.02	6181.17	5644.97
名 称		单位	数 量				
人工	普通工	工日	2.6760	2.8168	3.5680	3.7558	5.3520
	输电技术工	工日	1.0199	1.0736	1.3598	1.4314	2.0398
计价材料	电焊条 J557 综合	kg	1.0000	1.0000	1.0000	1.0000	1.0000
	氧气	m³	0.3000	0.3000	0.3000	0.3000	0.3000
	乙炔气	m³	0.1000	0.1000	0.1000	0.1000	0.1000
	白棕绳 φ8	kg	0.2200	0.2200	0.2200	0.2200	0.2200
	钢丝绳 φ15 以上	kg	0.2200	0.2200	0.2200	0.2200	0.2200

续表

定 额 编 号			JYL6-6	JYL6-7	JYL6-8	JYL6-9	JYL6-10
项 目			单根外径 100mm 以内		单根外径 160mm 以内		单根外径 250mm 以内
			单根重量 1000t 以内	单根重量 3000t 以内	单根重量 1000t 以内	单根重量 3000t 以内	单根重量 1000t 以内
计价 材料	海底电缆网套	个	0.2000	0.2000	0.2000	0.2000	0.2000
	其他材料费	元	5.6600	5.6600	5.6600	5.6600	5.6600
机 械	交流弧焊机 容量 50kVA	台班	0.7500	0.7500	1.0000	1.0000	1.5000
	海底电缆驳船 1000t	艘班	0.0866		0.1176		0.1890
	拖轮 1228kW	艘班	0.0866		0.1176		0.1890
	海底电缆转盘 1000t	台班	0.0866		0.1176		0.1890
	海底电缆驳船 3000t	艘班		0.0866		0.1176	
	拖轮 2353kW	艘班		0.0866		0.1176	
	海底电缆转盘 3000t	台班		0.0866		0.1176	

定　额　编　号		JYL6-11	JYL6-12	JYL6-13	JYL6-14	JYL6-15
项　　目		单根外径 250mm 以内		单根外径 250mm 以外		
		单根重量 3000t 以内	单根重量 5000t 以内	单根重量 1000t 以内	单根重量 3000t 以内	单根重量 5000t 以内
单　　位		km	km	km	km	km
基　价（元）		**10887.21**	**17978.46**	**9279.85**	**15498.23**	**25735.49**
其中	人　工　费（元）	680.17	714.18	861.55	906.90	952.25
	材　料　费（元）	288.43	288.43	288.43	288.43	288.43
	机　械　费（元）	9918.61	16975.85	8129.87	14302.90	24494.81
名　　称	单位	数　　量				
人工	普通工	工日	5.6336	5.9153	7.1360	7.5115	7.8870
	输电技术工	工日	2.1471	2.2544	2.7196	2.8628	3.0060
计价材料	电焊条　J557　综合	kg	1.0000	1.0000	1.0000	1.0000	1.0000
	氧气	m³	0.3000	0.3000	0.3000	0.3000	0.3000
	乙炔气	m³	0.1000	0.1000	0.1000	0.1000	0.1000
	白棕绳　φ8	kg	0.2200	0.2200	0.2200	0.2200	0.2200
	钢丝绳　φ15 以上	kg	0.2200	0.2200	0.2200	0.2200	0.2200
	海底电缆网套	个	0.2000	0.2000	0.2000	0.2000	0.2000
	其他材料费	元	5.6600	5.6600	5.6600	5.6600	5.6600
机械	交流弧焊机　容量　50kVA	台班	1.5000	1.5000	2.0000	2.0000	2.0000
	海底电缆驳船　1000t	艘班			0.2730		
	拖轮　1228kW	艘班			0.2730		

续表

定 额 编 号			JYL6-11	JYL6-12	JYL6-13	JYL6-14	JYL6-15
项 目			单根外径 250mm 以内		单根外径 250mm 以外		
			单根重量 3000t 以内	单根重量 5000t 以内	单根重量 1000t 以内	单根重量 3000t 以内	单根重量 5000t 以内
机械	海底电缆转盘　1000t	台班			0.2730		
	海底电缆驳船　3000t	艘班	0.1890			0.2730	
	海底电缆驳船　5000t	艘班		0.1985			0.2867
	拖轮　2353kW	艘班	0.1890			0.2730	
	拖轮　4400kW	艘班		0.1985			0.2867
	海底电缆转盘　3000t	台班	0.1890			0.2730	
	海底电缆转盘　5000t	台班		0.1985			0.2867

235

定　额　编　号			JYL6-16
项　　目			光缆
单　　位			km
基　　价（元）			**962.70**
其中	人　工　费（元）		96.93
	材　料　费（元）		86.53
	机　械　费（元）		779.24
名　　称		单位	数　　量
人工	普通工	工日	0.8028
	输电技术工	工日	0.3060
计价材料	电焊条　J557　综合	kg	0.3000
	氧气	m³	0.0900
	乙炔气	m³	0.0300
	白棕绳　φ8	kg	0.0660
	钢丝绳　φ15以上	kg	0.0660
	海底电缆网套	个	0.0600
	其他材料费	元	1.7000
机械	交流弧焊机　容量　50kVA	台班	0.2250
	海底电缆驳船　1000t	艘班	0.0260
	拖轮　1228kW	艘班	0.0260
	海底电缆转盘　1000t	台班	0.0260

236

6.3 船 舶 运 输

工作内容：船舶航行，锚泊。

定 额 编 号			JYL6-17	JYL6-18	JYL6-19	JYL6-20	JYL6-21	JYL6-22
项 目			基本段（运输距离 100km 以内）			续航段（100km 以外每增加 50km 以内）		
			单根重量 1000t 以内	单根重量 3000t 以内	单根重量 5000t 以内	单根重量 1000t 以内	单根重量 3000t 以内	单根重量 5000t 以内
单 位			段	段	段	段	段	段
基 价（元）			**71074.75**	**133539.23**	**234252.83**	**24050.98**	**45328.83**	**79641.33**
其中	人 工 费（元）		2027.82	2134.55	2241.27	520.98	548.39	575.82
	材 料 费（元）							
	机 械 费（元）		69046.93	131404.68	232011.56	23530.00	44780.44	79065.51
名 称		单位	数 量					
人工	普通工	工日	6.3824	6.7183	7.0542	1.1977	1.2607	1.3237
	输电技术工	工日	12.9095	13.5890	14.2684	3.5929	3.7820	3.9712
机械	海底电缆驳船 1000t	艘班	3.1815			1.0842		
	拖轮 1228kW	艘班	3.1815			1.0842		
	海底电缆驳船 3000t	艘班		3.1815			1.0842	
	海底电缆驳船 5000t	艘班			3.1815			1.0842
	拖轮 2353kW	艘班		3.1815			1.0842	
	拖轮 4400kW	艘班			3.1815			1.0842

第 **7** 章　海底电缆敷设

说　　明

一、内容包括

复测、扫海、试航、海底电缆登陆、光缆登陆、截断封堵、海底电缆抛设、海底电缆冲埋、光缆抛设、光缆冲埋。

二、定额不包括

竣工路由复测。

三、工程量计算规则

1. 复测长度按照单根海底电缆两端终端路由水平距离计算，以"km"为计量单位，其长度不足 5km 时，按 5km 计算。

2. 扫海长度按照单根海底电缆两端"年平均海平面点"路由水平距离计算，以"km"为计量单位，其长度不足 5km 时，按 5km 计算。年平均海平面是指各地在 1985 国家高程基准上加各地高差值。

3. 试航长度按照单根海底电缆两端"年平均海平面点以下 2m"路由水平距离计算，以"km"为计量单位，其长度不足 5km 时，按 5km 计算。

4. 海底电缆登陆按登陆距离、单根外径及重量设置子目，以"100m"为计量单位；海底光缆登陆按登陆距离设置子目，以"100m"为计量单位。

5. 海底电缆（光缆）登陆距离是指设计文件中海底电缆（光缆）终端至主施工船登陆点（"年平均海平面点以下 2m"）的路由距离。

6. 截断封堵以"单根·次"为计量单位，1单根·次是指一根海底电缆（光缆）截断封堵一次。

7. 海底电缆抛设按海底电缆单根外径及重量设置子目，海底电缆冲埋按埋深（2.5m以内、3.5以内）、单根外径、水深及单根重量设置子目，光缆冲埋按埋深（2.5m以内、3.5以内）、水深设置子目，海底电缆抛设、冲埋和光缆抛设、冲埋的长度均按照单根海底电缆（光缆）两端"年平均海平面点以下2m"路由水平距离计算，以"100m"为计量单位。

四、其他说明

1. 当敷设外径为100mm以内的10kV海底电缆时，海底电缆登陆、抛设和冲埋的定额乘系数0.8。

2. 扫海工作为扫测海床下3.5m以内的海况，利用海军锚清除海床下的小型障碍物，如遇海军锚不能清理的障碍物时，按照专项施工组织设计，另行计算费用。

3. 当海底电缆登陆点陡峭超过30°时，定额人工费和机械费乘系数1.3。

4. 当潮间带登陆距离超过1200m时，按照专项施工组织设计，另行计算费用。

5. 光电复合海底电缆执行海底电缆敷设定额。

6. 当水深大于60m时或敷设深度超过3.5m时，海底电缆（光缆）冲埋敷设按照专项施工组织设计，另行计算费用。

7. 定额已综合考虑立体退扭和平面退扭两种施工方法，使用时不因施工方式不同而调整。

8. 针对水深小于2m的浅滩海域，如使用自行式浅滩海缆埋设机等其他机械敷设海底电缆（光缆）时，另行计算费用。

9. 海底电缆（光缆）冲埋敷设时如采用动力定位（DP）系统，定额机械费乘系数1.02。

7.1 复　　测

工作内容: 复测准备,测量、复核,清理现场,工器具移运。

定　额　编　号		JYL7-1
项　　　目		复测
单　　　位		km
基　价(元)		**1163.60**
其中	人　工　费(元)	83.56
	材　料　费(元)	
	机　械　费(元)	1080.04
名　　称	单位	数　量
人工	普通工	工日	0.2652
	输电技术工	工日	0.5306
机械	DGPS 定位仪	台班	0.1818
	起锚艇　功率　522kW	艘班	0.1818

7.2 扫 海

工作内容：扫海准备，扫测海床下 3.5m 内的障碍物，用海军锚拖移、清理、扫除海床表面障碍物，
清理现场，工器具移运。

	定 额 编 号		JYL7-2
	项 目		扫海
	单 位		km
	基 价（元）		**2027.76**
其中	人 工 费（元）		137.88
	材 料 费（元）		311.31
	机 械 费（元）		1578.57
	名 称	单位	数 量
人工	普通工	工日	0.4377
	输电技术工	工日	0.8754
计价材料	加工铁件 综合	kg	2.2000
	钢锯条 各种规格	根	6.6000
	钢丝绳 φ15 以上	kg	9.0750
	海军锚 150kg（含锚链 50kg）	套	0.1837
	其他材料费	元	6.1000
机械	机动绞磨 5t 以内	台班	0.4444
	DGPS 定位仪	台班	0.2222

续表

定 额 编 号			JYL7-2
项　　　目			扫海
机械	机动船舶　5t	台班	0.2222
	起锚艇　功率　522kW	艘班	0.2222
	侧扫仪	台班	0.2222
	测深仪	台班	0.2222
	磁力仪	台班	0.2222
	多波束	台班	0.2222
	流速仪	台班	0.2222
	浅地层剖面仪	台班	0.2222

7.3　试　　航

工作内容： 试航准备，熟悉海况，船舶模拟操作、机械设备模拟操作，结束工作。

定 额 编 号			JYL7-3	JYL7-4	JYL7-5
项　　　目			试航		
			单根重量 1000t 以内	单根重量 3000t 以内	单根重量 5000t 以内
单　　　位			km	km	km
基　　价（元）			**4050. 05**	**7080. 95**	**12266. 12**
其中	人　工　费（元）		373. 47	466. 85	513. 53
	材　料　费（元）				
	机　械　费（元）		3676. 58	6614. 10	11752. 59
名　　　称		单位	数　　　量		
人工	普通工	工日	3. 4668	4. 3336	4. 7669
	输电技术工	工日	0. 9455	1. 1819	1. 3001
机械	DGPS 定位仪	台班	0. 1330	0. 1400	0. 1470
	起锚艇　功率　522kW	艘班	0. 1330	0. 1400	
	海底电缆驳船　1000t	艘班	0. 1330		
	拖轮　1228kW	艘班	0. 1330		
	起锚艇　功率　750kW	艘班			0. 1470
	海底电缆驳船　3000t	艘班		0. 1400	
	海底电缆驳船　5000t	艘班			0. 1470

244

续表

定　额　编　号			JYL7-3	JYL7-4	JYL7-5
项　　　目			试航		
			单根重量1000t以内	单根重量3000t以内	单根重量5000t以内
机械	拖轮　2353kW	艘班		0.1400	
	拖轮　4400kW	艘班			0.1470

7.4 海底电缆登陆

工作内容： 施工准备，放置牵引装置及滑轮，主施工船定位，海底电缆检查，海底电缆入出水，浮球系扣及回收，海底电缆潮间带与陆地敷设，盘缆，固定，场地清理，余缆卸船，清理现场，工器具移运。

定 额 编 号			JYL7-6	JYL7-7	JYL7-8	JYL7-9
项　　　　目			登陆距离300m 以内			
			单根外径 100mm 以内		单根外径 160mm 以内	
			单根重量 1000t 以内	单根重量 3000t 以内	单根重量 1000t 以内	单根重量 3000t 以内
单　　　　位			100m	100m	100m	100m
基　　价（元）			**29848.40**	**40455.47**	**35141.66**	**46740.94**
其中	人　工　费（元）		3797.79	3996.98	5160.39	5432.04
	材　料　费（元）		2627.90	2627.90	4084.22	4084.22
	机　械　费（元）		23422.71	33830.59	25897.05	37224.68
名　　称		单位	数　　　量			
人工	普通工	工日	14.9889	15.7888	16.4687	17.3387
	输电技术工	工日	22.2802	23.4402	32.7103	34.4303
计价材料	电焊条 J557 综合	kg	1.0000	1.0000	1.0000	1.0000
	麻绳	kg	11.5000	11.5000	19.0000	19.0000
	密封橡胶胎 浮漂	个	11.0700	11.0700	18.2400	18.2400
	钢丝绳 $\phi15$ 以上	kg	120.3400	120.3400	200.6400	200.6400

续表

定 额 编 号			JYL7-6	JYL7-7	JYL7-8	JYL7-9
项　　目			登陆距离 300m 以内			
			单根外径 100mm 以内		单根外径 160mm 以内	
			单根重量 1000t 以内	单根重量 3000t 以内	单根重量 1000t 以内	单根重量 3000t 以内
计价材料	海底电缆网套	个	0.2900	0.2900	0.3100	0.3100
	尼龙绳　ϕ16	kg	5.8000	5.8000	9.5000	9.5000
	滑轮架	个	2.0000	2.0000	2.2000	2.2000
	其他材料费	元	51.5300	51.5300	80.0800	80.0800
机械	交流弧焊机　容量　50kVA	台班	0.3030	0.3030	0.3030	0.3030
	机动绞磨　5t 以内	台班	1.5756	1.5756	2.9795	2.9795
	电缆输送机　JSD-5	台班	0.3232	0.3434	0.3636	0.3838
	机动船舶　5t	台班	0.4242	0.4444	0.4646	0.4848
	机动船舶　15t	台班	0.4242	0.4444	0.4646	0.4848
	电测显示系统	台班	0.3434	0.3434	0.3838	0.3838
	起锚艇　功率　522kW	艘班	0.9090	0.9595	1.0100	1.0605
	潜水组	台班	0.4444	0.4444	0.4848	0.4848
	护航警戒船　721kW	台班	0.4444	0.4444	0.4848	0.4848
	海底电缆驳船　1000t	艘班	0.4444		0.4848	
	拖轮　1228kW	艘班	0.4444		0.4848	
	电动液压卷扬机　10t	台班	0.3434		0.3838	
	海底电缆转盘　1000t	台班	0.4444		0.4848	

续表

定　额　编　号			JYL7-6	JYL7-7	JYL7-8	JYL7-9
项　　　目			登陆距离 300m 以内			
			单根外径 100mm 以内		单根外径 160mm 以内	
			单根重量 1000t 以内	单根重量 3000t 以内	单根重量 1000t 以内	单根重量 3000t 以内
机械	海底电缆驳船　3000t	艘班		0.4444		0.4848
	拖轮　2353kW	艘班		0.4444		0.4848
	海底电缆转盘　3000t	台班		0.4444		0.4848
	电动液压卷扬机　20t	台班		0.3434		0.3838

注　未计价材料海底电缆。

定 额 编 号		JYL7-10	JYL7-11	JYL7-12	JYL7-13	JYL7-14	JYL7-15
项 目		登陆距离 300m 以内					
		单根外径 250mm 以内			单根外径 250mm 以外		
		单根重量 1000t 以内	单根重量 3000t 以内	单根重量 5000t 以内	单根重量 1000t 以内	单根重量 3000t 以内	单根重量 5000t 以内
单 位		100m	100m	100m	100m	100m	100m
基 价 （元）		**53423.42**	**71722.74**	**100520.75**	**58908.45**	**77768.31**	**107398.44**
其中	人 工 费 （元）	6149.19	6473.64	6796.89	8061.56	8486.66	8911.76
	材 料 费 （元）	5573.44	5573.44	5573.44	7682.44	7682.44	7682.44
	机 械 费 （元）	41700.79	59675.66	88150.42	43164.45	61599.21	90804.24
名 称	单位	数 量					
人工	普通工	工日	16.4687	17.3387	18.2086	16.9587	17.8586	18.7586
	输电技术工	工日	40.9503	43.1103	45.2604	56.5805	59.5605	62.5405
计价材料	电焊条 J557 综合	kg	1.0000	1.0000	1.0000	1.0000	1.0000	1.0000
	麻绳	kg	25.3700	25.3700	25.3700	32.6800	32.6800	32.6800
	密封橡胶胎 浮漂	个	24.3200	24.3200	24.3200	31.3100	31.3100	31.3100
	钢丝绳 φ15 以上	kg	304.3800	304.3800	304.3800	475.7500	475.7500	475.7500
	海底电缆网套	个	0.3100	0.3100	0.3100	0.3200	0.3200	0.3200
	尼龙绳 φ16	kg	12.9200	12.9200	12.9200	16.2500	16.2500	16.2500
	滑轮架	个	2.4200	2.4200	2.4200	2.6600	2.6600	2.6600
	其他材料费	元	109.2800	109.2800	109.2800	150.6400	150.6400	150.6400
机械	交流弧焊机 容量 50kVA	台班	0.3030	0.3030	0.3030	0.3030	0.3030	0.3030

249

续表

定额编号		JYL7-10	JYL7-11	JYL7-12	JYL7-13	JYL7-14	JYL7-15
项目		登陆距离 300m 以内					
		单根外径 250mm 以内			单根外径 250mm 以外		
		单根重量 1000t 以内	单根重量 3000t 以内	单根重量 5000t 以内	单根重量 1000t 以内	单根重量 3000t 以内	单根重量 5000t 以内
机械	机动绞磨 5t 以内 台班	7.8679	7.8679	7.8679	10.0798	10.0798	10.0798
	电缆输送机 JSD-5 台班	0.7272	0.7676		0.7474	0.7878	
	机动船舶 5t 台班	0.7272	0.7676	0.8080	0.7474	0.7878	0.8282
	机动船舶 15t 台班	0.9090	0.9595	1.0100	0.9393	0.9898	1.0403
	电测显示系统 台班	0.7676	0.7676	0.7676	0.7878	0.7878	0.7878
	起锚艇 功率 522kW 艘班	1.5554	1.6362		1.5958	1.6766	
	潜水组 台班	0.9595	0.9595	0.9595	0.9898	0.9898	0.9898
	护航警戒船 721kW 台班	0.7676	0.7676	0.7676	0.7878	0.7878	0.7878
	海底电缆驳船 1000t 艘班	0.7676			0.7878		
	拖轮 1228kW 艘班	0.7676			0.7878		
	电动液压卷扬机 10t 台班	0.7676			0.7878		
	海底电缆转盘 1000t 台班	0.7676			0.7878		
	起锚艇 功率 750kW 艘班			1.7170			1.7574
	海底电缆驳船 3000t 艘班		0.7676			0.7878	
	海底电缆驳船 5000t 艘班			0.7676			0.7878
	拖轮 2353kW 艘班		0.7676			0.7878	

续表

定 额 编 号			JYL7-10	JYL7-11	JYL7-12	JYL7-13	JYL7-14	JYL7-15
项 目			登陆距离 300m 以内					
			单根外径 250mm 以内			单根外径 250mm 以外		
			单根重量 1000t 以内	单根重量 3000t 以内	单根重量 5000t 以内	单根重量 1000t 以内	单根重量 3000t 以内	单根重量 5000t 以内
机械	拖轮 4400kW	艘班			0.7676			0.7878
	海底电缆转盘 3000t	台班		0.7676			0.7878	
	海底电缆转盘 5000t	台班			0.7676			0.7878
	电缆输送机 8t	台班			0.8080			0.8282
	电动液压卷扬机 20t	台班		0.7676			0.7878	
	电动液压卷扬机 30t	台班			0.7676			0.7878

注 未计价材料海底电缆。

定　额　编　号		JYL7－16	JYL7－17	JYL7－18	JYL7－19
项　　　目		登陆距离 600m 以内			
		单根外径 100mm 以内		单根外径 160mm 以内	
		单根重量 1000t 以内	单根重量 3000t 以内	单根重量 1000t 以内	单根重量 3000t 以内
单　　　位		100m	100m	100m	100m
基　　　价（元）		**24772.17**	**33061.30**	**30234.82**	**39530.55**
其中	人　工　费（元）	4223.79	4446.98	5879.19	6189.24
	材　料　费（元）	2417.32	2417.32	3873.13	3873.13
	机　械　费（元）	18131.06	26197.00	20482.50	29468.18
名　　　称	单位	数　　　量			
人工	普通工	工日	14.9889	15.7888	16.4687	17.3387
	输电技术工	工日	25.8302	27.1902	38.7003	40.7403
计价材料	电焊条　J557　综合	kg	0.9000	0.9000	0.9000	0.9000
	麻绳	kg	11.5000	11.5000	19.0000	19.0000
	密封橡胶胎　浮漂	个	11.0700	11.0700	18.2400	18.2400
	钢丝绳　φ15 以上	kg	120.3400	120.3400	200.6400	200.6400
	海底电缆网套	个	0.1400	0.1400	0.1600	0.1600
	尼龙绳　φ16	kg	5.8000	5.8000	9.5000	9.5000
	滑轮架	个	1.8000	1.8000	1.9800	1.9800
	其他材料费	元	47.4000	47.4000	75.9400	75.9400
机械	交流弧焊机　容量　50kVA	台班	0.2727	0.2727	0.2727	0.2727
	机动绞磨　5t 以内	台班	1.5756	1.5756	2.9795	2.9795

续表

定 额 编 号			JYL7-16	JYL7-17	JYL7-18	JYL7-19
项 目			登陆距离 600m 以内			
			单根外径 100mm 以内		单根外径 160mm 以内	
			单根重量 1000t 以内	单根重量 3000t 以内	单根重量 1000t 以内	单根重量 3000t 以内
机械	电缆输送机　JSD-5	台班	0.3232	0.3434	0.3636	0.3838
	机动船舶　5t	台班	0.3232	0.3434	0.3636	0.3838
	机动船舶　15t	台班	0.3232	0.3434	0.3636	0.3838
	电测显示系统	台班	0.3434	0.3434	0.3838	0.3838
	起锚艇　功率　522kW	艘班	0.6868	0.7272	0.7676	0.8080
	潜水组	台班	0.2626	0.2626	0.2929	0.2929
	护航警戒船　721kW	台班	0.3434	0.3434	0.3838	0.3838
	海底电缆驳船　1000t	艘班	0.3434		0.3838	
	拖轮　1228kW	艘班	0.3434		0.3838	
	电动液压卷扬机　10t	台班	0.3434		0.3838	
	海底电缆转盘　1000t	台班	0.3434		0.3838	
	海底电缆驳船　3000t	艘班		0.3434		0.3838
	拖轮　2353kW	艘班		0.3434		0.3838
	海底电缆转盘　3000t	台班		0.3434		0.3838
	电动液压卷扬机　20t	台班		0.3434		0.3838

注　未计价材料海底电缆。

定　额　编　号			JYL7-20	JYL7-21	JYL7-22	JYL7-23	JYL7-24	JYL7-25
项　　　目			登陆距离 600m 以内					
			单根外径 250mm 以内			单根外径 250mm 以外		
			单根重量 1000t 以内	单根重量 3000t 以内	单根重量 5000t 以内	单根重量 1000t 以内	单根重量 3000t 以内	单根重量 5000t 以内
单　　　位			100m	100m	100m	100m	100m	100m
基　　价（元）			**48236.83**	**64391.90**	**89583.58**	**51963.62**	**68181.84**	**93457.37**
其中	人　工　费（元）		7109.20	7482.85	7857.69	8303.51	8740.31	9177.11
	材　料　费（元）		5361.83	5361.83	5361.83	7387.21	7387.21	7387.21
	机　械　费（元）		35765.80	51547.22	76364.06	36272.90	52054.32	76893.05
名　　　称		单位	数　　　　　量					
人工	普通工	工日	16.4687	17.3387	18.2086	16.8087	17.6887	18.5686
	输电技术工	工日	48.9504	51.5204	54.1004	58.6905	61.7805	64.8705
计价材料	电焊条　J557　综合	kg	0.9000	0.9000	0.9000	0.9000	0.9000	0.9000
	麻绳	kg	25.3700	25.3700	25.3700	32.3700	32.3700	32.3700
	密封橡胶胎　浮漂	个	24.3200	24.3200	24.3200	31.0100	31.0100	31.0100
	钢丝绳　φ15 以上	kg	304.3800	304.3800	304.3800	471.1200	471.1200	471.1200
	海底电缆网套	个	0.1600	0.1600	0.1600	0.1600	0.1600	0.1600
	尼龙绳　φ16	kg	12.9200	12.9200	12.9200	16.0800	16.0800	16.0800
	滑轮架	个	2.1800	2.1800	2.1800	2.4000	2.4000	2.4000
	其他材料费	元	105.1300	105.1300	105.1300	144.8500	144.8500	144.8500
机械	交流弧焊机　容量　50kVA	台班	0.2727	0.2727	0.2727	0.2727	0.2727	0.2727

续表

定　额　编　号	JYL7-20	JYL7-21	JYL7-22	JYL7-23	JYL7-24	JYL7-25
项　　　目	登陆距离600m以内					
	单根外径250mm以内			单根外径250mm以外		
	单根重量1000t以内	单根重量3000t以内	单根重量5000t以内	单根重量1000t以内	单根重量3000t以内	单根重量5000t以内
机动绞磨　5t以内　台班	7.8679	7.8679	7.8679	9.9788	9.9788	9.9788
电缆输送机　JSD-5　台班	0.6464	0.6767		0.6464	0.6767	
机动船舶　5t　台班	0.6464	0.6767	0.7070	0.6464	0.6767	0.7070
机动船舶　15t　台班	0.7272	0.7676	0.8080	0.7474	0.7878	0.8282
电测显示系统　台班	0.6767	0.6767	0.6767	0.6767	0.6767	0.6767
起锚艇　功率522kW　艘班	1.1918	1.2524		1.2120	1.2726	
潜水组　台班	0.6767	0.6767	0.6767	0.6767	0.6767	0.6767
护航警戒船　721kW　台班	0.6767	0.6767	0.6767	0.6767	0.6767	0.6767
海底电缆驳船　1000t　艘班	0.6767			0.6767		
拖轮　1228kW　艘班	0.6767			0.6767		
电动液压卷扬机　10t　台班	0.6767			0.6767		
海底电缆转盘　1000t　台班	0.6767			0.6767		
起锚艇　功率750kW　艘班			1.3130			1.3332
海底电缆驳船　3000t　艘班		0.6767			0.6767	
海底电缆驳船　5000t　艘班			0.6767			0.6767
拖轮　2353kW　艘班		0.6767			0.6767	

（机械）

续表

定　额　编　号			JYL7-20	JYL7-21	JYL7-22	JYL7-23	JYL7-24	JYL7-25
项　　目			登陆距离 600m 以内					
			单根外径 250mm 以内			单根外径 250mm 以外		
			单根重量 1000t 以内	单根重量 3000t 以内	单根重量 5000t 以内	单根重量 1000t 以内	单根重量 3000t 以内	单根重量 5000t 以内
机械	拖轮　4400kW	艘班			0.6767			0.6767
	海底电缆转盘　3000t	台班		0.6767			0.6767	
	海底电缆转盘　5000t	台班			0.6767			0.6767
	电缆输送机　8t	台班			0.7070			0.7070
	电动液压卷扬机　20t	台班		0.6767			0.6767	
	电动液压卷扬机　30t	台班			0.6767			0.6767

注　未计价材料海底电缆。

256

定 额 编 号		JYL7-26	JYL7-27	JYL7-28	JYL7-29
项 目		登陆距离 900m 以内			
		单根外径 100mm 以内		单根外径 160mm 以内	
		单根重量 1000t 以内	单根重量 3000t 以内	单根重量 1000t 以内	单根重量 3000t 以内
单 位		100m	100m	100m	100m
基 价（元）		**21288.64**	**27920.03**	**27221.85**	**34649.41**
其中	人 工 费（元）	4554.24	4795.13	6596.80	6944.05
	材 料 费（元）	2303.30	2303.30	3779.34	3779.34
	机 械 费（元）	14431.10	20821.60	16845.71	23926.02
名 称	单位	数 量			
人工 普通工	工日	14.6589	15.4388	16.4687	17.3387
输电技术工	工日	28.7902	30.3102	44.6804	47.0304
计价材料 电焊条 J557 综合	kg	0.7200	0.7200	0.7200	0.7200
麻绳	kg	11.2500	11.2500	19.0000	19.0000
密封橡胶胎 浮漂	个	10.8200	10.8200	18.2400	18.2400
钢丝绳 φ15 以上	kg	117.7000	117.7000	200.6400	200.6400
海底电缆网套	个	0.1000	0.1000	0.1000	0.1000
尼龙绳 φ16	kg	5.6600	5.6600	9.5000	9.5000
滑轮架	个	1.4400	1.4400	1.5800	1.5800
其他材料费	元	45.1600	45.1600	74.1000	74.1000
机械 交流弧焊机 容量 50kVA	台班	0.2222	0.2222	0.2222	0.2222
机动绞磨 5t 以内	台班	1.5352	1.5352	5.8580	5.8580

续表

定　额　编　号		JYL7-26	JYL7-27	JYL7-28	JYL7-29
项　　　　目		登陆距离 900m 以内			
		单根外径 100mm 以内		单根外径 160mm 以内	
		单根重量 1000t 以内	单根重量 3000t 以内	单根重量 1000t 以内	单根重量 3000t 以内
机械　电缆输送机　JSD-5	台班	0.2626	0.2727	0.2929	0.3030
机动船舶　5t	台班	0.2626	0.2727	0.2929	0.3030
机动船舶　15t	台班	0.2626	0.2727	0.2929	0.3030
电测显示系统	台班	0.2727	0.2727	0.3030	0.3030
起锚艇　功率　522kW	艘班	0.5454	0.5757	0.6161	0.6464
潜水组	台班	0.1717	0.1717	0.1919	0.1919
护航警戒船　721kW	台班	0.2727	0.2727	0.3030	0.3030
海底电缆驳船　1000t	艘班	0.2727		0.3030	
拖轮　1228kW	艘班	0.2727		0.3030	
电动液压卷扬机　10t	台班	0.2727		0.3030	
海底电缆转盘　1000t	台班	0.2727		0.3030	
海底电缆驳船　3000t	艘班		0.2727		0.3030
拖轮　2353kW	艘班		0.2727		0.3030
海底电缆转盘　3000t	台班		0.2727		0.3030
电动液压卷扬机　20t	台班		0.2727		0.3030

注　未计价材料海底电缆。

定 额 编 号		JYL7-30	JYL7-31	JYL7-32	JYL7-33	JYL7-34	JYL7-35
项 目		登陆距离 900m 以内					
		单根外径 250mm 以内			单根外径 250mm 以外		
		单根重量 1000t 以内	单根重量 3000t 以内	单根重量 5000t 以内	单根重量 1000t 以内	单根重量 3000t 以内	单根重量 5000t 以内
单 位		100m	100m	100m	100m	100m	100m
基 价 （元）		43908.86	57754.50	79282.32	49163.80	63556.76	85893.78
其中	人 工 费 （元）	8076.41	8501.66	8925.71	9760.32	10273.02	10786.92
	材 料 费 （元）	5267.01	5267.01	5267.01	7430.86	7430.86	7430.86
	机 械 费 （元）	30565.44	43985.83	65089.60	31972.62	45852.88	67676.00
名 称	单位	数 量					
人工 普通工	工日	16.4687	17.3387	18.2086	17.1287	18.0286	18.9286
输电技术工	工日	57.0105	60.0105	63.0005	70.6306	74.3406	78.0606
计价材料 电焊条 J557 综合	kg	0.7200	0.7200	0.7200	0.7200	0.7200	0.7200
麻绳	kg	25.3700	25.3700	25.3700	33.0000	33.0000	33.0000
密封橡胶胎 浮漂	个	24.3200	24.3200	24.3200	31.6200	31.6200	31.6200
钢丝绳 φ15 以上	kg	304.3800	304.3800	304.3800	480.3700	480.3700	480.3700
海底电缆网套	个	0.1000	0.1000	0.1000	0.1000	0.1000	0.1000
尼龙绳 φ16	kg	12.9200	12.9200	12.9200	16.4000	16.4000	16.4000
滑轮架	个	1.7400	1.7400	1.7400	1.9200	1.9200	1.9200
其他材料费	元	103.2700	103.2700	103.2700	145.7000	145.7000	145.7000
机械 交流弧焊机 容量 50kVA	台班	0.2222	0.2222	0.2222	0.2222	0.2222	0.2222

续表

定 额 编 号		JYL7-30	JYL7-31	JYL7-32	JYL7-33	JYL7-34	JYL7-35
项 目		登陆距离 900m 以内					
		单根外径 250mm 以内			单根外径 250mm 以外		
		单根重量 1000t 以内	单根重量 3000t 以内	单根重量 5000t 以内	单根重量 1000t 以内	单根重量 3000t 以内	单根重量 5000t 以内
机 械	机动绞磨 5t 以内 台班	7.8679	7.8679	7.8679	10.1808	10.1808	10.1808
	电缆输送机 JSD-5 台班	0.5454	0.5757		0.5656	0.5959	
	机动船舶 5t 台班	0.5454	0.5757	0.6060	0.5656	0.5959	0.6262
	机动船舶 15t 台班	0.6464	0.6767	0.7070	0.6666	0.6969	0.7272
	电测显示系统 台班	0.5757	0.5757	0.5757	0.5959	0.5959	0.5959
	起锚艇 功率 522kW 艘班	1.0100	1.0605		1.0403	1.0908	
	潜水组 台班	0.4848	0.4848	0.4848	0.4949	0.4949	0.4949
	护航警戒船 721kW 台班	0.5757	0.5757	0.5757	0.5959	0.5959	0.5959
	海底电缆驳船 1000t 艘班	0.5757			0.5959		
	拖轮 1228kW 艘班	0.5757			0.5959		
	电动液压卷扬机 10t 台班	0.5757			0.5959		
	海底电缆转盘 1000t 台班	0.5757			0.5959		
	起锚艇 功率 750kW 艘班			1.1110			1.1413
	海底电缆驳船 3000t 艘班		0.5757			0.5959	
	海底电缆驳船 5000t 艘班			0.5757			0.5959
	拖轮 2353kW 艘班		0.5757			0.5959	

续表

定 额 编 号			JYL7-30	JYL7-31	JYL7-32	JYL7-33	JYL7-34	JYL7-35
项 目			登陆距离 900m 以内					
			单根外径 250mm 以内			单根外径 250mm 以外		
			单根重量 1000t 以内	单根重量 3000t 以内	单根重量 5000t 以内	单根重量 1000t 以内	单根重量 3000t 以内	单根重量 5000t 以内
机械	拖轮 4400kW	艘班			0.5757			0.5959
	海底电缆转盘 3000t	台班		0.5757			0.5959	
	海底电缆转盘 5000t	台班			0.5757			0.5959
	电缆输送机 8t	台班			0.6060			0.6262
	电动液压卷扬机 20t	台班		0.5757			0.5959	
	电动液压卷扬机 30t	台班			0.5757			0.5959

注 未计价材料海底电缆。

定 额 编 号		JYL7-36	JYL7-37	JYL7-38	JYL7-39
项 目		登陆距离 900m 以外			
		单根外径 100mm 以内		单根外径 160mm 以内	
		单根重量 1000t 以内	单根重量 3000t 以内	单根重量 1000t 以内	单根重量 3000t 以内
单 位		100m	100m	100m	100m
基 价 （元）		**20113.94**	**26458.44**	**25269.92**	**32409.40**
其中	人 工 费 （元）	4600.59	4842.68	6596.80	6944.05
	材 料 费 （元）	2300.29	2300.29	3765.18	3765.18
	机 械 费 （元）	13213.06	19315.47	14907.94	21700.17
名 称	单位	数 量			
人工	普通工	工日	14.8289	15.6088	16.4687	17.3387
	输电技术工	工日	29.0702	30.6002	44.6804	47.0304
计价材料	电焊条 J557 综合	kg	0.5000	0.5000	0.5000	0.5000
	麻绳	kg	11.3700	11.3700	19.0000	19.0000
	密封橡胶胎 浮漂	个	10.9400	10.9400	18.2400	18.2400
	钢丝绳 φ15 以上	kg	119.0200	119.0200	200.6400	200.6400
	海底电缆网套	个	0.0900	0.0900	0.1000	0.1000
	尼龙绳 φ16	kg	5.7300	5.7300	9.5000	9.5000
	滑轮架	个	1.0100	1.0100	1.1100	1.1100
	其他材料费	元	45.1000	45.1000	73.8300	73.8300
机械	交流弧焊机 容量 50kVA	台班	0.1515	0.1515	0.1515	0.1515
	机动绞磨 5t 以内	台班	1.5554	1.5554	2.5957	2.5957

262

续表

定 额 编 号			JYL7-36	JYL7-37	JYL7-38	JYL7-39
项 目			登陆距离900m以外			
			单根外径100mm以内		单根外径160mm以内	
			单根重量1000t以内	单根重量3000t以内	单根重量1000t以内	单根重量3000t以内
机械	电缆输送机 JSD-5	台班	0.2525	0.2626	0.2828	0.2929
	机动船舶 5t	台班	0.2525	0.2626	0.2828	0.2929
	机动船舶 15t	台班	0.2525	0.2626	0.2828	0.2929
	电测显示系统	台班	0.2626	0.2626	0.2929	0.2929
	起锚艇 功率 522kW	艘班	0.4141	0.4343	0.4646	0.4848
	潜水组	台班	0.0909	0.0909	0.1010	0.1010
	护航警戒船 721kW	台班	0.2626	0.2626	0.2929	0.2929
	海底电缆驳船 1000t	艘班	0.2626		0.2929	
	拖轮 1228kW	艘班	0.2626		0.2929	
	电动液压卷扬机 10t	台班	0.2626		0.2929	
	海底电缆转盘 1000t	台班	0.2626		0.2929	
	海底电缆驳船 3000t	艘班		0.2626		0.2929
	拖轮 2353kW	艘班		0.2626		0.2929
	海底电缆转盘 3000t	台班		0.2626		0.2929
	电动液压卷扬机 20t	台班		0.2626		0.2929

注 未计价材料海底电缆。

定　额　编　号			JYL7-40	JYL7-41	JYL7-42	JYL7-43	JYL7-44	JYL7-45
项　　　目			登陆距离 900m 以外					
			单根外径 250mm 以内			单根外径 250mm 以外		
			单根重量 1000t 以内	单根重量 3000t 以内	单根重量 5000t 以内	单根重量 1000t 以内	单根重量 3000t 以内	单根重量 5000t 以内
单　　　位			100m	100m	100m	100m	100m	100m
基　　价（元）			**38877.31**	**50591.14**	**68741.58**	**41194.63**	**52982.42**	**71207.26**
其中	人　工　费（元）		8076.41	8501.66	8925.71	9478.76	9977.97	10476.42
	材　料　费（元）		5251.55	5251.55	5251.55	7204.27	7204.27	7204.27
	机　械　费（元）		25549.35	36837.93	54564.32	24511.60	35800.18	53526.57
名　　称		单位	数　　　量					
人工	普通工	工日	16.4687	17.3387	18.2086	16.6387	17.5187	18.3886
	输电技术工	工日	57.0105	60.0105	63.0005	68.5905	72.2006	75.8106
计价材料	电焊条　J557　综合	kg	0.5000	0.5000	0.5000	0.5000	0.5000	0.5000
	麻绳	kg	25.3700	25.3700	25.3700	32.0400	32.0400	32.0400
	密封橡胶胎　浮漂	个	24.3200	24.3200	24.3200	30.7000	30.7000	30.7000
	钢丝绳　φ15 以上	kg	304.3800	304.3800	304.3800	466.5100	466.5100	466.5100
	海底电缆网套	个	0.1000	0.1000	0.1000	0.1000	0.1000	0.1000
	尼龙绳　φ16	kg	12.9200	12.9200	12.9200	15.9300	15.9300	15.9300
	滑轮架	个	1.2200	1.2200	1.2200	1.3400	1.3400	1.3400
	其他材料费	元	102.9700	102.9700	102.9700	141.2600	141.2600	141.2600
机械	交流弧焊机　容量　50kVA	台班	0.1515	0.1515	0.1515	0.1515	0.1515	0.1515

续表

定 额 编 号		JYL7-40	JYL7-41	JYL7-42	JYL7-43	JYL7-44	JYL7-45
项 目		登陆距离 900m 以外					
		单根外径 250mm 以内			单根外径 250mm 以外		
		单根重量 1000t 以内	单根重量 3000t 以内	单根重量 5000t 以内	单根重量 1000t 以内	单根重量 3000t 以内	单根重量 5000t 以内
机械	机动绞磨 5t 以内 台班	6.7165	6.7165	6.7165	0.9898	0.9898	0.9898
	电缆输送机 JSD-5 台班	0.4646	0.4848		0.4646	0.4848	
	机动船舶 5t 台班	0.4646	0.4848	0.5050	0.4646	0.4848	0.5050
	机动船舶 15t 台班	0.5454	0.5757	0.6060	0.5555	0.5858	0.6161
	电测显示系统 台班	0.4848	0.4848	0.4848	0.4848	0.4848	0.4848
	起锚艇 功率 522kW 艘班	0.8282	0.8686		0.8282	0.8686	
	潜水组 台班	0.2929	0.2929	0.2929	0.2929	0.2929	0.2929
	护航警戒船 721kW 台班	0.4848	0.4848	0.4848	0.4848	0.4848	0.4848
	海底电缆驳船 1000t 艘班	0.4848			0.4848		
	拖轮 1228kW 艘班	0.4848			0.4848		
	电动液压卷扬机 10t 台班	0.4848			0.4848		
	海底电缆转盘 1000t 台班	0.4848			0.4848		
	起锚艇 功率 750kW 艘班			0.9090			0.9090
	海底电缆驳船 3000t 艘班		0.4848			0.4848	
	海底电缆驳船 5000t 艘班			0.4848			0.4848
	拖轮 2353kW 艘班		0.4848			0.4848	

续表

定　额　编　号			JYL7-40	JYL7-41	JYL7-42	JYL7-43	JYL7-44	JYL7-45
项　　　　　目			登陆距离 900m 以外					
			单根外径 250mm 以内			单根外径 250mm 以外		
			单根重量 1000t 以内	单根重量 3000t 以内	单根重量 5000t 以内	单根重量 1000t 以内	单根重量 3000t 以内	单根重量 5000t 以内
机械	拖轮　4400kW	艘班			0.4848			0.4848
	海底电缆转盘　3000t	台班		0.4848			0.4848	
	海底电缆转盘　5000t	台班			0.4848			0.4848
	电缆输送机　8t	台班			0.5050			0.5050
	电动液压卷扬机　20t	台班		0.4848			0.4848	
	电动液压卷扬机　30t	台班			0.4848			0.4848

注　未计价材料海底电缆。

266

7.5 光缆登陆

工作内容：施工准备，放置牵引装置，主施工船定位，光缆检查，光缆入出水，浮球系扣及回收，光缆潮间带与陆地敷设，盘缆，固定，场地清理，余缆卸船，清理现场，工器具移运。

定 额 编 号		JYL7-46	JYL7-47	JYL7-48	JYL7-49
项 目		登陆距离300m以内	登陆距离600m以内	登陆距离900m以内	登陆距离900m以外
单 位		100m	100m	100m	100m
基 价（元）		**30667.87**	**25421.04**	**21105.49**	**16833.29**
其中	人 工 费（元）	2869.80	3075.00	3358.05	3630.75
	材 料 费（元）	2455.93	2326.88	2385.39	2449.92
	机 械 费（元）	25342.14	20019.16	15362.05	10752.62
名 称	单位	数 量			
人工 普通工	工日	10.8400	10.8400	11.0300	11.2900
输电技术工	工日	17.1400	18.8500	21.0900	23.2000
计价材料 麻绳	kg	10.6000	10.9000	11.1000	11.3000
密封橡胶胎 浮漂	个	10.2000	10.4000	10.6000	10.9000
钢丝绳 φ15以上	kg	111.4000	114.9000	137.6000	141.9000
海底电缆网套	个	0.3300	0.2000	0.1000	0.1000
尼龙绳 φ16	kg	5.4000	5.4000	5.5000	5.6000
其他材料费	元	48.1600	45.6300	46.7700	48.0400
机械 机动绞磨 5t以内	台班	1.2120	1.2120	1.3130	1.3130

续表

定　额　编　号			JYL7-46	JYL7-47	JYL7-48	JYL7-49
项　　　目			登陆距离 300m 以内	登陆距离 600m 以内	登陆距离 900m 以内	登陆距离 900m 以外
机械	电缆输送机　JSD-5	台班	0.5050	0.4040	0.3030	0.2020
	机动船舶　5t	台班	0.5050	0.4040	0.3030	0.2020
	机动船舶　15t	台班	0.5050	0.4040	0.3030	0.2020
	电测显示系统	台班	0.5050	0.4040	0.3030	0.2020
	起锚艇　功率　522kW	艘班	0.8080	0.6060	0.5050	0.4040
	潜水组	台班	0.5050	0.3030	0.2020	0.2020
	护航警戒船　721kW	台班	0.5050	0.4040	0.3030	0.2020
	海底电缆驳船　1000t	艘班	0.5050	0.4040	0.3030	0.2020
	拖轮　1228kW	艘班	0.5050	0.4040	0.3030	0.2020
	电动液压卷扬机　10t	台班	0.5050	0.4040	0.3030	0.2020
	海底电缆转盘　1000t	台班	0.5050	0.4040	0.3030	0.2020

注　未计价材料光缆。

7.6 截断封堵

工作内容：海底电缆切割，封堵，充油电缆临时油箱设置，清理现场，工器具移运。

定 额 编 号			JYL7-50	JYL7-51	JYL7-52
项 目			充油电缆截断封堵	交联电缆截断封堵	光缆截断封堵
单 位			单根·次	单根·次	单根·次
基 价 （元）			**1129.32**	**744.43**	**229.09**
其中	人 工 费 （元）		321.47	215.51	64.65
	材 料 费 （元）		761.88	471.45	141.45
	机 械 费 （元）		45.97	57.47	22.99
名 称		单位	数 量		
人工	普通工	工日		0.0176	0.0047
	输电技术工	工日	2.6789	1.7849	0.5358
计价材料	紫铜管 $\phi 4 \sim 13$	kg	10.2000		
	黄铜丝 综合	kg	1.2750		
	镀锡铜丝 $\phi 1.22$	kg	0.3400		
	焊锡	kg	0.4250		
	热缩管帽	只		2.0000	0.6000
	封铅	kg	10.2000	25.0000	7.5000
	自黏性橡胶带 25mm×20m	卷	3.1502	8.6600	2.6000
	塑料带相色带 20mm×2000mm	卷		10.0000	3.0000

定　额　编　号			JYL7-50	JYL7-51	JYL7-52
项　　　目			充油电缆截断封堵	交联电缆截断封堵	光缆截断封堵
计价材料	丙酮　95%	kg		12.9600	3.8900
	石油液化气	m³	1.1333	10.0000	3.0000
	聚四氟乙烯生料带	卷		7.9800	2.3900
	切割刀片　电缆头处理	套	0.1000	0.1300	0.0390
	其他材料费	元	14.9400	9.2400	2.7700
机械	等离子切割机　电流　400A	台班	0.2020	0.2525	0.1010

7.7 海底电缆抛设

工作内容：定位，下锚，敷设钢缆，放置浮标，收绞主牵引钢缆，海底电缆敷设，转向，实时监控，辅助船只顶推，护航及警戒，试验设备移运，布置，接电及布线，摇测绝缘电阻、护层耐压及潮气检验，试验后复位，清理现场，工器具移运。

定 额 编 号		JYL7-53	JYL7-54	JYL7-55	JYL7-56
项 目		单根外径 100mm 以内		单根外径 160mm 以内	
		单根重量 1000t 以内	单根重量 3000t 以内	单根重量 1000t 以内	单根重量 3000t 以内
单 位		100m	100m	100m	100m
基 价（元）		**7608.91**	**11724.62**	**10748.69**	**16626.96**
其中	人 工 费（元）	425.11	531.30	431.75	540.67
	材 料 费（元）	80.64	80.64	82.27	82.27
	机 械 费（元）	7103.16	11112.68	10234.67	16004.02
名 称	单位	数 量			
人工	普通工	工日	2.4038	2.9997	2.4442	3.0603
	输电技术工	工日	2.0402	2.5527	2.0703	2.5929
计价材料	尼龙扎带 L=400mm	根	2.8643	2.8643	2.9246	2.9246
	白棕绳 φ16	kg	4.2110	4.2110	4.3014	4.3014
	钢丝绳 φ15 以上	kg	5.7788	5.7788	5.8893	5.8893
	其他材料费	元	1.5800	1.5800	1.6100	1.6100
机械	电缆输送机 JSD-5	台班	0.0601	0.0601	0.0601	0.0601

续表

定 额 编 号			JYL7-53	JYL7-54	JYL7-55	JYL7-56
项 目			单根外径 100mm 以内		单根外径 160mm 以内	
			单根重量 1000t 以内	单根重量 3000t 以内	单根重量 1000t 以内	单根重量 3000t 以内
机械	DGPS 定位仪	台班	0.0200	0.0200	0.0200	0.0200
	机动船舶 15t	台班	0.1802	0.1902	0.1802	0.1902
	电测显示系统	台班	0.0100	0.0100	0.0100	0.0100
	起锚艇 功率 522kW	艘班	0.1802	0.1902	0.2502	0.2602
	潜水组	台班	0.0100	0.0100	0.0100	0.0100
	护航警戒船 721kW	台班	0.1201	0.1201	0.1802	0.1802
	海底电缆驳船 1000t	艘班	0.1802		0.2602	
	拖轮 1228kW	艘班	0.1802		0.2602	
	电动液压卷扬机 10t	台班	0.1601		0.2302	
	海底电缆转盘 1000t	台班	0.1301		0.1902	
	海底电缆驳船 3000t	艘班		0.1802		0.2602
	拖轮 2353kW	艘班		0.1802		0.2602
	海底电缆转盘 3000t	台班		0.1301		0.1902
	电动液压卷扬机 20t	台班		0.1601		0.2302

注 未计价材料海底电缆。

定 额 编 号		JYL7-57	JYL7-58	JYL7-59	JYL7-60	JYL7-61	JYL7-62
项 目		单根外径 250mm 以内			单根外径 250mm 以外		
		单根重量 1000t 以内	单根重量 3000t 以内	单根重量 5000t 以内	单根重量 1000t 以内	单根重量 3000t 以内	单根重量 5000t 以内
单 位		100m	100m	100m	100m	100m	100m
基 价（元）		**15640.24**	**24418.33**	**37918.52**	**22402.94**	**34964.40**	**54227.65**
其中	人 工 费（元）	442.33	553.21	662.13	450.19	563.79	674.67
	材 料 费（元）	82.27	82.27	82.27	83.88	83.88	83.88
	机 械 费（元）	15115.64	23782.85	37174.12	21868.87	34316.73	53469.10
名 称	单位	数 量					
人工	普通工	工日	2.5048	3.1310	3.7471	2.5452	3.1916	3.8178
	输电技术工	工日	2.1206	2.6532	3.1758	2.1608	2.7035	3.2361
计价材料	尼龙扎带 L=400mm	根	2.9246	2.9246	2.9246	2.9748	2.9748	2.9748
	白棕绳 φ16	kg	4.3014	4.3014	4.3014	4.3818	4.3818	4.3818
	钢丝绳 φ15 以上	kg	5.8893	5.8893	5.8893	6.0099	6.0099	6.0099
	其他材料费	元	1.6100	1.6100	1.6100	1.6400	1.6400	1.6400
机械	电缆输送机 JSD-5	台班	0.0601	0.0601		0.0601	0.0601	
	DGPS 定位仪	台班	0.0200	0.0200	0.0200	0.0200	0.0200	0.0200
	机动船舶 15t	台班	0.1902	0.2002	0.2102	0.1902	0.2002	0.2102
	电测显示系统	台班	0.0200	0.0200	0.0200	0.0200	0.0200	0.0200
	起锚艇 功率 522kW	艘班	0.3303	0.3503		0.4604	0.4804	
	潜水组	台班	0.0100	0.0100	0.0100	0.0100	0.0100	0.0100

273

续表

定 额 编 号			JYL7-57	JYL7-58	JYL7-59	JYL7-60	JYL7-61	JYL7-62
项 目			单根外径 250mm 以内			单根外径 250mm 以外		
			单根重量 1000t 以内	单根重量 3000t 以内	单根重量 5000t 以内	单根重量 1000t 以内	单根重量 3000t 以内	单根重量 5000t 以内
机械	护航警戒船　721kW	台班	0.2803	0.2803	0.2803	0.4204	0.4204	0.4204
	海底电缆驳船　1000t	艘班	0.3904			0.5605		
	拖轮　1228kW	艘班	0.3904			0.5605		
	电动液压卷扬机　10t	台班	0.3403			0.5005		
	海底电缆转盘　1000t	台班	0.2803			0.4204		
	起锚艇　功率　750kW	艘班			0.3703			0.5005
	海底电缆驳船　3000t	艘班		0.3904			0.5605	
	海底电缆驳船　5000t	艘班			0.3904			0.5605
	拖轮　2353kW	艘班		0.3904			0.5605	
	拖轮　4400kW	艘班			0.3904			0.5605
	海底电缆转盘　3000t	台班		0.2803			0.4204	
	海底电缆转盘　5000t	台班			0.2803			0.4204
	电缆输送机　8t	台班			0.0601			0.0601
	电动液压卷扬机　20t	台班		0.3403			0.5005	
	电动液压卷扬机　30t	台班			0.3403			0.5005

注　未计价材料海底电缆。

7.8 海底电缆冲埋

7.8.1 埋深2.5m以内

工作内容：定位，下锚，敷设钢缆，放置浮标，安装及投放埋设机，安装并回收导缆笼，收绞牵引钢缆，海底电缆埋设，实时监控，下水检查，辅助船只顶推，收回埋设机，收回锚及浮标，护航及警戒，试验设备移运，布置，接电及布线，摇测绝缘电阻、护层耐压及潮气检验，试验后复位，清理现场，工器具移运。

定 额 编 号			JYL7-63	JYL7-64	JYL7-65	JYL7-66	JYL7-67	JYL7-68
项 目			单根外径100mm以内					
			水深20m以内		水深40m以内		水深60m以内	
			单根重量1000t以内	单根重量3000t以内	单根重量1000t以内	单根重量3000t以内	单根重量1000t以内	单根重量3000t以内
单 位			100m	100m	100m	100m	100m	100m
基 价 （元）			17600.11	25567.10	21027.20	30087.75	25212.16	35610.33
其中	人 工 费 （元）		815.32	1017.89	854.13	1070.01	895.23	1118.96
	材 料 费 （元）		1199.32	1199.32	2236.15	2236.15	3272.98	3272.98
	机 械 费 （元）		15585.47	23349.89	17936.92	26781.59	21043.95	31218.39
名 称	单位		数 量					
人工	普通工	工日	4.6157	5.7570	4.8278	6.0499	5.0702	6.3327
	输电技术工	工日	3.9095	4.8843	4.1004	5.1356	4.2914	5.3667

定 额 编 号			JYL7-63	JYL7-64	JYL7-65	JYL7-66	JYL7-67	JYL7-68
项　　　目			单根外径 100mm 以内					
			水深 20m 以内		水深 40m 以内		水深 60m 以内	
			单根重量 1000t 以内	单根重量 3000t 以内	单根重量 1000t 以内	单根重量 3000t 以内	单根重量 1000t 以内	单根重量 3000t 以内
计价材料	尼龙扎带　*L*=400mm	根	5.7687	5.7687	5.7687	5.7687	5.7687	5.7687
	白棕绳　ϕ16	kg	8.4923	8.4923	8.4923	8.4923	8.4923	8.4923
	钢丝绳　ϕ15 以上	kg	11.6379	11.6379	11.6379	11.6379	11.6379	11.6379
	高压橡胶水管　DN150	m	0.7638	0.7638	1.5276	1.5276	2.2914	2.2914
	导缆笼	个	1.5276	1.5276	3.0552	3.0552	4.5828	4.5828
	其他材料费	元	23.5200	23.5200	43.8500	43.8500	64.1800	64.1800
机械	电缆输送机　JSD-5	台班	0.1101	0.1101	0.1101	0.1201	0.1201	0.1201
	DGPS 定位仪	台班	0.0400	0.0400	0.0400	0.0400	0.0500	0.0500
	高压水泵　9 级　150m³/h	台班	0.2903	0.2903	0.3103	0.3103	0.3203	0.3203
	电测显示系统	台班	0.0300	0.0300	0.0300	0.0300	0.0300	0.0300
	埋设犁　埋设深度　2.5m	台班	0.2202	0.2202	0.2602	0.2602	0.3003	0.3003
	起锚艇　功率　522kW	艘班	0.3203	0.3403	0.3703	0.3904	0.4304	0.4504
	潜水组	台班	0.0100	0.0100	0.0100	0.0100		
	潜水组（重型）	台班					0.0100	0.0100
	护航警戒船　721kW	台班	0.2202	0.2202	0.2602	0.2602	0.3303	0.3303
	海底电缆驳船　1000t	艘班	0.3503		0.4004		0.4604	

续表

定　额　编　号		JYL7-63	JYL7-64	JYL7-65	JYL7-66	JYL7-67	JYL7-68
项　　　　目		单根外径 100mm 以内					
		水深 20m 以内		水深 40m 以内		水深 60m 以内	
		单根重量 1000t 以内	单根重量 3000t 以内	单根重量 1000t 以内	单根重量 3000t 以内	单根重量 1000t 以内	单根重量 3000t 以内
机械	拖轮　1228kW　艘班	0.3503		0.4004		0.4604	
	电动液压卷扬机　10t　台班	0.2402		0.2702		0.3103	
	机动艇　功率　123kW　台班	0.3103	0.3303	0.3503	0.3703	0.4304	0.4504
	海底电缆转盘　1000t　台班	0.2402		0.2702		0.3203	
	海底电缆驳船　3000t　艘班		0.3503		0.4004		0.4604
	拖轮　2353kW　艘班		0.3503		0.4004		0.4604
	海底电缆转盘　3000t　台班		0.2402		0.2702		0.3203
	电动液压卷扬机　20t　台班		0.2402		0.2702		0.3103

注　未计价材料海底电缆。

定 额 编 号			JYL7-69	JYL7-70	JYL7-71	JYL7-72	JYL7-73	JYL7-74
项 目			单根外径 160mm 以内					
			水深 20m 以内		水深 40m 以内		水深 60m 以内	
			单根重量 1000t 以内	单根重量 3000t 以内	单根重量 1000t 以内	单根重量 3000t 以内	单根重量 1000t 以内	单根重量 3000t 以内
单 位			100m	100m	100m	100m	100m	100m
基 价 （元）			**23592.14**	**33974.29**	**27811.29**	**39732.33**	**32119.36**	**45581.64**
其中	人 工 费 （元）		829.81	1036.33	837.67	1047.65	876.80	1097.81
	材 料 费 （元）		1202.48	1202.48	2155.55	2155.55	3156.14	3156.14
	机 械 费 （元）		21559.85	31735.48	24818.07	36529.13	28086.42	41327.69
名 称		单位	数 量					
人工	普通工	工日	4.6965	5.8580	4.7369	5.9287	4.9692	6.2115
	输电技术工	工日	3.9798	4.9748	4.0200	5.0250	4.2009	5.2662
计价材料	尼龙扎带 $L=400mm$	根	5.8793	5.8793	5.6582	5.6582	5.6582	5.6582
	白棕绳 $\phi16$	kg	8.6531	8.6531	8.3214	8.3214	8.3214	8.3214
	钢丝绳 $\phi15$ 以上	kg	11.8691	11.8691	11.4068	11.4068	11.4068	11.4068
	高压橡胶水管 DN150	m	0.7638	0.7638	1.4673	1.4673	2.2110	2.2110
	导缆笼	个	1.5276	1.5276	2.9447	2.9447	4.4120	4.4120
	其他材料费	元	23.5800	23.5800	42.2700	42.2700	61.8900	61.8900
机械	电缆输送机 JSD-5	台班	0.1101	0.1101	0.1101	0.1201	0.1201	0.1301
	DGPS 定位仪	台班	0.0400	0.0400	0.0500	0.0500	0.0500	0.0500
	高压水泵 9 级 150m³/h	台班	0.3003	0.3003	0.3103	0.3103	0.3303	0.3303

续表

机	项　　目		JYL7-69	JYL7-70	JYL7-71	JYL7-72	JYL7-73	JYL7-74
械			单根外径 160mm 以内					
			水深 20m 以内		水深 40m 以内		水深 60m 以内	
			单根重量 1000t 以内	单根重量 3000t 以内	单根重量 1000t 以内	单根重量 3000t 以内	单根重量 1000t 以内	单根重量 3000t 以内
	电测显示系统	台班	0.0300	0.0300	0.0300	0.0300	0.0300	0.0300
	埋设犁　埋设深度　2.5m	台班	0.3403	0.3403	0.3904	0.3904	0.4404	0.4404
	起锚艇　功率　522kW	艘班	0.4404	0.4704	0.5105	0.5405	0.5805	0.6105
	潜水组	台班	0.0100	0.0100	0.0100	0.0100		
	潜水组（重型）	台班					0.0100	0.0100
	护航警戒船　721kW	台班	0.3403	0.3403	0.3904	0.3904	0.4404	0.4404
	海底电缆驳船　1000t	艘班	0.4504		0.5205		0.5905	
	拖轮　1228kW	艘班	0.4504		0.5205		0.5905	
	电动液压卷扬机　10t	台班	0.3603		0.4104		0.4604	
	机动艇　功率　123kW	台班	0.4104	0.4404	0.4804	0.5105	0.5505	0.5805
	海底电缆转盘　1000t	台班	0.3603		0.4104		0.4604	
	海底电缆驳船　3000t	艘班		0.4504		0.5205		0.5905
	拖轮　2353kW	艘班		0.4504		0.5205		0.5905
	海底电缆转盘　3000t	台班		0.3603		0.4104		0.4604
	电动液压卷扬机　20t	台班		0.3603		0.4104		0.4604

注　未计价材料海底电缆。

定 额 编 号		JYL7-75	JYL7-76	JYL7-77
项 目		单根外径 250mm 以内		
		水深 20m 以内		
		单根重量 1000t 以内	单根重量 3000t 以内	单根重量 5000t 以内
单 位		100m	100m	100m
基 价 （元）		**35494.97**	**52726.51**	**79221.89**
其中	人 工 费 （元）	845.52	1057.48	1269.42
	材 料 费 （元）	1202.08	1202.08	1202.08
	机 械 费 （元）	33447.37	50466.95	76750.39
名 称	单位	数 量		
人工 普通工	工日	4.7773	5.9792	7.1811
输电技术工	工日	4.0602	5.0753	6.0903
计价材料 尼龙扎带 L=400mm	根	5.8692	5.8692	5.8692
白棕绳 φ16	kg	8.6330	8.6330	8.6330
钢丝绳 φ15 以上	kg	11.8389	11.8389	11.8389
高压橡胶水管 DN150	m	0.7638	0.7638	0.7638
导缆笼	个	1.5276	1.5276	1.5276
其他材料费	元	23.5700	23.5700	23.5700
机械 电缆输送机 JSD-5	台班	0.1201	0.1301	
DGPS 定位仪	台班	0.0400	0.0400	0.0400
高压水泵 9 级 150m³/h	台班	0.3203	0.3203	0.3203
电测显示系统	台班	0.0300	0.0300	0.0300

续表

定 额 编 号		JYL7-75	JYL7-76	JYL7-77
项 目		单根外径 250mm 以内		
		水深 20m 以内		
		单根重量 1000t 以内	单根重量 3000t 以内	单根重量 5000t 以内
机械	埋设犁 埋设深度 2.5m 台班	0.4804	0.4804	0.4804
	起锚艇 功率 522kW 艘班	0.6005	0.6406	
	潜水组 台班	0.0100	0.0100	0.0100
	护航警戒船 721kW 台班	0.5105	0.5105	0.5105
	海底电缆驳船 1000t 艘班	0.7707		
	拖轮 1228kW 艘班	0.7707		
	电动液压卷扬机 10t 台班	0.5805		
	机动艇 功率 123kW 台班	0.4804	0.5005	0.5305
	海底电缆转盘 1000t 台班	0.5205		
	起锚艇 功率 750kW 艘班			0.6706
	海底电缆驳船 3000t 艘班		0.7707	
	海底电缆驳船 5000t 艘班			0.7707
	拖轮 2353kW 艘班		0.7707	
	拖轮 4400kW 艘班			0.7707
	海底电缆转盘 3000t 台班		0.5205	
	海底电缆转盘 5000t 台班			0.5205
	电缆输送机 8t 台班			0.1301

续表

定　额　编　号			JYL7-75	JYL7-76	JYL7-77
项　　　　目			单根外径 250mm 以内		
			水深 20m 以内		
			单根重量 1000t 以内	单根重量 3000t 以内	单根重量 5000t 以内
机械	电动液压卷扬机　20t	台班		0.5805	
	电动液压卷扬机　30t	台班			0.5805

注　未计价材料海底电缆。

282

定　额　编　号		JYL7-78	JYL7-79	JYL7-80
项　　　目		单根外径 250mm 以内		
		水深 40m 以内		
		单根重量 1000t 以内	单根重量 3000t 以内	单根重量 5000t 以内
单　　位		100m	100m	100m
基　　价（元）		**41720.92**	**61514.61**	**92121.48**
其中	人　工　费（元）	886.62	1109.59	1332.11
	材　料　费（元）	2238.91	2238.91	2238.91
	机　械　费（元）	38595.39	58166.11	88550.46
名　　称	单位	数　　量		
人工	普通工	工日	5.0197	6.2721	7.5346
	输电技术工	工日	4.2512	5.3265	6.3918
计价材料	尼龙扎带　L=400mm	根	5.8692	5.8692	5.8692
	白棕绳　φ16	kg	8.6330	8.6330	8.6330
	钢丝绳　φ15 以上	kg	11.8389	11.8389	11.8389
	高压橡胶水管　DN150	m	1.5276	1.5276	1.5276
	导缆笼	个	3.0552	3.0552	3.0552
	其他材料费	元	43.9000	43.9000	43.9000
机械	电缆输送机　JSD-5	台班	0.1201	0.1301	
	DGPS 定位仪	台班	0.0500	0.0500	0.0500
	高压水泵　9级　150m³/h	台班	0.3403	0.3403	0.3403
	电测显示系统	台班	0.0300	0.0300	0.0300

续表

定　额　编　号			JYL7-78	JYL7-79	JYL7-80
项　　　　目			单根外径 250mm 以内		
			水深 40m 以内		
			单根重量 1000t 以内	单根重量 3000t 以内	单根重量 5000t 以内
机械	埋设犁　埋设深度　2.5m	台班	0.5505	0.5505	0.5505
	起锚艇　功率　522kW	艘班	0.7006	0.7307	
	潜水组	台班	0.0100	0.0100	0.0100
	护航警戒船　721kW	台班	0.5905	0.5905	0.5905
	海底电缆驳船　1000t	艘班	0.8908		
	拖轮　1228kW	艘班	0.8908		
	电动液压卷扬机　10t	台班	0.6706		
	机动艇　功率　123kW	台班	0.5205	0.5405	0.5705
	海底电缆转盘　1000t	台班	0.6005		
	起锚艇　功率　750kW	艘班			0.7707
	海底电缆驳船　3000t	艘班		0.8908	
	海底电缆驳船　5000t	艘班			0.8908
	拖轮　2353kW	艘班		0.8908	
	拖轮　4400kW	艘班			0.8908
	海底电缆转盘　3000t	台班		0.6005	
	海底电缆转盘　5000t	台班			0.6005
	电缆输送机　8t	台班			0.1301

续表

定 额 编 号			JYL7-78	JYL7-79	JYL7-80
项 目			单根外径 250mm 以内		
			水深 40m 以内		
			单根重量 1000t 以内	单根重量 3000t 以内	单根重量 5000t 以内
机械	电动液压卷扬机 20t	台班		0.6706	
	电动液压卷扬机 30t	台班			0.6706

注 未计价材料海底电缆。

定　额　编　号		JYL7-81	JYL7-82	JYL7-83
项　　　目		单根外径 250mm 以内		
		水深 60m 以内		
		单根重量 1000t 以内	单根重量 3000t 以内	单根重量 5000t 以内
单　　位		100m	100m	100m
基　价（元）		**48344.53**	**71054.90**	**106063.91**
其中	人　工　费（元）	929.36	1163.23	1393.60
	材　料　费（元）	3275.73	3275.73	3275.73
	机　械　费（元）	44139.44	66615.94	101394.58
名　　称	单位	数　　量		
人工	普通工	工日	5.2520	6.5852	7.8881
	输电技术工	工日	4.4622	5.5778	6.6833
计价材料	尼龙扎带　L=400mm	根	5.8692	5.8692	5.8692
	白棕绳　φ16	kg	8.6330	8.6330	8.6330
	钢丝绳　φ15 以上	kg	11.8389	11.8389	11.8389
	高压橡胶水管　DN150	m	2.2914	2.2914	2.2914
	导缆笼	个	4.5828	4.5828	4.5828
	其他材料费	元	64.2300	64.2300	64.2300
机械	电缆输送机　JSD-5	台班	0.1301	0.1401	
	DGPS 定位仪	台班	0.0500	0.0500	0.0500
	高压水泵　9 级　150m³/h	台班	0.3503	0.3503	0.3503
	电测显示系统	台班	0.0300	0.0300	0.0300

续表

定　额　编　号			JYL7-81	JYL7-82	JYL7-83
项　　　目			单根外径 250mm 以内		
			水深 60m 以内		
			单根重量 1000t 以内	单根重量 3000t 以内	单根重量 5000t 以内
机械	埋设犁　埋设深度　2.5m	台班	0.6306	0.6306	0.6306
	起锚艇　功率　522kW	艘班	0.8007	0.8408	
	潜水组（重型）	台班	0.0100	0.0100	0.0100
	护航警戒船　721kW	台班	0.6706	0.6706	0.6706
	海底电缆驳船　1000t	艘班	1.0209		
	拖轮　1228kW	艘班	1.0209		
	电动液压卷扬机　10t	台班	0.7707		
	机动艇　功率　123kW	台班	0.5705	0.6005	0.6306
	海底电缆转盘　1000t	台班	0.6906		
	起锚艇　功率　750kW	艘班			0.8808
	海底电缆驳船　3000t	艘班		1.0209	
	海底电缆驳船　5000t	艘班			1.0209
	拖轮　2353kW	艘班		1.0209	
	拖轮　4400kW	艘班			1.0209
	海底电缆转盘　3000t	台班		0.6906	
	海底电缆转盘　5000t	台班			0.6906
	电缆输送机　8t	台班			0.1401

287

续表

定 额 编 号			JYL7-81	JYL7-82	JYL7-83
项 目			单根外径 250mm 以内		
			水深 60m 以内		
			单根重量 1000t 以内	单根重量 3000t 以内	单根重量 5000t 以内
机械	电动液压卷扬机 20t	台班		0.7707	
	电动液压卷扬机 30t	台班			0.7707

注 未计价材料海底电缆。

288

定　额　编　号		JYL7-84	JYL7-85	JYL7-86
项　　　　目		单根外径250mm以外		
		水深20m以内		
		单根重量1000t以内	单根重量3000t以内	单根重量5000t以内
单　　　　位		100m	100m	100m
基　　价（元）		**49556.55**	**73291.24**	**109702.00**
其中	人　工　费（元）	860.79	1077.87	1290.57
	材　料　费（元）	1205.16	1205.16	1205.16
	机　械　费（元）	47490.60	71008.21	107206.27
名　　　称	单位	数　　　量		
人工	普通工	工日	4.8682	6.0903	7.3023
	输电技术工	工日	4.1306	5.1758	6.1908
计价材料	尼龙扎带　L=400mm	根	5.9798	5.9798	5.9798
	白棕绳　φ16	kg	8.7938	8.7938	8.7938
	钢丝绳　φ15以上	kg	12.0600	12.0600	12.0600
	高压橡胶水管　DN150	m	0.7638	0.7638	0.7638
	导缆笼	个	1.5276	1.5276	1.5276
	其他材料费	元	23.6300	23.6300	23.6300
机械	电缆输送机　JSD-5	台班	0.1201	0.1301	
	DGPS定位仪	台班	0.0400	0.0400	0.0400
	高压水泵　9级　150m³/h	台班	0.3303	0.3303	0.3303
	电测显示系统	台班	0.0300	0.0300	0.0300

续表

定额编号			JYL7-84	JYL7-85	JYL7-86
项　目			单根外径 250mm 以外		
			水深 20m 以内		
			单根重量 1000t 以内	单根重量 3000t 以内	单根重量 5000t 以内
机械	埋设犁　埋设深度　2.5m	台班	0.7307	0.7307	0.7307
	起锚艇　功率　522kW	艘班	0.8307	0.8708	
	潜水组	台班	0.0100	0.0100	0.0100
	护航警戒船　721kW	台班	0.7707	0.7707	0.7707
	海底电缆驳船　1000t	艘班	1.0610		
	拖轮　1228kW	艘班	1.0610		
	电动液压卷扬机　10t	台班	0.8608		
	机动艇　功率　123kW	台班	0.5505	0.5805	0.6005
	海底电缆转盘　1000t	台班	0.7707		
	起锚艇　功率　750kW	艘班			0.9108
	海底电缆驳船　3000t	艘班		1.0610	
	海底电缆驳船　5000t	艘班			1.0610
	拖轮　2353kW	艘班		1.0610	
	拖轮　4400kW	艘班			1.0610
	海底电缆转盘　3000t	台班		0.7707	
	海底电缆转盘　5000t	台班			0.7707
	电缆输送机　8t	台班			0.1301

续表

定　额　编　号			JYL7-84	JYL7-85	JYL7-86
项　　　　目			单根外径 250mm 以外		
			水深 20m 以内		
			单根重量 1000t 以内	单根重量 3000t 以内	单根重量 5000t 以内
机械	电动液压卷扬机　20t	台班		0.8608	
	电动液压卷扬机　30t	台班			0.8608

注　未计价材料海底电缆。

定 额 编 号			JYL7-87	JYL7-88	JYL7-89
项 目			单根外径 250mm 以外		
			水深 40m 以内		
			单根重量 1000t 以内	单根重量 3000t 以内	单根重量 5000t 以内
单 位			100m	100m	100m
基 价（元）			**57468.37**	**84757.48**	**126642.46**
其中	人 工 费（元）		905.04	1130.74	1357.19
	材 料 费（元）		2241.99	2241.99	2241.99
	机 械 费（元）		54321.34	81384.75	123043.28
名 称		单位	数 量		
人工	普通工	工日	5.1207	6.3933	7.6760
	输电技术工	工日	4.3416	5.4270	6.5124
计价材料	尼龙扎带　L=400mm	根	5.9798	5.9798	5.9798
	白棕绳　φ16	kg	8.7938	8.7938	8.7938
	钢丝绳　φ15 以上	kg	12.0600	12.0600	12.0600
	高压橡胶水管　DN150	m	1.5276	1.5276	1.5276
	导缆笼	个	3.0552	3.0552	3.0552
	其他材料费	元	43.9600	43.9600	43.9600
机械	电缆输送机　JSD-5	台班	0.1201	0.1301	
	DGPS 定位仪	台班	0.0500	0.0500	0.0500
	高压水泵　9 级　150m³/h	台班	0.3403	0.3403	0.3403
	电测显示系统	台班	0.0300	0.0300	0.0300

续表

定　额　编　号			JYL7-87	JYL7-88	JYL7-89
项　　　　目			单根外径 250mm 以外		
			水深 40m 以内		
			单根重量 1000t 以内	单根重量 3000t 以内	单根重量 5000t 以内
机械	埋设犁　埋设深度　2.5m	台班	0.8307	0.8307	0.8307
	起锚艇　功率　522kW	艘班	0.9408	0.9909	
	潜水组	台班	0.0100	0.0100	0.0100
	护航警戒船　721kW	台班	0.8808	0.8808	0.8808
	海底电缆驳船　1000t	艘班	1.2211		
	拖轮　1228kW	艘班	1.2211		
	电动液压卷扬机　10t	台班	0.9809		
	机动艇　功率　123kW	台班	0.6005	0.6306	0.6606
	海底电缆转盘　1000t	台班	0.8808		
	起锚艇　功率　750kW	艘班			1.0409
	海底电缆驳船　3000t	艘班		1.2211	
	海底电缆驳船　5000t	艘班			1.2211
	拖轮　2353kW	艘班		1.2211	
	拖轮　4400kW	艘班			1.2211
	海底电缆转盘　3000t	台班		0.8808	
	海底电缆转盘　5000t	台班			0.8808
	电缆输送机　8t	台班			0.1301

续表

定　额　编　号			JYL7-87	JYL7-88	JYL7-89
项　　　　目			单根外径 250mm 以外		
			水深 40m 以内		
			单根重量 1000t 以内	单根重量 3000t 以内	单根重量 5000t 以内
机械	电动液压卷扬机　20t	台班		0.9809	
	电动液压卷扬机　30t	台班			0.9809

注　未计价材料海底电缆。

定 额 编 号		JYL7-90	JYL7-91	JYL7-92
项 目		单根外径 250mm 以外		
		水深 60m 以内		
		单根重量 1000t 以内	单根重量 3000t 以内	单根重量 5000t 以内
单 位		100m	100m	100m
基 价（元）		**66647.44**	**97950.48**	**145948.92**
其中	人 工 费（元）	947.80	1183.62	1420.64
	材 料 费（元）	3278.82	3278.82	3278.82
	机 械 费（元）	62420.82	93488.04	141249.46
名 称	单位	数 量		
人工	普通工	工日	5.3530	6.6963	8.0396
	输电技术工	工日	4.5527	5.6783	6.8139
计价材料	尼龙扎带 L=400mm	根	5.9798	5.9798	5.9798
	白棕绳 φ16	kg	8.7938	8.7938	8.7938
	钢丝绳 φ15 以上	kg	12.0600	12.0600	12.0600
	高压橡胶水管 DN150	m	2.2914	2.2914	2.2914
	导缆笼	个	4.5828	4.5828	4.5828
	其他材料费	元	64.2900	64.2900	64.2900
机械	电缆输送机 JSD-5	台班	0.1301	0.1401	
	DGPS 定位仪	台班	0.0500	0.0500	0.0500
	高压水泵 9 级 150m³/h	台班	0.3603	0.3603	0.3603
	电测显示系统	台班	0.0300	0.0300	0.0300

定 额 编 号			JYL7-90	JYL7-91	JYL7-92
项 目			单根外径 250mm 以外		
			水深 60m 以内		
			单根重量 1000t 以内	单根重量 3000t 以内	单根重量 5000t 以内
机械	埋设犁 埋设深度 2.5m	台班	0.9609	0.9609	0.9609
	起锚艇 功率 522kW	艘班	1.0910	1.1510	
	潜水组（重型）	台班	0.0100	0.0100	0.0100
	护航警戒船 721kW	台班	1.0109	1.0109	1.0109
	海底电缆驳船 1000t	艘班	1.4013		
	拖轮 1228kW	艘班	1.4013		
	电动液压卷扬机 10t	台班	1.1310		
	机动艇 功率 123kW	台班	0.6506	0.6806	0.7106
	海底电缆转盘 1000t	台班	1.0109		
	起锚艇 功率 750kW	艘班			1.2011
	海底电缆驳船 3000t	艘班		1.4013	
	海底电缆驳船 5000t	艘班			1.4013
	拖轮 2353kW	艘班		1.4013	
	拖轮 4400kW	艘班			1.4013
	海底电缆转盘 3000t	台班		1.0109	
	海底电缆转盘 5000t	台班			1.0109
	电缆输送机 8t	台班			0.1401

续表

定 额 编 号			JYL7-90	JYL7-91	JYL7-92
项 目			单根外径 250mm 以外		
			水深 60m 以内		
			单根重量 1000t 以内	单根重量 3000t 以内	单根重量 5000t 以内
机械	电动液压卷扬机　20t	台班		1.1310	
	电动液压卷扬机　30t	台班			1.1310

注　未计价材料海底电缆。

297

7.8.2 埋深3.5m以内

工作内容： 定位，下锚，敷设钢缆，放置浮标，安装及投放埋设机，安装并回收导缆笼，收绞牵引钢缆，海底电缆埋设，实时监控，下水检查，辅助船只顶推，收回埋设机，收回锚及浮标，护航及警戒，试验设备移运，布置，接电及布线，摇测绝缘电阻、护层耐压及潮气检验，试验后复位，清理现场，工器具移运。

定 额 编 号			JYL7-93	JYL7-94	JYL7-95	JYL7-96	JYL7-97	JYL7-98
项 目			单根外径100mm以内					
			水深20m以内		水深40m以内		水深60m以内	
			单根重量 1000t以内	单根重量 3000t以内	单根重量 1000t以内	单根重量 3000t以内	单根重量 1000t以内	单根重量 3000t以内
单 位			100m	100m	100m	100m	100m	100m
基 价 （元）			**20816.62**	**30020.13**	**24983.45**	**35707.61**	**30102.63**	**42435.98**
其中	人 工 费 （元）		825.89	1032.40	867.43	1084.07	907.77	1135.42
	材 料 费 （元）		1201.68	1201.68	2238.50	2238.50	3275.33	3275.33
	机 械 费 （元）		18789.05	27786.05	21877.52	32385.04	25919.53	38025.23
名 称		单位	数 量					
人工	普通工	工日	4.6763	5.8378	4.9086	6.1408	5.1409	6.4236
	输电技术工	工日	3.9597	4.9547	4.1607	5.1959	4.3517	5.4471
计价材料	尼龙扎带 L=400mm	根	5.8592	5.8592	5.8592	5.8592	5.8592	5.8592
	白棕绳 φ16	kg	8.6129	8.6129	8.6129	8.6129	8.6129	8.6129
	钢丝绳 φ15以上	kg	11.8088	11.8088	11.8088	11.8088	11.8088	11.8088

续表

定　额　编　号			JYL7-93	JYL7-94	JYL7-95	JYL7-96	JYL7-97	JYL7-98
项　　　目			单根外径 100mm 以内					
			水深 20m 以内		水深 40m 以内		水深 60m 以内	
			单根重量 1000t 以内	单根重量 3000t 以内	单根重量 1000t 以内	单根重量 3000t 以内	单根重量 1000t 以内	单根重量 3000t 以内
计价材料	高压橡胶水管　DN150	m	0.7638	0.7638	1.5276	1.5276	2.2914	2.2914
	导缆笼	个	1.5276	1.5276	3.0552	3.0552	4.5828	4.5828
	其他材料费	元	23.5600	23.5600	43.8900	43.8900	64.2200	64.2200
机械	电缆输送机　JSD-5	台班	0.1101	0.1201	0.1101	0.1201	0.1201	0.1301
	DGPS 定位仪	台班	0.0400	0.0400	0.0500	0.0500	0.0500	0.0500
	高压水泵　9级　150m³/h	台班	0.3003	0.3003	0.3103	0.3103	0.3303	0.3303
	电测显示系统	台班	0.0300	0.0300	0.0300	0.0300	0.0300	0.0300
	埋设犁　埋设深度　3.5m	台班	0.2502	0.2502	0.2903	0.2903	0.3303	0.3303
	起锚艇　功率 522kW	艘班	0.3403	0.3603	0.4004	0.4204	0.4504	0.4804
	潜水组	台班	0.0100	0.0100	0.0100	0.0100		
	潜水组（重型）	台班					0.0100	0.0100
	护航警戒船　721kW	台班	0.2502	0.2502	0.2903	0.2903	0.4204	0.4204
	海底电缆驳船　1000t	艘班	0.4104		0.4804		0.5505	
	拖轮　1228kW	艘班	0.4104		0.4804		0.5505	
	电动液压卷扬机　10t	台班	0.2602		0.3003		0.3303	
	机动艇　功率 123kW	台班	0.3303	0.3403	0.3703	0.3904	0.4904	0.5205

299

定　额　编　号			JYL7-93	JYL7-94	JYL7-95	JYL7-96	JYL7-97	JYL7-98
项　　　　　目			单根外径 100mm 以内					
			水深 20m 以内		水深 40m 以内		水深 60m 以内	
			单根重量 1000t 以内	单根重量 3000t 以内	单根重量 1000t 以内	单根重量 3000t 以内	单根重量 1000t 以内	单根重量 3000t 以内
机械	海底电缆转盘　1000t	台班	0.2602		0.3003		0.3503	
	海底电缆驳船　3000t	艘班		0.4104		0.4804		0.5505
	拖轮　2353kW	艘班		0.4104		0.4804		0.5505
	海底电缆转盘　3000t	台班		0.2602		0.3003		0.3503
	电动液压卷扬机　20t	台班		0.2602		0.3003		0.3303

注　未计价材料海底电缆。

定额编号	JYL7-99	JYL7-100	JYL7-101	JYL7-102	JYL7-103	JYL7-104
项目	单根外径 160mm 以内					
	水深 20m 以内		水深 40m 以内		水深 60m 以内	
	单根重量 1000t 以内	单根重量 3000t 以内	单根重量 1000t 以内	单根重量 3000t 以内	单根重量 1000t 以内	单根重量 3000t 以内
单位	100m	100m	100m	100m	100m	100m
基价（元）	28335.78	40783.94	32975.21	47135.05	38509.84	54920.64

其中								
	人工费（元）		840.84	1052.79	782.39	978.32	821.20	1026.50
	材料费（元）		1204.84	1204.84	1990.70	1990.70	2913.94	2913.94
	机械费（元）		26290.10	38526.31	30202.12	44166.03	34774.70	50980.20

	名称	单位	数量					
人工	普通工	工日	4.7470	5.9489	4.4339	5.5348	4.6460	5.8075
	输电技术工	工日	4.0401	5.0552	3.7487	4.6934	3.9396	4.9245
计价材料	尼龙扎带 L=400mm	根	5.9697	5.9697	5.2863	5.2863	5.2863	5.2863
	白棕绳 φ16	kg	8.7737	8.7737	7.7787	7.7787	7.7787	7.7787
	钢丝绳 φ15 以上	kg	12.0399	12.0399	10.6731	10.6731	10.6731	10.6731
	高压橡胶水管 DN150	m	0.7638	0.7638	1.3568	1.3568	2.0402	2.0402
	导缆笼	个	1.5276	1.5276	2.7135	2.7135	4.0703	4.0703
	其他材料费	元	23.6200	23.6200	39.0300	39.0300	57.1400	57.1400
机械	电缆输送机 JSD-5	台班	0.1101	0.1201	0.1101	0.1201	0.1201	0.1301
	DGPS 定位仪	台班	0.0400	0.0400	0.0500	0.0500	0.0500	0.0500
	高压水泵 9级 150m³/h	台班	0.3003	0.3003	0.3103	0.3103	0.3303	0.3303

续表

定　额　编　号		JYL7-99	JYL7-100	JYL7-101	JYL7-102	JYL7-103	JYL7-104
项　　　　目		单根外径 160mm 以内					
		水深 20m 以内		水深 40m 以内		水深 60m 以内	
		单根重量 1000t 以内	单根重量 3000t 以内	单根重量 1000t 以内	单根重量 3000t 以内	单根重量 1000t 以内	单根重量 3000t 以内
机械	电测显示系统　台班	0.0300	0.0300	0.0300	0.0300	0.0300	0.0300
	埋设犁　埋设深度　3.5m　台班	0.3703	0.3703	0.4304	0.4304	0.4904	0.4904
	起锚艇　功率　522kW　艘班	0.4704	0.5005	0.5405	0.5705	0.6206	0.6606
	潜水组　台班	0.0100	0.0100	0.0100	0.0100		
	潜水组（重型）　台班					0.0100	0.0100
	护航警戒船　721kW　台班	0.3703	0.3703	0.4304	0.4304	0.4904	0.4904
	海底电缆驳船　1000t　艘班	0.5505		0.6306		0.7307	
	拖轮　1228kW　艘班	0.5505		0.6306		0.7307	
	电动液压卷扬机　10t　台班	0.3904		0.4404		0.5105	
	机动艇　功率　123kW　台班	0.4404	0.4704	0.5105	0.5405	0.5905	0.6206
	海底电缆转盘　1000t　台班	0.3904		0.4404		0.5105	
	海底电缆驳船　3000t　艘班		0.5505		0.6306		0.7307
	拖轮　2353kW　艘班		0.5505		0.6306		0.7307
	海底电缆转盘　3000t　台班		0.3904		0.4404		0.5105
	电动液压卷扬机　20t　台班		0.3904		0.4404		0.5105

注　未计价材料海底电缆。

定　额　编　号		JYL7-105	JYL7-106	JYL7-107
项　　目		单根外径 250mm 以内		
		水深 20m 以内		
		单根重量 1000t 以内	单根重量 3000t 以内	单根重量 5000t 以内
单　　位		100m	100m	100m
基　　价（元）		**43042.82**	**61775.59**	**90455.86**
其中	人　工　费（元）	852.93	1068.05	1281.20
	材　料　费（元）	1203.71	1203.71	1203.71
	机　械　费（元）	40986.18	59503.83	87970.95
名　　称	单位	数　　量		
人工	普通工	工日	4.8278	6.0398	7.2417
	输电技术工	工日	4.0904	5.1255	6.1506
计价材料	尼龙扎带　L=400mm	根	5.9295	5.9295	5.9295
	白棕绳　φ16	kg	8.7234	8.7234	8.7234
	钢丝绳　φ15 以上	kg	11.9495	11.9495	11.9495
	高压橡胶水管　DN150	m	0.7638	0.7638	0.7638
	导缆笼	个	1.5276	1.5276	1.5276
	其他材料费	元	23.6000	23.6000	23.6000
机械	电缆输送机　JSD-5	台班	0.1301	0.1401	
	DGPS 定位仪	台班	0.0500	0.0500	0.0500
	高压水泵　9级　150m³/h	台班	0.3503	0.3503	0.3503
	电测显示系统	台班	0.0300	0.0300	0.0300

续表

定 额 编 号			JYL7-105	JYL7-106	JYL7-107
项 目			单根外径 250mm 以内		
			水深 20m 以内		
			单根重量 1000t 以内	单根重量 3000t 以内	单根重量 5000t 以内
机械	埋设犁 埋设深度 3.5m	台班	0.6206	0.6206	0.6206
	起锚艇 功率 522kW	艘班	0.7106	0.7507	
	潜水组	台班	0.0100	0.0100	0.0100
	护航警戒船 721kW	台班	0.6005	0.6005	0.6005
	海底电缆驳船 1000t	艘班	0.8307		
	拖轮 1228kW	艘班	0.8307		
	电动液压卷扬机 10t	台班	0.6406		
	机动艇 功率 123kW	台班	0.6306	0.6606	0.6906
	海底电缆转盘 1000t	台班	0.6206		
	起锚艇 功率 750kW	艘班			0.7807
	海底电缆驳船 3000t	艘班		0.8307	
	海底电缆驳船 5000t	艘班			0.8307
	拖轮 2353kW	艘班		0.8307	
	拖轮 4400kW	艘班			0.8307
	海底电缆转盘 3000t	台班		0.6206	
	海底电缆转盘 5000t	台班			0.6206
	电缆输送机 8t	台班			0.1401

定 额 编 号			JYL7-105	JYL7-106	JYL7-107
项 目			单根外径 250mm 以内		
			水深 20m 以内		
			单根重量 1000t 以内	单根重量 3000t 以内	单根重量 5000t 以内
机械	电动液压卷扬机 20t	台班		0.6406	
	电动液压卷扬机 30t	台班			0.6406

注 未计价材料海底电缆。

定　额　编　号		JYL7-108	JYL7-109	JYL7-110
项　　　目		单根外径 250mm 以内		
		水深 40m 以内		
		单根重量 1000t 以内	单根重量 3000t 以内	单根重量 5000t 以内
单　　　位		100m	100m	100m
基　价（元）		**50145.90**	**71596.86**	**104441.03**
其中	人　工　费（元）	895.23	1119.71	1344.65
	材　料　费（元）	2240.54	2240.54	2240.54
	机　械　费（元）	47010.13	68236.61	100855.84
名　　　称	单位	数　　　量		
人工	普通工	工日	5.0702	6.3428	7.6053
	输电技术工	工日	4.2914	5.3667	6.4521
计价材料	尼龙扎带　L=400mm	根	5.9295	5.9295	5.9295
	白棕绳　φ16	kg	8.7234	8.7234	8.7234
	钢丝绳　φ15 以上	kg	11.9495	11.9495	11.9495
	高压橡胶水管　DN150	m	1.5276	1.5276	1.5276
	导缆笼	个	3.0552	3.0552	3.0552
	其他材料费	元	43.9300	43.9300	43.9300
机械	电缆输送机　JSD-5	台班	0.1401	0.1401	
	DGPS 定位仪	台班	0.0601	0.0601	0.0601
	高压水泵　9 级　150m³/h	台班	0.3703	0.3703	0.3703
	电测显示系统	台班	0.0400	0.0400	0.0400

续表

定　额　编　号			JYL7-108	JYL7-109	JYL7-110
项　　　　目			单根外径 250mm 以内		
			水深 40m 以内		
			单根重量 1000t 以内	单根重量 3000t 以内	单根重量 5000t 以内
机械	埋设犁　埋设深度　3.5m	台班	0.7106	0.7106	0.7106
	起锚艇　功率　522kW	艘班	0.8107	0.8608	
	潜水组	台班	0.0100	0.0100	0.0100
	护航警戒船　721kW	台班	0.7006	0.7006	0.7006
	海底电缆驳船　1000t	艘班	0.9509		
	拖轮　1228kW	艘班	0.9509		
	电动液压卷扬机　10t	台班	0.7407		
	机动艇　功率　123kW	台班	0.7106	0.7507	0.7807
	海底电缆转盘　1000t	台班	0.7106		
	起锚艇　功率　750kW	艘班			0.9008
	海底电缆驳船　3000t	艘班		0.9509	
	海底电缆驳船　5000t	艘班			0.9509
	拖轮　2353kW	艘班		0.9509	
	拖轮　4400kW	艘班			0.9509
	海底电缆转盘　3000t	台班		0.7106	
	海底电缆转盘　5000t	台班			0.7106
	电缆输送机　8t	台班			0.1501

定 额 编 号			JYL7-108	JYL7-109	JYL7-110
项 目			单根外径 250mm 以内		
			水深 40m 以内		
			单根重量 1000t 以内	单根重量 3000t 以内	单根重量 5000t 以内
机械	电动液压卷扬机 20t	台班		0.7407	
	电动液压卷扬机 30t	台班			0.7407

注　未计价材料海底电缆。

定　额　编　号			JYL7-111	JYL7-112	JYL7-113
项　　　　目			单根外径 250mm 以内		
			水深 60m 以内		
			单根重量 1000t 以内	单根重量 3000t 以内	单根重量 5000t 以内
单　　　位			100m	100m	100m
基　　价（元）			**58487.50**	**83242.00**	**121253.84**
其中	人　工　费（元）		938.73	1175.01	1408.10
	材　料　费（元）		3277.36	3277.36	3277.36
	机　械　费（元）		54271.41	78789.63	116568.38
名　　　称		单位	数　　　量		
人工	普通工	工日	5.3126	6.6458	7.9689
	输电技术工	工日	4.5024	5.6381	6.7536
计价材料	尼龙扎带　L=400mm	根	5.9295	5.9295	5.9295
	白棕绳　φ16	kg	8.7234	8.7234	8.7234
	钢丝绳　φ15 以上	kg	11.9495	11.9495	11.9495
	高压橡胶水管　DN150	m	2.2914	2.2914	2.2914
	导缆笼	个	4.5828	4.5828	4.5828
	其他材料费	元	64.2600	64.2600	64.2600
机械	电缆输送机　JSD-5	台班	0.1401	0.1501	
	DGPS 定位仪	台班	0.0601	0.0601	0.0601
	高压水泵　9级　150m³/h	台班	0.3803	0.3803	0.3803
	电测显示系统	台班	0.0400	0.0400	0.0400

续表

定 额 编 号			JYL7-111	JYL7-112	JYL7-113
项 目			单根外径 250mm 以内		
			水深 60m 以内		
			单根重量 1000t 以内	单根重量 3000t 以内	单根重量 5000t 以内
机械	埋设犁 埋设深度 3.5m	台班	0.8207	0.8207	0.8207
	起锚艇 功率 522kW	艘班	0.9408	0.9909	
	潜水组（重型）	台班	0.0100	0.0100	0.0100
	护航警戒船 721kW	台班	0.8007	0.8007	0.8007
	海底电缆驳船 1000t	艘班	1.1010		
	拖轮 1228kW	艘班	1.1010		
	电动液压卷扬机 10t	台班	0.8408		
	机动艇 功率 123kW	台班	0.8107	0.8508	0.9008
	海底电缆转盘 1000t	台班	0.8207		
	起锚艇 功率 750kW	艘班			1.0409
	海底电缆驳船 3000t	艘班		1.1010	
	海底电缆驳船 5000t	艘班			1.1010
	拖轮 2353kW	艘班		1.1010	
	拖轮 4400kW	艘班			1.1010
	海底电缆转盘 3000t	台班		0.8207	
	海底电缆转盘 5000t	台班			0.8207
	电缆输送机 8t	台班			0.1501

310

定　额　编　号			JYL7-111	JYL7-112	JYL7-113
项　　　　目			单根外径 250mm 以内		
			水深 60m 以内		
			单根重量 1000t 以内	单根重量 3000t 以内	单根重量 5000t 以内
机械	电动液压卷扬机　20t	台班		0.8408	
	电动液压卷扬机　30t	台班			0.8408

注　未计价材料海底电缆。

定　额　编　号		JYL7-114	JYL7-115	JYL7-116
项　　　目		单根外径 250mm 以外		
		水深 20m 以内		
		单根重量 1000t 以内	单根重量 3000t 以内	单根重量 5000t 以内
单　　　位		100m	100m	100m
基　　价（元）		**60806.50**	**86655.44**	**126112.88**
其中	人　工　费（元）	868.64	1086.03	1303.11
	材　料　费（元）	1206.87	1206.87	1206.87
	机　械　费（元）	58730.99	84362.54	123602.90
名　　　称	单位	数　　　量		
人工	普通工	工日	4.9086	6.1509	7.3730
	输电技术工	工日	4.1708	5.2059	6.2511
计价材料	尼龙扎带　L=400mm	根	6.0401	6.0401	6.0401
	白棕绳　φ16	kg	8.8842	8.8842	8.8842
	钢丝绳　φ15 以上	kg	12.1806	12.1806	12.1806
	高压橡胶水管　DN150	m	0.7638	0.7638	0.7638
	导缆笼	个	1.5276	1.5276	1.5276
	其他材料费	元	23.6600	23.6600	23.6600
机械	电缆输送机　JSD-5	台班	0.1301	0.1401	
	DGPS 定位仪	台班	0.0500	0.0500	0.0500
	高压水泵　9 级　150m³/h	台班	0.3603	0.3603	0.3603
	电测显示系统	台班	0.0400	0.0400	0.0400

312

续表

定 额 编 号			JYL7-114	JYL7-115	JYL7-116
项 目			单根外径 250mm 以外		
			水深 20m 以内		
			单根重量 1000t 以内	单根重量 3000t 以内	单根重量 5000t 以内
机械	埋设犁 埋设深度 3.5m	台班	0.9408	0.9408	0.9408
	起锚艇 功率 522kW	艘班	0.9809	1.0309	
	潜水组	台班	0.0100	0.0100	0.0100
	护航警戒船 721kW	台班	0.9208	0.9208	0.9208
	海底电缆驳船 1000t	艘班	1.1410		
	拖轮 1228kW	艘班	1.1410		
	电动液压卷扬机 10t	台班	0.9509		
	机动艇 功率 123kW	台班	0.8207	0.8708	0.9108
	海底电缆转盘 1000t	台班	0.9208		
	起锚艇 功率 750kW	艘班			1.0810
	海底电缆驳船 3000t	艘班		1.1410	
	海底电缆驳船 5000t	艘班			1.1410
	拖轮 2353kW	艘班		1.1410	
	拖轮 4400kW	艘班			1.1410
	海底电缆转盘 3000t	台班		0.9208	
	海底电缆转盘 5000t	台班			0.9208
	电缆输送机 8t	台班			0.1401

定　额　编　号			JYL7-114	JYL7-115	JYL7-116
项　　　　目			单根外径 250mm 以外		
			水深 20m 以内		
			单根重量 1000t 以内	单根重量 3000t 以内	单根重量 5000t 以内
机械	电动液压卷扬机　20t	台班		0.9509	
	电动液压卷扬机　30t	台班			0.9509

注　未计价材料海底电缆。

定 额 编 号		JYL7-117	JYL7-118	JYL7-119
项 目		单根外径250mm以外		
		水深40m以内		
		单根重量1000t以内	单根重量3000t以内	单根重量5000t以内
单 位		100m	100m	100m
基 价（元）		**70341.84**	**100005.85**	**145329.63**
其中	人 工 费（元）	913.66	1141.32	1369.73
	材 料 费（元）	2243.69	2243.69	2243.69
	机 械 费（元）	67184.49	96620.84	141716.21
名 称	单位	数 量		
人工	普通工	工日	5.1712	6.4539	7.7467
	输电技术工	工日	4.3818	5.4773	6.5727
计价材料	尼龙扎带 L=400mm	根	6.0401	6.0401	6.0401
	白棕绳 φ16	kg	8.8842	8.8842	8.8842
	钢丝绳 φ15以上	kg	12.1806	12.1806	12.1806
	高压橡胶水管 DN150	m	1.5276	1.5276	1.5276
	导缆笼	个	3.0552	3.0552	3.0552
	其他材料费	元	43.9900	43.9900	43.9900
机械	电缆输送机 JSD-5	台班	0.1401	0.1401	
	DGPS定位仪	台班	0.0601	0.0601	0.0601
	高压水泵 9级 150m³/h	台班	0.3703	0.3703	0.3703
	电测显示系统	台班	0.0400	0.0400	0.0400

定　额　编　号			JYL7-117	JYL7-118	JYL7-119
项　　　　目			单根外径 250mm 以外		
			水深 40m 以内		
			单根重量 1000t 以内	单根重量 3000t 以内	单根重量 5000t 以内
机械	埋设犁　埋设深度　3.5m	台班	1.0710	1.0710	1.0710
	起锚艇　功率　522kW	艘班	1.1210	1.1811	
	潜水组	台班	0.0100	0.0100	0.0100
	护航警戒船　721kW	台班	1.0509	1.0509	1.0509
	海底电缆驳船　1000t	艘班	1.3112		
	拖轮　1228kW	艘班	1.3112		
	电动液压卷扬机　10t	台班	1.0910		
	机动艇　功率　123kW	台班	0.9408	0.9909	1.0409
	海底电缆转盘　1000t	台班	1.0509		
	起锚艇　功率　750kW	艘班			1.2411
	海底电缆驳船　3000t	艘班		1.3112	
	海底电缆驳船　5000t	艘班			1.3112
	拖轮　2353kW	艘班		1.3112	
	拖轮　4400kW	艘班			1.3112
	海底电缆转盘　3000t	台班		1.0509	
	海底电缆转盘　5000t	台班			1.0509
	电缆输送机　8t	台班			0.1501

续表

定 额 编 号			JYL7-117	JYL7-118	JYL7-119
项 目			单根外径 250mm 以外		
			水深 40m 以内		
			单根重量 1000t 以内	单根重量 3000t 以内	单根重量 5000t 以内
机械	电动液压卷扬机 20t	台班		1.0910	
	电动液压卷扬机 30t	台班			1.0910

注　未计价材料海底电缆。

定　额　编　号	JYL7-120	JYL7-121	JYL7-122
项　　　目	单根外径 250mm 以外		
	水深 60m 以内		
	单根重量 1000t 以内	单根重量 3000t 以内	单根重量 5000t 以内
单　　位	100m	100m	100m
基　价（元）	**81586.37**	**115325.84**	**167229.26**

其中	人　工　费（元）		957.17	1194.19	1435.15
	材　料　费（元）		3280.52	3280.52	3280.52
	机　械　费（元）		77348.68	110851.13	162513.59
名　　　称		单位	数　　量		
人工	普通工	工日	5.4136	6.7569	8.1204
	输电技术工	工日	4.5929	5.7285	6.8843
计价材料	尼龙扎带　L=400mm	根	6.0401	6.0401	6.0401
	白棕绳　φ16	kg	8.8842	8.8842	8.8842
	钢丝绳　φ15 以上	kg	12.1806	12.1806	12.1806
	高压橡胶水管　DN150	m	2.2914	2.2914	2.2914
	导缆笼	个	4.5828	4.5828	4.5828
	其他材料费	元	64.3200	64.3200	64.3200
机械	电缆输送机　JSD-5	台班	0.1401	0.1501	
	DGPS 定位仪	台班	0.0601	0.0601	0.0601
	高压水泵　9 级　150m³/h	台班	0.3904	0.3904	0.3904
	电测显示系统	台班	0.0400	0.0400	0.0400

定 额 编 号			JYL7-120	JYL7-121	JYL7-122
项 目			单根外径 250mm 以外		
			水深 60m 以内		
			单根重量 1000t 以内	单根重量 3000t 以内	单根重量 5000t 以内
机械	埋设犁 埋设深度 3.5m	台班	1.2311	1.2311	1.2311
	起锚艇 功率 522kW	艘班	1.2912	1.3612	
	潜水组（重型）	台班	0.0100	0.0100	0.0100
	护航警戒船 721kW	台班	1.2111	1.2111	1.2111
	海底电缆驳船 1000t	艘班	1.5014		
	拖轮 1228kW	艘班	1.5014		
	电动液压卷扬机 10t	台班	1.2511		
	机动艇 功率 123kW	台班	1.2511	1.1010	1.1610
	海底电缆转盘 1000t	台班	1.2111		
	起锚艇 功率 750kW	艘班			1.4313
	海底电缆驳船 3000t	艘班		1.5014	
	海底电缆驳船 5000t	艘班			1.5014
	拖轮 2353kW	艘班		1.5014	
	拖轮 4400kW	艘班			1.5014
	海底电缆转盘 3000t	台班		1.2111	
	海底电缆转盘 5000t	台班			1.2111
	电缆输送机 8t	台班			0.1601

续表

定　额　编　号			JYL7-120	JYL7-121	JYL7-122
项　　　　目			单根外径 250mm 以外		
			水深 60m 以内		
			单根重量 1000t 以内	单根重量 3000t 以内	单根重量 5000t 以内
机械	电动液压卷扬机　20t	台班		1.2511	
	电动液压卷扬机　30t	台班			1.2511

注　未计价材料海底电缆。

7.9 光 缆 抛 设

工作内容： 定位，下锚，敷设钢缆，放置浮标，收绞主牵引钢缆，光缆敷设，转向，实时监控，辅助
船只顶推，护航及警戒，清理现场，工器具移运。

	定 额 编 号		JYL7-123
	项 目		光缆抛设
	单 位		100m
	基 价（元）		**5663.84**
其中	人 工 费（元）		390.21
	材 料 费（元）		59.46
	机 械 费（元）		5214.17
	名 称	单位	数 量
人工	普通工	工日	2.2119
	输电技术工	工日	1.8693
计价材料	尼龙扎带 $L=400$mm	根	2.1105
	白棕绳 $\phi16$	kg	3.1055
	钢丝绳 $\phi15$ 以上	kg	4.2612
	其他材料费	元	1.1700
机械	电缆输送机 JSD-5	台班	0.0500
	DGPS 定位仪	台班	0.0200
	机动船舶 15t	台班	0.1501

续表

定　额　编　号			JYL7-123
项　　　目			光缆抛设
机械	电测显示系统	台班	0.0100
	起锚艇　功率　522kW	艘班	0.1501
	潜水组	台班	0.0100
	护航警戒船　721kW	台班	0.1001
	海底电缆驳船　1000t	艘班	0.1201
	拖轮　1228kW	艘班	0.1201
	电动液压卷扬机　10t	台班	0.1501
	海底电缆转盘　1000t	台班	0.1001

注　未计价材料光缆。

7.10 光缆冲埋

工作内容:定位,下锚,敷设钢缆,放置浮标,安装投放埋设机,安装并回收导缆笼,收绞牵引钢缆,光缆埋设,实时监控,下水检查,辅助船只顶推,收回埋设机,收回锚及浮标,护航及警戒,清理现场,工器具移运。

定 额 编 号		JYL7-124	JYL7-125	JYL7-126
项 目		埋深2.5m以内		
		水深20m以内	水深40m以内	水深60m以内
单 位		100m	100m	100m
基 价 (元)		**14938.41**	**18041.18**	**21353.04**
其中	人 工 费 (元)	498.37	523.45	549.28
	材 料 费 (元)	1116.41	2153.24	3190.07
	机 械 费 (元)	13323.63	15364.49	17613.69
名 称	单位	数 量		
人工 普通工	工日	2.8179	2.9593	3.1108
输电技术工	工日	2.3919	2.5125	2.6331
计价材料 尼龙扎带 L=400mm	根	2.8241	2.8241	2.8241
白棕绳 φ16	kg	4.1607	4.1607	4.1607
钢丝绳 φ15以上	kg	5.6984	5.6984	5.6984
高压橡胶水管 DN150	m	0.7638	1.5276	2.2914
导缆笼	个	1.5276	3.0552	4.5828

续表

定 额 编 号			JYL7-124	JYL7-125	JYL7-126
项 目			埋深 2.5m 以内		
			水深 20m 以内	水深 40m 以内	水深 60m 以内
计价材料	其他材料费	元	21.8900	42.2200	62.5500
机械	电缆输送机 JSD-5	台班	0.1101	0.1201	0.1401
	DGPS 定位仪	台班	0.0400	0.0500	0.0500
	高压水泵 9 级 150m³/h	台班	0.2702	0.3103	0.3603
	电测显示系统	台班	0.0300	0.0300	0.0300
	埋设犁 埋设深度 2.5m	台班	0.2102	0.2402	0.2803
	起锚艇 功率 522kW	艘班	0.3203	0.3703	0.4204
	潜水组	台班	0.0100	0.0100	
	潜水组（重型）	台班			0.0100
	护航警戒船 721kW	台班	0.2102	0.2402	0.2803
	海底电缆驳船 1000t	艘班	0.2602	0.3003	0.3403
	拖轮 1228kW	艘班	0.2602	0.3003	0.3403
	电动液压卷扬机 10t	台班	0.3403	0.3904	0.4604
	机动艇 功率 123kW	台班	0.3103	0.3503	0.4004
	海底电缆转盘 1000t	台班	0.2202	0.2602	0.3003

注 未计价材料光缆。

324

定 额 编 号		JYL7-127	JYL7-128	JYL7-129
项 目		埋深 3.5m 以内		
		水深 20m 以内	水深 40m 以内	水深 60m 以内
单 位		100m	100m	100m
基 价（元）		**17076.22**	**20470.43**	**24319.36**
其中	人 工 费（元）	506.22	532.06	557.14
	材 料 费（元）	1117.63	2154.45	3191.28
	机 械 费（元）	15452.37	17783.92	20570.94
名 称	单位	数 量		
人工	普通工	工日	2.8583	3.0098	3.1512
	输电技术工	工日	2.4321	2.5527	2.6733
计价材料	尼龙扎带 L=400mm	根	2.8643	2.8643	2.8643
	白棕绳 φ16	kg	4.2210	4.2210	4.2210
	钢丝绳 φ15 以上	kg	5.7888	5.7888	5.7888
	高压橡胶水管 DN150	m	0.7638	1.5276	2.2914
	导缆笼	个	1.5276	3.0552	4.5828
	其他材料费	元	21.9100	42.2400	62.5700
机械	电缆输送机 JSD-5	台班	0.1101	0.1201	0.1401
	DGPS 定位仪	台班	0.0400	0.0500	0.0500
	高压水泵 9级 150m³/h	台班	0.2803	0.3203	0.3703
	电测显示系统	台班	0.0300	0.0300	0.0400
	埋设犁 埋设深度 3.5m	台班	0.2302	0.2702	0.3103

续表

定　额　编　号			JYL7-127	JYL7-128	JYL7-129
项　　　目			埋深 3.5m 以内		
			水深 20m 以内	水深 40m 以内	水深 60m 以内
机械	起锚艇　功率　522kW	艘班	0.3403	0.3904	0.4504
	潜水组	台班	0.0100	0.0100	
	潜水组（重型）	台班			0.0100
	护航警戒船　721kW	台班	0.2302	0.2702	0.3103
	海底电缆驳船　1000t	艘班	0.2803	0.3203	0.3703
	拖轮　1228kW	艘班	0.2803	0.3203	0.3703
	电动液压卷扬机　10t	台班	0.3503	0.4004	0.4704
	机动艇　功率　123kW	台班	0.3203	0.3703	0.4304
	海底电缆转盘　1000t	台班	0.2502	0.2803	0.3303

注　未计价材料光缆。

第 **8** 章 海底电缆终端头制作安装

说　　明

一、内容包括

10kV 交联聚乙烯绝缘海底电缆终端头制作安装、35kV 交联聚乙烯绝缘海底电缆终端头制作安装、110kV 海底充油电缆终端头制作安装、110kV 交联聚乙烯绝缘海底电缆终端头制作安装、220kV 海底充油电缆终端头制作安装、220kV 交联聚乙烯绝缘海底电缆终端头制作安装、500kV 交联聚乙烯绝缘海底电缆终端头制作安装、海底光缆接续。

二、工程量计算规则

1. 海底电缆终端头制作安装以"套/三相"为计量单位,采用机动液压压接机施工方式,安装方式不同时定额不做调整。

2. 海底光缆接续以"个"为计量单位,工作内容包括相应的测量和复测,采用光纤熔接仪接头,接头机械不同时定额不做调整。

8.1 10kV 交联聚乙烯绝缘海底电缆终端头制作安装

工作内容：电源搭接、搭设工棚，电缆绝缘检查、接头定位、量尺寸，剥除电缆内、外护套、金属屏蔽层、核相，剥除外半导电屏蔽，绝缘层表面处理，套入预制件、连接管就位、压接、带材绕包、去潮、预制件就位、屏蔽层处理、金属护层接地引线安装、收缩管安装定位、密封处理，摇测绝缘电阻，护层耐压，试验后复位，终端接头固定，清理现场，工器具移运。

定 额 编 号			JYL8-1	JYL8-2	JYL8-3	JYL8-4
项 目			交联聚乙烯绝缘（mm^2）			
			50 以内	120 以内	240 以内	400 以内
单 位			套/三相	套/三相	套/三相	套/三相
基 价（元）			**406.71**	**540.17**	**629.07**	**781.10**
其中	人 工 费（元）		199.33	303.98	351.95	464.66
	材 料 费（元）		37.56	49.44	71.81	90.71
	机 械 费（元）		169.82	186.75	205.31	225.73
名 称		单位	数 量			
人工	普通工	工日	0.3206	0.4889	0.5661	0.7475
	输电技术工	工日	1.4607	2.2276	2.5791	3.4050
计价材料	焊锡	kg	0.2910	0.3395	0.4365	0.4850
	焊锡膏	kg	0.0582	0.0679	0.0873	0.0970

续表

定　额　编　号			JYL8-1	JYL8-2	JYL8-3	JYL8-4
项　　　　目			交联聚乙烯绝缘（mm^2）			
			50 以内	120 以内	240 以内	400 以内
计价材料	镀锌六角螺栓　综合	kg	0.9234	0.9234	1.3920	2.4832
	电缆卡子　40	个	0.9991			
	电缆卡子　60	个		0.9991		
	电缆卡子　80	个			0.9991	
	电缆卡子　100	个				0.9991
	自黏性橡胶带　25mm×20m	卷	0.5820	1.3580	2.4250	2.9100
	聚氯乙烯塑料薄膜　0.5mm	kg	0.4850	0.4850	0.4850	0.4850
	塑料带　20mm×40m	卷	0.1940	0.2910	0.4850	0.5820
	塑料带相色带　20mm×2000mm	卷	0.0970	0.1455	0.1940	0.2425
	汽油	kg	0.5820	0.7760	0.9700	1.1640
	电力复合脂	kg	0.0291	0.0485	0.0776	0.0970
	丙酮　95%	kg	0.2910	0.3880	0.5820	0.7760
	棉纱头	kg	0.2910	0.4850	0.7760	0.9700
	其他材料费	元	0.7400	0.9700	1.4100	1.7800
机械	输电专用载重汽车　5t	台班	0.4005	0.4404	0.4842	0.5323
	机动船舶　15t	台班	0.1001	0.1101	0.1210	0.1331

注　未计价材料电力电缆终端头、电缆终端头夹具、电缆接线端子、终端支架。

8.2 35kV 交联聚乙烯绝缘海底电缆终端头制作安装

工作内容：接通电源，搭拆工作棚，检查绝缘，搭、拆脚手架，支架安装，吊电缆，量尺寸，测相位，锯钢皮，剖塑，剥切线芯绝缘及反应锥面，连接端子，压接，包绕应力锥，外屏蔽连接，装终端盒，接地线，包色相带，搭尾线，挂牌，摇测绝缘电阻，护层耐压，试验后复位，清理现场，工器具移运。

定 额 编 号			JYL8-5	JYL8-6	JYL8-7	JYL8-8
项 目			交联聚乙烯绝缘（mm^2）			
			120	240	400	630
单 位			套/三相	套/三相	套/三相	套/三相
基 价 （元）			**2000.04**	**2249.93**	**2554.86**	**2825.36**
其中	人 工 费 （元）		898.40	1110.17	1371.85	1483.35
	材 料 费 （元）		892.31	906.29	922.14	1053.74
	机 械 费 （元）		209.33	233.47	260.87	288.27
名 称		单位	数 量			
人工	普通工	工日	0.4713	0.5824	0.7197	0.7782
	输电技术工	工日	7.1921	8.8874	10.9823	11.8749
计价材料	黄铜丝 综合	kg	1.1640	1.1640	1.1640	1.1640
	裸铜绞线 TJ120mm^2	kg	13.5800	13.5800	13.5800	15.5200
	铜编织带 8mm	m	1.1640	1.1640	1.1640	1.5520

续表

定 额 编 号			JYL8-5	JYL8-6	JYL8-7	JYL8-8
项 目			交联聚乙烯绝缘（mm^2）			
			120	240	400	630
计价材料	乙丙橡胶带 0.5×20×5000	卷	11.6400	11.6400	11.6400	11.6400
	自黏性橡胶带 25mm×20m	卷	13.7956	15.5200	17.4600	19.4000
	塑料带相色带 20mm×2000mm	卷	11.6400	11.6400	11.6400	13.5800
	塑料带防辐照聚乙烯 20mm×40m	卷	17.4600	17.4600	17.4600	23.2800
	丙酮 95%	kg	1.6167	1.9400	2.3280	2.9100
	聚四氟乙烯生料带	卷	0.7760	0.7760	0.7760	1.1640
	其他材料费	元	17.5000	17.7700	18.0800	20.6600
机械	机动液压压接机 100t 以内	台班	0.3328	0.4152	0.5180	0.6208
	输电专用载重汽车 5t	台班	0.4404	0.4842	0.5323	0.5805
	机动船舶 15t	台班	0.1101	0.1210	0.1331	0.1451

注 未计价材料电力电缆终端头、电缆终端头夹具、电缆接线端子、终端支架。

8.3　110kV 海底充油电缆终端头制作安装

工作内容： 接通电源，搭拆工作棚，检查绝缘，终端盒清理，搭、拆脚手架，校正电缆，吊电缆及固定，量尺寸，剥外护层，测相位，弯缆芯，剖铅，插衬芯，导体连接，绝缘材料去潮，绕包绝缘，加热定型，屏蔽连接，组装终端盒，密封处理，接地线，防腐处理，油管路及压力箱安装，摇测绝缘电阻，护层耐压，试验后复位，清理现场，工器具移运。

定 额 编 号		JYL8-9	JYL8-10	JYL8-11
项　　　目		充油电缆终端头制作安装（mm²）		
		400	800	1600
单　　　位		套/三相	套/三相	套/三相
基　　价（元）		**9498.70**	**9880.61**	**10192.76**
其中	人　工　费（元）	3465.09	3602.43	3745.22
	材　料　费（元）	3972.78	3988.36	4004.59
	机　械　费（元）	2060.83	2289.82	2442.95
名　　称	单位	数　　　量		
人工	普通工	工日	1.8178	1.8899	1.9647
	输电技术工	工日	27.7396	28.8391	29.9822
计价材料	紫铜管 φ4~13	kg	33.6105	33.6105	33.6105
	黄铜丝 综合	kg	3.7277	3.7277	3.7277
	镀锡铜丝 φ1.22	kg	4.0740	4.0740	4.0740
	压力阀四通式	只	3.0555	3.0555	3.0555

续表

定 额 编 号		JYL8-9	JYL8-10	JYL8-11
项 目		充油电缆终端头制作安装（mm²）		
		400	800	1600
计价材料	压力阀尾管式　只	3.0555	3.0555	3.0555
	铝焊丝　kg	0.7639	0.7639	0.7639
	焊锡　kg	0.2546	0.2546	0.2546
	铜螺栓　M16×15　个	18.3330	18.3330	18.3330
	裸铜绞线　TJ120mm²　kg	4.5833	4.5833	4.5833
	铜编织带　8mm　m	0.2037	0.2037	0.2037
	封铅　kg	12.2220	12.2220	12.2220
	绝缘束节　只	3.0555	3.0555	3.0555
	自黏性橡胶带　25mm×20m　卷	59.0730	61.1100	63.2100
	聚氯乙烯塑料薄膜　0.5mm　kg	1.0185	1.0185	1.0185
	聚乙烯吹塑膜　kg	1.0694	1.0694	1.0694
	塑料带相色带　20mm×2000mm　卷	2.2916	2.7500	3.2999
	聚氯乙烯橡胶带　80mm×50m　卷	6.4166	6.4166	6.4166
	聚氯乙烯橡胶粘带　40mm×50m　卷	36.6660	36.6660	36.6660
	真空油脂　kg	1.0185	1.0185	1.0185
	硬酯酸　一级　kg	0.7639	0.7639	0.7639
	乙醇　kg	5.0925	5.0925	5.0925
	四氯化碳　95%　kg	1.5278	1.5278	1.5278

334

定　额　编　号			JYL8-9	JYL8-10	JYL8-11
项　　　目			充油电缆终端头制作安装（mm²）		
			400	800	1600
计价材料	石油液化气	m³	6.1110	6.1110	6.1110
	银粉漆	kg	3.0555	3.0555	3.0555
	砂布	张	1.0185	1.0185	1.0185
	无絮棉布	kg	5.0925	5.0925	5.0925
	其他材料费	元	77.9000	78.2000	78.5200
机械	载重汽车　8t	台班	0.9000	1.0000	1.2000
	真空泵　抽气速度　204m³/h	台班	5.4000	6.0000	6.0000
	真空去汽油车　200L/h	台班	2.7000	3.0000	3.0000
	机动液压压接机　200t 以内	台班	0.9000	1.0000	1.0000
	输电专用载重汽车　5t	台班	1.2431	1.3813	1.5348
	机动船舶　15t	台班	0.3108	0.3453	0.3837

注　未计价材料充油电缆终端头组件、电缆终端头固定装置、电缆接线端子、终端支架、电缆油、压力箱及支架、油路管等。

8.4 110kV 交联聚乙烯绝缘海底电缆终端头制作安装

工作内容：接通电源，搭拆工作棚，检查绝缘，搭、拆脚手架，吊电缆及固定，量尺寸，电缆加热校直，电缆外护层、金属护套剥切及处理，绝缘、屏蔽处理，电缆绝缘打磨抛光，压接，涂半导电漆，烘干半导电漆，安装应力锥，安装瓷套，终端底部密封、接地，吊装瓷套，安装顶盖及密封圈，搪铅，搭尾线，挂牌，摇测绝缘电阻，护层耐压，试验后复位，清理现场，工器具移运。

定 额 编 号		JYL8-12	JYL8-13	JYL8-14	JYL8-15
项 目		交联聚乙烯绝缘（mm²）			
		400	800	1200	1600
单 位		套/三相	套/三相	套/三相	套/三相
基 价（元）		**6945.10**	**8490.75**	**9843.10**	**11112.30**
其中	人 工 费（元）	2911.99	3350.93	3805.79	4959.25
	材 料 费（元）	876.88	1008.48	1124.52	1236.87
	机 械 费（元）	3156.23	4131.34	4912.79	4916.18
名 称	单位	数 量			
人工 普通工	工日	1.5275	1.7579	1.9966	2.6016
输电技术工	工日	23.3119	26.8257	30.4670	39.7011
计价材料 黄铜丝 综合	kg	2.0370	2.5463	2.7194	2.8212
铝箔 0.02mm×50mm	kg	0.8148	1.0185	1.3546	2.0370

续表

定 额 编 号			JYL8-12	JYL8-13	JYL8-14	JYL8-15
项 目			交联聚乙烯绝缘（mm²)			
			400	800	1200	1600
计价材料	钢管卡子 DN32	个	1.5278	2.2407	3.1370	4.3897
	平板玻璃 3mm	m²	0.2546	0.3361	0.4787	0.5398
	电焊条 J557 综合	kg	0.3056	0.3768	0.4481	0.5602
	焊锡	kg	1.0185	1.3546	1.3546	1.3546
	松香焊锡丝	kg	0.4074	0.6824	1.0491	1.3546
	铝焊粉	kg	0.4074	0.6824	1.0491	1.3546
	镀锌铁丝	kg	3.3916	3.3611	3.3916	3.3916
	封铅	kg	12.2220	13.5766	15.2775	16.9784
	自黏性橡胶带 25mm×20m	卷	21.3885	24.4440	26.1449	27.1634
	聚氯乙烯塑料薄膜 0.5mm	kg	3.0555	4.0740	5.4286	6.7934
	聚乙烯吹塑膜	kg	3.5648	4.0740	5.4286	6.7934
	保鲜膜	卷	15.7868	18.2006	20.7468	22.5394
	塑料带相色带 20mm×2000mm	卷	3.5648	4.7564	6.1110	7.4656
	硬酯酸 一级	kg	0.8148	1.0185	1.1509	1.3546
	乙醇	kg	2.3426	3.3611	4.0740	4.7564
	丙酮 95%	kg	0.6111	0.7537	0.8963	1.1204

续表

定额编号			JYL8-12	JYL8-13	JYL8-14	JYL8-15
项目			交联聚乙烯绝缘（mm²）			
			400	800	1200	1600
计价材料	石油液化气	m³	6.1110	6.1110	6.1110	6.1110
	木脚手板	m³	0.1528	0.1528	0.1528	0.1528
	机用钢锯条 24号	根	0.8454	0.9472	1.1916	1.4870
	砂布	张	9.1665	9.1665	9.1665	9.1665
	无絮棉布	kg	5.0925	5.0925	5.0925	5.0925
	聚四氟乙烯生料带	卷	2.5463	3.3611	4.0740	4.7564
	其他材料费	元	17.1900	19.7700	22.0500	24.2500
机械	汽车式起重机 起重量 8t	台班	1.1000	1.1000	1.1000	1.1000
	载重汽车 8t	台班	3.3000	5.5000	7.2600	7.2600
	机动液压压接机 100t以内	台班	0.9000	1.0000	1.1000	1.1500
	输电专用载重汽车 5t	台班	2.1548	2.1548	2.1548	2.1548
	机动船舶 15t	台班	0.5387	0.5387	0.5387	0.5387

注 未计价材料电力电缆终端头、电缆终端头夹具、电缆接线端子、终端支架。

8.5 220kV海底充油电缆终端头制作安装

工作内容: 接头电源,搭拆工作棚,检查绝缘,终端盒清理,搭、拆脚手架,校正电缆,吊电缆及固定,量尺寸,剥外护层,测相位,弯缆芯,剖铅,插衬芯,导体连接,绝缘材料去潮,绕包绝缘,加热定型,屏蔽连接,组装终端盒,密封处理,接地线,防腐处理,油管路及压力箱安装,摇测绝缘电阻,护层耐压,试验后复位,清理现场,工器具移运。

定额编号			JYL8-16	JYL8-17	JYL8-18	JYL8-19
项 目			充油电缆终端头制作安装(mm²)			
			400	800	1600	2500
单 位			套/三相	套/三相	套/三相	套/三相
基 价(元)			**15360.71**	**16122.12**	**17025.75**	**18490.63**
其中	人 工 费(元)		4171.26	4335.43	4506.05	4683.41
	材 料 费(元)		5234.57	5242.59	5253.38	5268.76
	机 械 费(元)		5954.88	6544.10	7266.32	8538.46
名 称		单位	数 量			
人工	普通工	工日	2.1882	2.2744	2.3640	2.4573
	输电技术工	工日	33.3929	34.7071	36.0729	37.4926
计价材料	紫铜管 φ4~13	kg	33.6105	33.6105	33.6105	33.6105
	黄铜丝 综合	kg	4.4814	4.4814	4.4814	4.4814
	镀锡铜丝 φ1.22	kg	4.0740	4.0740	4.0740	4.0740
	压力阀四通式	只	3.0555	3.0555	3.0555	3.0555

续表

定　额　编　号		JYL8-16	JYL8-17	JYL8-18	JYL8-19
项　　　　目		充油电缆终端头制作安装（mm²）			
		400	800	1600	2500
计价材料	压力阀尾管式	只	3.0555	3.0555	3.0555	3.0555
	铝焊丝	kg	0.7639	0.7639	0.7639	0.7639
	银焊丝	kg	0.7639	0.7639	0.7639	0.7639
	焊锡	kg	0.2546	0.2546	0.2546	0.2546
	铜螺栓　M16×15	个	18.3330	18.3330	18.3330	18.3330
	裸铜绞线　TJ120mm²	kg	4.5833	4.5833	4.5833	4.5833
	铜编织带　8mm	m	0.2037	0.2037	0.2037	0.2037
	封铅	kg	15.2775	15.2775	15.2775	15.2775
	绝缘束节	只	3.0555	3.0555	3.0555	3.0555
	自黏性橡胶带　25mm×20m	卷	2.6787	2.6787	2.6787	2.6787
	聚乙烯吹塑膜	kg	1.9250	1.9250	1.9250	1.9250
	塑料带相色带　20mm×2000mm	卷	2.7500	4.5833	7.6388	12.7313
	聚氯乙烯橡胶带　80mm×50m	卷	7.9443	7.9443	7.9443	7.9443
	聚氯乙烯橡胶粘带　40mm×50m	卷	61.1100	61.1100	61.1100	61.1100
	煤油	kg	1.7824	1.7824	1.7824	1.7824
	电缆油烷基苯合成	kg	184.3485	185.3670	186.3911	187.4208
	真空油脂	kg	1.0185	1.0185	1.0185	1.0185
	硬酯酸　一级	kg	0.7639	0.7639	0.7639	0.7639

续表

定 额 编 号			JYL8-16	JYL8-17	JYL8-18	JYL8-19
项 目			充油电缆终端头制作安装（mm²）			
			400	800	1600	2500
计价材料	乙醇	kg	5.0925	5.0925	5.0925	5.0925
	四氯化碳 95%	kg	1.5278	1.5278	1.5278	1.5278
	石油液化气	m³	6.1110	6.1110	6.1110	6.1110
	银粉漆	kg	3.0555	3.0555	3.0555	3.0555
	钢锯条 各种规格	根	5.0925	5.0925	5.0925	5.0925
	砂布	张	1.0185	1.0185	1.0185	1.0185
	无絮棉布	kg	5.6018	5.6018	5.6018	5.6018
	其他材料费	元	102.6400	102.8000	103.0100	103.3100
机械	汽车式起重机 起重量 8t	台班	2.1186	2.3540	2.5659	2.8719
	载重汽车 8t	台班	0.9900	1.1000	1.6350	2.9280
	真空泵 抽气速度 204m³/h	台班	8.4600	9.4000	10.2460	11.4680
	真空去汽油车 200L/h	台班	8.4600	9.4000	10.2460	11.4680
	机动液压压接机 200t 以内	台班	8.4600	9.4000	10.2460	11.4680
	输电专用载重汽车 5t	台班	1.5374	1.5374	1.5374	1.5374
	机动船舶 15t	台班	0.3844	0.3844	0.3844	0.3844

注 未计价材料充油电缆终端头组件、电缆终端头固定装置、电缆接线端子、终端支架、电缆油、压力箱及支架、油路管等。

341

8.6 220kV 交联聚乙烯绝缘海底电缆终端头制作安装

工作内容：接通电源，搭拆工作棚，检查绝缘，搭、拆脚手架，吊电缆及固定，量尺寸，电缆加热校直，电缆外护层、金属护套剥切及处理，绝缘、屏蔽处理，电缆绝缘打磨抛光，压接，涂半导电漆，烘干半导电漆，安装应力锥，安装瓷套，终端底部密封、接地，吊装瓷套，灌注绝缘油及真空处理，安装顶盖及密封圈，搪铅，搭尾线，挂牌，摇测绝缘电阻，护层耐压，试验后复位，清理现场，工具移运。

定 额 编 号			JYL8-20	JYL8-21	JYL8-22
项 目			交联聚乙烯绝缘（mm²)		
			400	800	1200
单 位			套/三相	套/三相	套/三相
基 价 （元）			**9310.43**	**10040.13**	**11429.15**
其中	人 工 费 （元）		3608.82	4109.26	4679.10
	材 料 费 （元）		1275.28	1319.67	1403.78
	机 械 费 （元）		4426.33	4611.20	5346.27
名 称		单位	数 量		
人工	普通工	工日	1.8931	2.1556	2.4547
	输电技术工	工日	28.8903	32.8966	37.4583
计价材料	黄铜丝 综合	kg	3.8194	3.8194	3.8194
	铝箔 0.02mm×50mm	kg	1.0185	1.0185	1.5278

342

续表

定 额 编 号			JYL8-20	JYL8-21	JYL8-22
项 目			交联聚乙烯绝缘（mm^2）		
			400	800	1200
计价材料	钢管卡子 DN32	个	2.7777	3.0555	3.3611
	平板玻璃 3mm	m^2	0.5093	0.5093	0.5093
	电焊条 J557 综合	kg	0.5093	0.5093	0.5602
	焊锡	kg	1.1459	1.5278	2.0370
	松香焊锡丝	kg	2.0370	2.0370	2.0370
	铝焊粉	kg	1.0185	1.0185	1.0185
	镀锌铁丝	kg	5.0925	5.0925	5.0925
	热收缩封头 1~4号	只	3.0555	3.0555	3.0555
	封铅	kg	18.3330	18.3330	20.3700
	自黏性橡胶带 25mm×20m	卷	36.6660	36.6660	36.6660
	聚氯乙烯塑料薄膜 0.5mm	kg	6.1110	6.1110	6.1110
	聚乙烯吹塑膜	kg	6.1110	6.1110	6.1110
	保鲜膜	卷	25.6906	26.4810	27.2958
	塑料带相色带 20mm×2000mm	卷	3.6375	5.0925	7.1295
	硬酯酸 一级	kg	1.5278	1.5278	1.5278
	乙醇	kg	4.1666	4.5833	5.0416
	丙酮 95%	kg	0.9259	1.0185	1.1204
	石油液化气	m^3	6.1110	6.1110	6.1110

续表

定 额 编 号			JYL8-20	JYL8-21	JYL8-22
项 目			交联聚乙烯绝缘（mm^2）		
			400	800	1200
计价材料	聚氨酯清漆	kg	0.3056	0.3056	0.3056
	木脚手板 50×250×4000	块	1.6500	1.8333	2.0370
	机用钢锯条 24号	根	0.8803	1.1204	1.4259
	砂布	张	9.1665	9.1665	9.1665
	无絮棉布	kg	5.0925	5.0925	5.0925
	聚四氟乙烯生料带	卷	2.6190	3.0555	3.5648
	其他材料费	元	25.0100	25.8800	27.5300
机械	汽车式起重机 起重量 8t	台班	1.0450	1.1000	1.1660
	载重汽车 8t	台班	6.2700	6.6000	8.1620
	真空泵 抽气速度 204m^3/h	台班	0.9500	1.0000	1.0600
	输电专用载重汽车 5t	台班	2.1548	2.1548	2.1548
	机动船舶 15t	台班	0.5387	0.5387	0.5387

注 未计价材料电力电缆终端头、电缆终端头夹具、电缆接线端子、终端支架。

定 额 编 号		JYL8-23	JYL8-24	JYL8-25
项 目		交联聚乙烯绝缘（mm²）		
		1600	2000	2500
单 位		套/三相	套/三相	套/三相
基 价 （元）		**13262.09**	**14956.40**	**16642.10**
其中	人 工 费（元）	6109.29	7248.95	8436.43
	材 料 费（元）	1639.27	1775.76	1855.81
	机 械 费（元）	5513.53	5931.69	6349.86
名 称	单位	数 量		
人工 普通工	工日	3.2050	3.8027	4.4257
输电技术工	工日	48.9076	58.0312	67.5375
计价材料 黄铜丝 综合	kg	4.0740	4.0740	4.0740
铝箔 0.02mm×50mm	kg	2.0370	2.5463	3.0555
钢管卡子 DN32	个	4.6851	5.6018	6.6203
平板玻璃 3mm	m²	0.6111	0.7130	0.8148
电焊条 J557 综合	kg	0.6722	0.7944	0.8454
焊锡	kg	3.0555	4.0740	4.5833
松香焊锡丝	kg	2.0370	2.0370	2.0370
铝焊粉	kg	2.0370	2.0370	2.0370
镀锌铁丝	kg	5.0925	5.0925	5.0925
热收缩封头 1~4 号	只	3.0555	3.0555	3.0555
封铅	kg	22.9163	24.4440	25.4625

续表

定 额 编 号			JYL8-23	JYL8-24	JYL8-25
项 目			交联聚乙烯绝缘（mm^2）		
			1600	2000	2500
计价材料	自黏性橡胶带 25mm×20m	卷	40.7400	40.7400	40.7400
	聚氯乙烯塑料薄膜 0.5mm	kg	8.1480	9.1665	10.1850
	聚乙烯吹塑膜	kg	8.1480	9.1665	10.1850
	保鲜膜	卷	31.1254	32.5920	33.8142
	塑料带相色带 20mm×2000mm	卷	8.1480	9.1665	11.2035
	硬酯酸 一级	kg	1.5278	2.0370	2.0370
	乙醇	kg	6.0499	6.8749	7.5675
	丙酮 95%	kg	1.3444	1.5583	1.6907
	石油液化气	m^3	6.1110	6.1110	6.1110
	聚氨酯清漆	kg	0.3056	0.3056	0.3056
	木脚手板 50×250×4000	块	2.2407	2.5463	2.5463
	机用钢锯条 24 号	根	1.7824	1.9861	2.1389
	砂布	张	9.1665	9.1665	9.1665
	无絮棉布	kg	5.0925	5.0925	5.0925
	聚四氟乙烯生料带	卷	4.0740	4.5833	5.0925
	其他材料费	元	32.1400	34.8200	36.3900
机械	汽车式起重机 起重量 8t	台班	1.2100	1.3200	1.4300
	载重汽车 8t	台班	8.4700	9.2400	10.0100

续表

定 额 编 号		JYL8-23	JYL8-24	JYL8-25
项　　　　目		交联聚乙烯绝缘（mm²）		
		1600	2000	2500
机械	真空泵　抽气速度　204m³/h　台班	1.1000	1.2000	1.3000
	输电专用载重汽车　5t　　台班	2.1548	2.1548	2.1548
	机动船舶　15t　　台班	0.5387	0.5387	0.5387

注　未计价材料电力电缆终端头、电缆终端头夹具、电缆接线端子、终端支架。

347

8.7 500kV交联聚乙烯绝缘海底电缆终端头制作安装

工作内容：接通电源，检查绝缘，搭、拆脚手架，吊电缆及固定，量尺寸，电缆加热校直，电缆外护层、金属护套剥切及处理，绝缘、屏蔽处理，电缆绝缘打磨抛光，压接，涂半导电漆，烘干半导电漆，安装应力锥，安装瓷套，终端底部密封、接地，吊装瓷套，灌注绝缘油及真空处理，安装顶盖及密封圈，搪铅，搭尾线，挂牌，摇测绝缘电阻，护层耐压，试验后复位，清理现场，工具移运。

定 额 编 号		JYL8-26	JYL8-27
项 目		交联聚乙烯绝缘（mm^2）	
		2000	2500
单 位		套/三相	套/三相
基 价（元）		**25940.23**	**28621.03**
其中	人 工 费（元）	12404.83	14258.44
	材 料 费（元）	3323.08	3600.00
	机 械 费（元）	10212.32	10762.59
名 称	单位	数 量	
人工 普通工	工日	6.5075	7.4800
输电技术工	工日	99.3064	114.1453
计价材料 黄铜丝 综合	kg	7.8092	8.4600
铝箔 0.02mm×50mm	kg	4.9108	5.3200

定 额 编 号			JYL8-26	JYL8-27
项 目			交联聚乙烯绝缘（mm^2）	
			2000	2500
计价材料	电焊条　J557　综合	kg	1.0892	1.1800
	焊锡	kg	9.2308	10.0000
	松香焊锡丝	kg	4.9292	5.3400
	铝焊粉	kg	3.6923	4.0000
	镀锌铁丝	kg	4.9292	5.3400
	热缩管帽	只	5.5385	6.0000
	封铅	kg	46.1538	50.0000
	自黏性橡胶带　25mm×20m	卷	79.9938	86.6600
	聚氯乙烯塑料薄膜　0.5mm	kg	18.4615	20.0000
	聚乙烯吹塑膜	kg	18.4615	20.0000
	保鲜膜	卷	36.7385	39.8000
	塑料带相色带　20mm×2000mm	卷	18.4615	20.0000
	硬酯酸　一级	kg	3.6923	4.0000
	乙醇	kg	9.1385	9.9000
	丙酮　95%	kg	3.6554	3.9600
	石油液化气	m^3	11.0769	12.0000
	木脚手板	m^3	0.2400	0.2600
	机用钢锯条　24号	根	5.2800	5.7200

续表

定　额　编　号			JYL8-26	JYL8-27
项　　目			交联聚乙烯绝缘（mm²）	
			2000	2500
计价材料	砂布	张	16.6154	18.0000
	无絮棉布	kg	9.2308	10.0000
	聚四氟乙烯生料带	卷	7.3662	7.9800
	其他材料费	元	65.1600	70.5900
机械	汽车式起重机　起重量　8t	台班	1.7266	1.7266
	载重汽车　8t	台班	16.0574	17.2660
	真空泵　抽气速度　204m³/h	台班	1.7266	1.8565
	机动液压压接机　200t 以内	台班	1.7266	1.8565
	输电专用载重汽车　5t	台班	4.1438	4.1438
	机动船舶　15t	台班	1.0360	1.0360

注　未计价材料电力电缆终端头、电缆终端头夹具、电缆接线端子、终端支架。

350

8.8 海底光缆接续

工作内容：接续准备，放线，临时固定，测量，剥缆，清洗光纤，熔接，测试纤盘盒，全程复测，封盒，盘缆，收线及固定，清理现场，工器具移运。

定 额 编 号			JYL8-28	JYL8-29	JYL8-30	JYL8-31
项 目			光缆 芯数			
			12 以内	18 以内	24 以内	36 以内
单 位			个	个	个	个
基 价 （元）			**2688.47**	**3448.56**	**4119.60**	**5254.03**
其中	人 工 费（元）		873.86	1350.79	1611.30	1871.80
	材 料 费（元）		677.81	690.26	856.13	1188.33
	机 械 费（元）		1136.80	1407.51	1652.17	2193.90
名 称		单位	数 量			
人工	普通工	工日	0.0953	0.0985	0.1051	0.1116
	输电技术工	工日	7.2226	11.1950	13.3618	15.5286
计价材料	沥青油毡 350g	m²	7.9200	7.9200	8.6400	9.5400
	热缩管	m	31.0000	31.0000	40.0000	52.0000
	光纤测量用匹配油	瓶	1.2000	1.2000	1.5000	2.2500
	光纤用除油剂	瓶	0.6000	0.8000	1.0000	1.4000
	光纤用切管刀片	片	2.5200	2.5200	3.2400	3.9600
	自黏性橡胶带 25mm×20m	卷	2.0000	2.2500	2.5000	3.0000

续表

定 额 编 号			JYL8-28	JYL8-29	JYL8-30	JYL8-31
项 目			光缆 芯数			
			12 以内	18 以内	24 以内	36 以内
计价材料	乙醇	kg	0.3000	0.4350	0.5700	0.8400
	绸布	m²	3.3000	3.3000	3.3000	3.9000
	其他材料费	元	13.2900	13.5300	16.7900	23.3000
机械	输电专用载重汽车 4t	台班	0.9080	1.3200	1.6500	2.4750
	光频谱分析仪	台班	0.3000	0.3750	0.4500	0.6000
	光纤熔接仪	台班	1.2000	1.3800	1.5600	1.9200
	光时域反射仪	台班	1.5000	1.7550	2.0100	2.5200
	机动船舶 15t	台班	0.0500	0.0500	0.0500	0.0500
	光纤切割刀	台班	1.2000	1.3800	1.5600	1.9200

注 未计价材料接头盒。

定 额 编 号			JYL8-32	JYL8-33	JYL8-34	JYL8-35	JYL8-36
项 目			光缆 芯数				
			48 以内	60 以内	72 以内	84 以内	96 以内
单 位			个	个	个	个	个
基 价 （元）			6756.27	8143.78	9532.08	10920.37	12308.67
其中	人 工 费 （元）		2490.61	3013.10	3535.60	4058.08	4580.58
	材 料 费 （元）		1530.03	1853.31	2177.38	2501.46	2825.53
	机 械 费 （元）		2735.63	3277.37	3819.10	4360.83	4902.56
名 称		单位	数 量				
人工	普通工	工日	0.1576	0.1904	0.2232	0.2561	0.2889
	输电技术工	工日	20.6566	24.9902	29.3238	33.6573	37.9909
计价材料	沥青油毡 350g	m²	10.5480	11.7480	12.9480	14.1480	15.3480
	热缩管	m	70.0000	88.0000	106.0000	124.0000	142.0000
	光纤测量用匹配油	瓶	3.0000	3.7500	4.5000	5.2500	6.0000
	光纤用除油剂	瓶	1.8000	2.2000	2.6200	3.0400	3.4600
	光纤用切管刀片	片	4.6800	5.0400	5.4000	5.7600	6.1200
	自黏性橡胶带 25mm×20m	卷	3.5000	4.0000	4.4800	4.9600	5.4400
	乙醇	kg	1.1300	1.4200	1.6900	1.9600	2.2300
	绸布	m²	4.3000	4.8000	5.3000	5.8000	6.3000
	其他材料费	元	30.0000	36.3400	42.6900	49.0500	55.4000
机械	输电专用载重汽车 4t	台班	3.3000	4.1250	4.9500	5.7750	6.6000
	光频谱分析仪	台班	0.7500	0.9000	1.0500	1.2000	1.3500

定 额 编 号			JYL8-32	JYL8-33	JYL8-34	JYL8-35	JYL8-36
项 目			光缆 芯数				
			48 以内	60 以内	72 以内	84 以内	96 以内
机械	光纤熔接仪	台班	2.2800	2.6400	3.0000	3.3600	3.7200
	光时域反射仪	台班	3.0300	3.5400	4.0500	4.5600	5.0700
	机动船舶 15t	台班	0.0500	0.0500	0.0500	0.0500	0.0500
	光纤切割刀	台班	2.2800	2.6400	3.0000	3.3600	3.7200

注 未计价材料接头盒。

第 **9** 章　**海底电缆附属**

说　　明

一、内容包括

海底电缆直接接地箱安装，海底电缆接地电缆安装，海底充油电缆供油装置安装，水下安装保护套管，潮间带安装保护套管，水下铺砂包、水泥压块，水下链锁块安装，海底电缆锚固，海底电缆铠装层剥离，挖沟槽，海床找平。

二、定额不包括

海底凿岩石等特殊项目，如实际发生时，按照专项施工组织设计，另行计算费用。

三、工程量计算规则

1. 海底电缆直接接地箱安装以"套/三相"为计量单位，三相为 1 套。

2. 海底电缆接地电缆安装以"m"为计量单位。

3. 海底充油电缆供油装置以"套"为计量单位，单根电缆两端供油装置为 1 套。

4. 水下安装保护套管按水深 20m 以内考虑，以"m"为计量单位，如水深超过 20m 时，按照专项施工组织设计，另行计算费用。

5. 水下铺砂包、水泥压块按需保护的路由长度计算，以"m"为计量单位；"体积 0.5m³ 以内""体积 1m³ 以内"是指每延米铺砂包或水泥压块的体积。

6. 水下链锁块安装按需保护的路由长度，以"m"为计量单位。

7. 海底电缆锚固以"套"为计量单位，单根电缆锚固为 1 套。

8. 海底电缆铠装层剥离按设计长度计算，以"m"为计量单位。

9. 挖沟槽按设计长度计算，以"m"为计量单位。潮间带是指位于最高潮位和最低潮位之间，随潮汐涨落而被淹没和露出的地带。

10. 海床找平的体积以抛填物的体积计算，以"m³"为计量单位。

四、其他说明

1. 光缆按保护套管直径执行海底电缆水下安装保护套管、潮间带安装保护套管相应定额子目。

2. 海底电缆直接接地箱安装未包括接地箱基础，如发生时另行计算费用。

9.1 海底电缆直接接地箱安装

工作内容：接地箱运输至现场，拆装，检查，安装，清理现场，工器具移运。

定 额 编 号			JYL9-1
项　　目			海底电缆直接接地箱
单　　位			套/三相
基　价（元）			**646.51**
其中	人　工　费（元）		384.11
	材　料　费（元）		154.38
	机　械　费（元）		108.02
名　　称		单位	数　　量
人工	普通工	工日	1.9698
	输电技术工	工日	1.9698
计价材料	黄铜丝　综合	kg	0.5100
	铜芯聚氯乙烯绝缘电线　120mm^2	m	1.5300
	铜接线端子　120mm^2	个	1.0200
	其他材料费	元	3.0300
机械	输电专用载重汽车　4t	台班	0.3400

注　未计价材料直接接地箱等。

9.2 海底电缆接地电缆安装

工作内容： 接地电缆运输至现场，拆装，检查，安装，清理现场，工器具移运。

定 额 编 号			JYL9-2
项 目			海底电缆接地电缆安装
单 位			m
基 价（元）			**625.33**
其中	人 工 费（元）		25.86
	材 料 费（元）		274.06
	机 械 费（元）		325.41
名 称		单位	数 量
人工	普通工	工日	0.0821
	输电技术工	工日	0.1642
计价材料	黄铜丝 综合	kg	1.8156
	钢筋混凝土 150 号	m³	0.1086
	电焊条 J557 综合	kg	0.3264
	铜芯聚氯乙烯绝缘电线 120mm²	m	1.1730
	铜接线端子 120mm²	个	0.5100
	塑料带相色带 20mm×2000mm	卷	0.2550
	醇酸磁漆	kg	0.0306
	白棕绳 φ16	kg	0.5804

续表

定　额　编　号			JYL9-2
项　　目			海底电缆接地电缆安装
计价材料	钢丝绳　φ15 以上	kg	0.6151
	浮筒　D300	只	0.0011
	其他材料费	元	5.3700
机械	交流弧焊机　容量　50kVA	台班	0.2448
	输电专用载重汽车　4t	台班	0.3264
	机动艇　功率　123kW	台班	0.1632

注　未计价材料接地电缆。

9.3 海底充油电缆供油装置安装

工作内容：供油装置运输至现场，拆装，检查，安装，调试，清理现场，工器具移运。

定 额 编 号			JYL9-3
项 目			海底充油电缆供油装置
单 位			套
基 价（元）			**1573.91**
其中	人 工 费（元）		925.81
	材 料 费（元）		
	机 械 费（元）		648.10
名 称	单位		数 量
人工	普通工	工日	3.9396
	输电技术工	工日	5.2528
机械	输电专用载重汽车 4t	台班	2.0400

注 未计价材料电缆供油装置。

9.4 水下安装海缆保护套管

工作内容：施工准备，船定位，潜水组下水，探测，套管至水下，套管水下固定安装，清理现场，工器具移运。

定 额 编 号		JYL9-4	JYL9-5	JYL9-6
项 目		海底电缆套管		
		直径200mm以内	直径300mm以内	直径300mm以上
单 位		m	m	m
基 价（元）		**223.15**	**227.30**	**250.57**
其中	人 工 费（元）	33.77	34.47	37.92
	材 料 费（元）	1.72	1.76	1.93
	机 械 费（元）	187.66	191.07	210.72
名 称	单位	数 量		
人工	普通工	工日	0.0386	0.0394	0.0433
	输电技术工	工日	0.2573	0.2626	0.2889
计价材料	白棕绳 $\phi16$	kg	0.1999	0.2040	0.2244
	其他材料费	元	0.0300	0.0300	0.0400
机械	载重汽车 10t	台班	0.0165	0.0168	0.0186
	潜水泵 出口直径 $\phi150$	台班	0.0220	0.0224	0.0247
	DGPS定位仪	台班	0.0220	0.0224	0.0247
	机动船舶 15t	台班	0.0220	0.0224	0.0247

续表

定 额 编 号			JYL9-4	JYL9-5	JYL9-6
项 目			海底电缆套管		
			直径 200mm 以内	直径 300mm 以内	直径 300mm 以上
机械	起锚艇 功率 522kW	艘班	0.0220	0.0224	0.0247
	潜水组（重型）	台班	0.0220	0.0224	0.0247

注　未计价材料保护管等。

9.5 潮间带安装海缆保护套管

工作内容：施工准备，船定位，套管敷设，套管水下固定安装，清理现场，工器具移运。

定 额 编 号		JYL9-7	JYL9-8	JYL9-9
项 目		海底电缆套管		
		直径200mm以内	直径300mm以内	直径300mm以上
单 位		m	m	m
基 价（元）		**193.60**	**197.21**	**217.40**
其中	人 工 费（元）	33.77	34.47	37.92
	材 料 费（元）	1.72	1.76	1.93
	机 械 费（元）	158.11	160.98	177.55
名 称	单位	数 量		
人工	普通工	工日	0.0386	0.0394	0.0433
	输电技术工	工日	0.2573	0.2626	0.2889
计价材料	白棕绳 φ16	kg	0.1999	0.2040	0.2244
	其他材料费	元	0.0300	0.0300	0.0400
机械	载重汽车 10t	台班	0.0165	0.0168	0.0186
	潜水泵 出口直径 φ150	台班	0.0220	0.0224	0.0247
	机动船舶 15t	台班	0.0220	0.0224	0.0247
	起锚艇 功率 522kW	艘班	0.0220	0.0224	0.0247
	潜水组	台班	0.0220	0.0224	0.0247

注 未计价材料保护管等。

9.6 水下铺砂包、水泥压块

工作内容：施工准备，船定位，砂包制作，潜水组下水，水下铺砂包、水泥压块，清理现场，工器具移运。

定 额 编 号			JYL9-10	JYL9-11
项 目			体积 0.5m³ 以内	体积 1m³ 以内
单 位			m	m
基 价（元）			**230.95**	**508.44**
其中	人 工 费（元）		27.48	60.35
	材 料 费（元）		34.84	76.64
	机 械 费（元）		168.63	371.45
名 称		单位	数 量	
人工	普通工	工日	0.3349	0.7354
	输电技术工	工日	0.0197	0.0433
计价材料	白棕绳 $\phi16$	kg	0.1734	0.3815
	防腐编织袋	只	15.3000	33.6600
	钢丝绳 $\phi15$ 以上	kg	0.8670	1.9074
	其他材料费	元	0.6800	1.5000
机械	载重汽车 10t	台班	0.0966	0.2125
	潜水泵 出口直径 $\phi150$	台班	0.0103	0.0227
	DGPS 定位仪	台班	0.0103	0.0227

定　额　编　号			JYL9-10	JYL9-11
项　　　　目			体积 0.5m³ 以内	体积 1m³ 以内
机械	机动船舶　15t	台班	0.0103	0.0227
	起锚艇　功率　522kW	艘班	0.0103	0.0227
	潜水组（重型）	台班	0.0103	0.0227
	起重船　20t	艘班	0.0103	0.0227

注　未计价材料砂、水泥压块等。

9.7 水下链锁块安装

工作内容：施工准备，船定位，潜水组下水，水下铺链锁块，清理现场，工器具移运。

定 额 编 号			JYL9-12
项　　目			水下链锁块安装
单　　位			m
基　价（元）			**1489.52**
其中	人　工　费（元）		60.35
	材　料　费（元）		17.76
	机　械　费（元）		1411.41
名　　称		单位	数　　量
人工	普通工	工日	0.7354
	输电技术工	工日	0.0433
计价材料	白棕绳　$\phi16$	kg	0.3815
	钢丝绳　$\phi15$ 以上	kg	1.9074
	其他材料费	元	0.3500
机械	潜水泵　出口直径　$\phi150$	台班	0.0227
	DGPS 定位仪	台班	0.0227
	起锚艇　功率　522kW	艘班	0.0227
	潜水组（重型）	台班	0.0227
	辅助工作船　10t	台班	0.0227

续表

定 额 编 号			JYL9-12
项 目			水下链锁块安装
机械	起重船 20t	艘班	0.0227
	运输船 500t	台班	0.2833

注 未计价材料水泥链锁块等。

368

9.8　海底电缆锚固

工作内容：锚固装置运输至现场，拆装，检查及安装，穿缆，锁紧锚固装置，清理现场，工器具移运。

定　额　编　号		JYL9-13
项　　目		海底电缆锚固
单　　位		套
基　　价（元）		**588.56**
其中	人　工　费（元）	256.07
	材　料　费（元）	5.26
	机　械　费（元）	327.23
名　称	单位	数　量
人工　普通工	工日	1.3132
输电技术工	工日	1.3132
计价材料　镀锌铁丝	kg	0.5100
麻袋片	m	0.5100
防腐编织袋	只	1.0200
其他材料费	元	0.1000
机械　输电专用载重汽车　4t	台班	1.0300

　　注　未计价材料锚固装置等。

9.9 海底电缆铠装层剥离

工作内容：加工铁构件，切割钢铠，剥切保护层，清理现场，工器具移运。

定 额 编 号			JYL9-14	JYL9-15	JYL9-16	JYL9-17
项　　　　目			单根外径 100mm 以内	单根外径 160mm 以内	单根外径 250mm 以内	单根外径 250mm 以外
单　　　　位			m	m	m	m
基　　价（元）			**116.24**	**133.47**	**210.29**	**263.39**
其中	人　工　费（元）		11.09	15.51	22.17	33.24
	材　料　费（元）		71.64	71.95	125.65	143.27
	机　械　费（元）		33.51	46.01	62.47	86.88
名　　称		单位	数　　　　量			
人工	普通工	工日	0.0821	0.1150	0.1642	0.2463
	输电技术工	工日	0.0411	0.0574	0.0821	0.1231
计价材料	加工铁件　综合	kg	0.3390	0.3390	0.3390	0.3390
	橡胶板　3mm 以下	kg	2.0000	2.0000	4.0000	4.0000
	自黏性橡胶带　25mm×20m	卷	2.0000	2.0000	3.0000	3.0000
	钢锯条　各种规格	根	0.5000	0.7000	1.0000	1.2000
	无絮棉布	kg	3.0000	3.0000	5.0000	7.0000
	切割刀片　电缆头处理	套	0.0500	0.0500	0.1000	0.1000
	其他材料费	元	1.4000	1.4100	2.4600	2.8100

续表

定 额 编 号			JYL9-14	JYL9-15	JYL9-16	JYL9-17
项 目			单根外径 100mm 以内	单根外径 160mm 以内	单根外径 250mm 以内	单根外径 250mm 以外
机械	等离子切割机 电流 400A	台班	0.0600	0.0800	0.1000	0.1200
	输电专用载重汽车 4t	台班	0.0625	0.0875	0.1250	0.1875

9.10 挖 沟 槽

9.10.1 潮间带挖沟槽

工作内容：施工准备，探查，高压水枪冲埋，船定位，挖掘，清理现场，工器具移运。

定 额 编 号		单 位	JYL9-18	JYL9-19
项 目			人工开挖	机械开挖
单 位			m	m
基 价（元）			**15.82**	**20.01**
其中	人 工 费（元）		12.37	3.36
	材 料 费（元）			
	机 械 费（元）		3.45	16.65
名 称		单位	数 量	
人工	普通工	工日	0.1256	0.0251
	建筑技术工	工日	0.0284	0.0142
机械	履带式单斗液压挖掘机 斗容量 1m³	台班		0.0134
	输电专用载重汽车 4t	台班	0.0052	0.0031
	机动船舶 15t	台班	0.0052	0.0031

9.10.2 水下挖沟槽

工作内容：施工准备，水下探查，高压水枪冲埋，船定位，挖掘，清理现场，工器具移运。

定额编号		JYL9-20	JYL9-21	JYL9-22
项目		水下人工冲埋	机械挖掘	
			水面挖泥	侧岸挖泥
单位		m	m	m
基价（元）		**804.55**	**75.91**	**40.78**
其中	人工费（元）	100.76	4.49	4.49
	材料费（元）			
	机械费（元）	703.79	71.42	36.29
名称	单位	数量		
人工 普通工	工日	0.8710	0.0335	0.0335
建筑技术工	工日	0.3407	0.0190	0.0190
机械 履带式单斗液压挖掘机 斗容量 1m³	台班			0.0258
汽车式起重机 起重量 20t	台班	0.0515		
输电专用载重汽车 4t	台班			0.0258
DGPS 定位仪	台班	0.0515		
挖泥船 120m³/h	台班		0.0258	
高压水泵 9 级 150m³/h	台班	0.0515		
潜水组（重型）	台班	0.0424		
海底电缆驳船 3000t	艘班	0.0515		

9.11 海床找平

工作内容: 施工准备,砂(石)装船,航行,船定位,抛填砂石,海床找平,清理现场,工器具移运,返航等。

定 额 编 号		JYL9-23	JYL9-24
项 目		海上抛填砂、石	海堤抛填
单 位		m³	m³
基 价 (元)		**334.42**	**33.46**
其中	人 工 费 (元)	14.21	25.92
	材 料 费 (元)	3.91	
	机 械 费 (元)	316.30	7.54
名 称	单位	数 量	
人工 普通工	工日	0.1474	0.3350
建筑技术工	工日	0.0303	0.0076
计价材料 钢丝绳 φ15以上	kg	0.5150	
其他材料费	元	0.0800	
机械 履带式单斗液压挖掘机 斗容量 1m³	台班		0.0052
载重汽车 4t	台班	0.1030	0.0052
挖泥船 120m³/h	台班	0.0206	

定 额 编 号		JYL9-23	JYL9-24
项　　　目		海上抛填砂、石	海堤抛填
机械	起锚艇　功率　522kW　艘班	0.0206	
	运输船　500t　台班	0.0268	

注　未计价材料砂、石等。

第 **10** 章 海底电缆试验

说　明

一、内容包括

海底电缆护层试验、海底电缆耐压试验、海底电缆局放试验、海底电缆参数测定、海底充油电缆油试验。

二、工程量计算规则

1. 海底电缆护层试验以"回路"为计量单位。

2. 海底电缆直流耐压试验按电压等级设置子目,交流耐压试验按电压等级、试验长度设置子目,均以"回路"为计量单位,交流耐压试验长度是指单回路路由长度。

3. 海底电缆局放试验以"回路"为计量单位。

4. 海底电缆参数测定按电压等级设置子目,以"回路"为计量单位。

5. 海底充油电缆油试验以采样的"瓶"数为计量单位,包括终端、压力箱以及电缆本体等。

三、其他说明

1. 海底电缆最大试验长度40km。海底电缆交流耐压试验按在同一地点只做一回路试验考虑;当做两回路及以上试验时,每增加一回路按60%计算。

2. 本章试验项目为35kV~500kV海底电缆常规试验项目,如10kV海底电缆试验或发生本章以外的试验项目,按照试验方案另行计算费用。

10.1 海底电缆护层试验

工作内容：试验设备移运、布置，接电及布线，摇测绝缘电阻、护层耐压试验，试验后复位，清理现场，工器具移运。

定　额　编　号			JYL10-1	JYL10-2
项　　　　　　目			海底电缆护层试验	
			摇测	耐压试验
单　　　　　　位			回路	回路
基　　　价（元）			**162.69**	**549.51**
其中	人　工　费（元）		162.69	357.46
	材　料　费（元）			
	机　械　费（元）			192.05
名　　　称		单位	数　　　　　量	
人工	普通工	工日	0.0475	0.0984
	输电技术工	工日	1.3261	2.9173
机械	输电专用载重汽车　4t	台班		0.5500
	机动船舶　15t	台班		0.0500

378

10.2 海底电缆耐压试验

工作内容：试验设备移运、布置，接电及布线，核相，耐压试验，试验后复位，清理现场，工器具移运。

定额编号			JYL10-3	JYL10-4
项 目			35kV海底电缆直流耐压试验	220kV及以下海底电缆直流耐压试验
单 位			回路	回路
基 价（元）			**882.53**	**1531.35**
其中	人 工 费（元）		349.47	880.63
	材 料 费（元）		20.59	56.05
	机 械 费（元）		512.47	594.67
名 称		单位	数 量	
人工	普通工	工日	0.1515	0.3811
	输电技术工	工日	2.8176	7.1004
计价材料	黄铜丝 综合	kg	0.2375	0.2500
	塑料带 20mm×40m	卷	0.8550	0.9000
	四氯化碳 95%	kg	0.4750	3.0000
	其他材料费	元	0.4000	1.1000
机械	输电专用载重汽车 4t	台班	0.9020	1.1550
	直流高压发生器 60~120kV	台班	0.2475	0.2750
	机动船舶 15t	台班	0.6050	0.6050

定　额　编　号			JYL10-5	JYL10-6
项　　　　目			35kV 海底电缆交流耐压试验	
			长度 10km 以内	每增加 10km
单　　　位			回路	回路
基　　价（元）			**28187.91**	**3283.10**
其中	人　工　费（元）		2246.76	256.47
	材　料　费（元）		744.56	106.37
	机　械　费（元）		25196.59	2920.26
名　　　称		单位	数　　　量	
人工	普通工	工日	1.0243	0.2049
	输电技术工	工日	18.0828	2.0092
计价材料	铜带　200mm×0.2mm	m	17.5000	2.5000
	铜芯聚氯乙烯绝缘软线　BVR-35mm²	m	17.5000	2.5000
	其他材料费	元	14.6000	2.0900
机械	汽车式起重机　起重量　8t	台班	3.8500	
	汽车式起重机　起重量　20t	台班	2.8875	0.4125
	平板拖车组　20t	台班	3.8500	0.8250
	输电专用载重汽车　4t	台班	4.4550	0.8250
	交流耐压试验装置　电缆试验用　35kV	台班	6.1050	0.6050
	机动船舶　15t	台班	2.5300	0.2750

定 额 编 号			JYL10-7	JYL10-8
项 目			110kV 海底电缆交流耐压试验	
			长度 10km 以内	每增加 10km
单 位			回路	回路
基 价（元）			**51142.55**	**23911.68**
其中	人 工 费（元）		4564.61	2245.56
	材 料 费（元）		5952.69	2311.77
	机 械 费（元）		40625.25	19354.35
名 称		单位	数 量	
人工	普通工	工日	2.4501	0.7351
	输电技术工	工日	36.5071	18.2536
计价材料	铜带 200mm×0.2mm	m	28.7500	5.7500
	铜芯聚氯乙烯绝缘软线 BVR-35mm²	m	41.4000	6.9000
	铜芯电缆 五芯 16mm²	m	28.7500	5.7500
	绝缘支杆	支	17.2500	5.7500
	绝缘穿杆	支	6.9000	2.3000
	电抗器均压罩	只	1.1500	1.1500
	其他材料费	元	116.7200	45.3300
机械	汽车式起重机 起重量 8t	台班	0.6958	
	汽车式起重机 起重量 40t	台班	3.4155	0.4428
	载重汽车 50t	台班	2.5300	2.5300
	输电专用载重汽车 4t	台班	0.6958	

续表

定　额　编　号			JYL10-7	JYL10-8
项　　　目			110kV 海底电缆交流耐压试验	
			长度 10km 以内	每增加 10km
机械	机动船舶　15t	台班	2.3403	0.2951
	串联谐振耐压系统	台班	1.2650	0.6325

382

定 额 编 号			JYL10-9	JYL10-10
项　　　目			220kV 海底电缆交流耐压试验	
			长度 8km 以内	每增加 8km
单　　　位			回路	回路
基　　价（元）			**67785.26**	**33808.26**
其中	人　工　费（元）		5662.59	2794.54
	材　料　费（元）		6303.12	4060.77
	机　械　费（元）		55819.55	26952.95
名　　　称		单位	数　　　量	
人工	普通工	工日	2.4501	0.7351
	输电技术工	工日	45.6569	22.8284
计价材料	铜带　200mm×0.2mm	m	28.7500	17.2500
	铜芯聚氯乙烯绝缘软线　BVR-35mm^2	m	41.4000	27.6000
	铜芯电缆　五芯 16mm^2	m	34.5000	23.0000
	绝缘支杆	支	17.2500	5.7500
	绝缘穿杆	支	6.9000	2.3000
	电抗器均压罩	只	1.1500	1.1500
	其他材料费	元	123.5900	79.6200
机械	汽车式起重机　起重量 8t	台班	0.6958	
	汽车式起重机　起重量 40t	台班	3.4155	0.4428
	载重汽车 50t	台班	2.5300	2.5300
	输电专用载重汽车 4t	台班	0.6958	

定 额 编 号			JYL10-9	JYL10-10
项 目			220kV 海底电缆交流耐压试验	
			长度 8km 以内	每增加 8km
机械	机动船舶　15t	台班	2.3403	0.2958
	串联谐振耐压系统	台班	1.8975	0.9488

定　额　编　号			JYL10-11	JYL10-12
项　　　　目			500kV 海底电缆交流耐压试验	
			长度 8km 以内	每增加 8km
单　　　　位			回路	回路
基　　价（元）			**443951.81**	**297239.10**
其中	人　工　费（元）		17946.36	8844.22
	材　料　费（元）		32716.41	25604.35
	机　械　费（元）		393289.04	262790.53
名　　　称		单位	数　　量	
人工	普通工	工日	8.5970	2.5791
	输电技术工	工日	144.1799	72.0899
计价材料	铜带　200mm×0.2mm	m	115.0000	69.0000
	铜芯聚氯乙烯绝缘软线　BVR-35mm²	m	165.6000	110.4000
	铜芯电缆　五芯 16mm²	m	115.0000	69.0000
	绝缘支杆	支	34.5000	11.5000
	绝缘穿杆	支	13.8000	2.3000
	电抗器均压罩	只	4.6000	4.6000
	电抗器绝缘支撑平台	只	2.3000	2.3000
	其他材料费	元	641.5000	502.0500
机械	汽车式起重机　起重量　8t	台班	1.3915	
	汽车式起重机　起重量　100t	台班	2.5300	1.2650
	载重汽车　50t	台班	10.1200	10.1200

续表

定　额　编　号		JYL10-11	JYL10-12
项　　　　　目		500kV 海底电缆交流耐压试验	
		长度 8km 以内	每增加 8km
机械	输电专用载重汽车　4t　台班	1.3915	
	机动船舶　15t　台班	4.9335	0.5356
	串联谐振耐压系统　台班	15.1800	10.1200

10.3 海底电缆局放试验

工作内容：试验设备移运、布置，接电及布线，安装传感器，试验光纤敷设，局放试验，清理现场，工器具移运。

定 额 编 号		JYL10-13
项 目		海底电缆局放试验
单 位		回路
基 价（元）		**2388.92**
其中 人 工 费（元）		1257.14
材 料 费（元）		
机 械 费（元）		1131.78
名 称	单位	数 量
人工 普通工	工日	1.0099
输电技术工	工日	9.8450
机械 载重汽车 10t	台班	1.1475
标准电抗器（试验用）	台班	1.6000
局部放电测量仪 4通道	台班	0.4400
机动船舶 15t	台班	0.5000

10.4 海底电缆参数测定

工作内容：试验设备移运、布置，接电及布线，核相，参数测定，波阻抗测量，试验后复位，清理现场，工器具移运。

定 额 编 号		JYL10-14	JYL10-15	JYL10-16	JYL10-17
项 目		海底电缆参数测定			
		35kV	110kV	220kV	500kV
单 位		回路	回路	回路	回路
基 价（元）		**2187. 18**	**3544. 20**	**4976. 67**	**7597. 22**
其中	人 工 费（元）	804. 81	934. 98	977. 91	1661. 98
	材 料 费（元）	514. 40	529. 94	719. 67	921. 61
	机 械 费（元）	867. 97	2079. 28	3279. 09	5013. 63
名 称	单位	数 量			
人工 普通工	工日	1. 1342	1. 3263	1. 4154	0. 7192
输电技术工	工日	5. 9979	6. 9626	7. 2646	13. 4003
计价材料 铜芯聚氯乙烯绝缘电线 500VBV-2.5mm^2	m	21. 2000	31. 8000	41. 2000	51. 5000
密闭灯具防爆灯	套	2. 1200	2. 1200	3. 0900	4. 1200
绝缘挂杆	支	2. 1200	2. 1200	2. 1200	2. 1200
绝缘梯	个	5. 3000	5. 3000	5. 3000	5. 3000
其他材料费	元	10. 0900	10. 3900	14. 1100	18. 0700
机械 输电专用载重汽车 4t	台班	0. 3978	0. 7956	1. 1934	1. 5917

定 额 编 号			JYL10-14	JYL10-15	JYL10-16	JYL10-17
项 目			海底电缆参数测定			
			35kV	110kV	220kV	500kV
机械	线路参数测试仪	台班	0.1040	0.3116	0.5170	0.8240
	机动船舶 15t	台班	0.5720	0.5720	0.5720	0.5824

10.5　海底充油电缆油试验

工作内容： 试验设备移运、布置，接电及布线，电缆油耐压试验、介质损失试验、油色谱分析、含气量及油流检查，试验后复位，清理现场，工器具移运。

定　额　编　号		JYL10-18	JYL10-19	JYL10-20
项　　　　目		充油电缆油试验（瓶）		充油电缆油试验
		耐压、介损	色谱分析	油流、含气检查
单　　　　位		瓶	瓶	回路
基　　价（元）		**50.79**	**99.71**	**559.30**
其中	人　工　费（元）	24.63	73.55	306.50
	材　料　费（元）	7.11	7.11	43.12
	机　械　费（元）	19.05	19.05	209.68
名　　　称	单位	数　　　　量		
人工	普通工	工日	0.0069	0.0164	0.0683
	输电技术工	工日	0.2009	0.6027	2.5115
计价材料	电缆油烷基苯合成	kg	0.5000	0.5000	9.0000
	无絮棉布	kg	0.6000	0.6000	1.0000
	其他材料费	元	0.1400	0.1400	0.8500
机械	输电专用载重汽车　4t	台班			0.6600
	机动船舶　15t	台班	0.0550	0.0550	

附录 A　非开挖水平导向钻进多管拉管工程计算规则

多管电缆拉管工程中，按集束最大扩孔直径计算及定额选取。

（1）本定额工程量以设计的轨迹长度计算，以"m"为计量单位。

（2）本定额适用的拉管长度以 300m 以内为宜，超过 300m 部分可根据施工组织设计或设计要求调整。

（3）本定额以最大扩孔直径为计算对象，单管直径、孔数以及扩孔直径的关系对应见图 A-1，表中仅罗列部分对应关系。

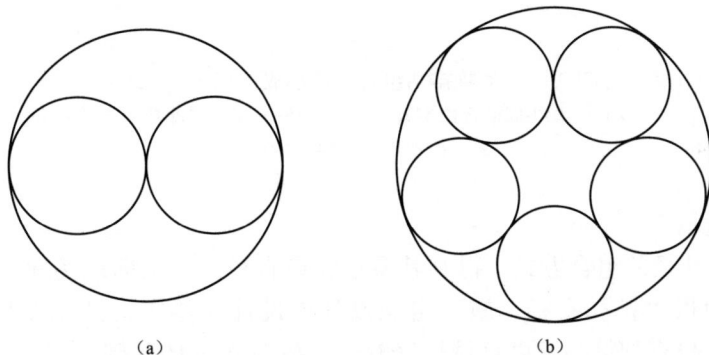

（a）　　　　　　　　　　　　（b）

图 A-1　多管排列组合及最小成捆直径（一）

（a）2-φ200，最小成捆直径 400mm；（b）5-φ200，最小成捆直径 540mm；

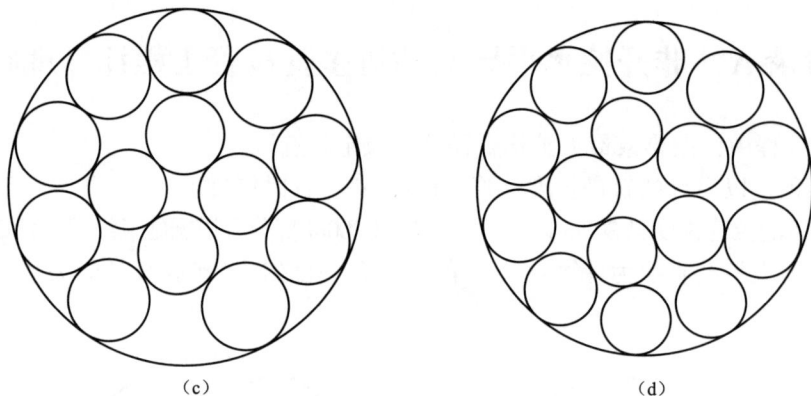

图 A-1 多管排列组合及最小成捆直径（二）

（c）13-φ200，最小成捆直径847mm；（d）15-φ200，最小成捆直径904mm

注：表中单管直径均为外径。

（4）定额项目的选取。

根据不同的孔数、孔径的组合方式，得到其最小集束直径，再根据现场地质条件、入土角度等乘1.2~1.5倍的系数作为最大扩孔孔径，施工组织设计或设计无要求的按1.2倍计算。如10孔外径200mm的拉管，根据表格查到最小集束直径是763mm，在763mm的基础上乘1.2倍后得915.6mm，则套用最大扩孔孔径φ1000的定额项（见表A-1）。

表 A-1 　　　　　　　　　　　　　　　　不同排管方式定额项目选用参考值

序号	排管方式	最小集束直径	定额项	序号	排管方式	最小集束直径	定额项
1	2-ϕ180	ϕ360	ϕ500	17	18-ϕ180	ϕ875	ϕ1100
2	3-ϕ180	ϕ388	ϕ500	18	19-ϕ180	ϕ875	ϕ1100
3	4-ϕ180	ϕ435	ϕ600	19	20-ϕ180	ϕ922	ϕ1200
4	5-ϕ180	ϕ486	ϕ600	20	21-ϕ180	ϕ945	ϕ1200
5	6-ϕ180	ϕ540	ϕ700	21	23-ϕ180	ϕ998	ϕ1200
6	7-ϕ180	ϕ540	ϕ700	22	25-ϕ180	ϕ1063	ϕ1300
7	8-ϕ180	ϕ595	ϕ800	23	27-ϕ180	ϕ1063	ϕ1300
8	9-ϕ180	ϕ650	ϕ800	24	29-ϕ180	ϕ1105	ϕ1400
9	10-ϕ180	ϕ686	ϕ900	25	30-ϕ180	ϕ1116	ϕ1400
10	11-ϕ180	ϕ706	ϕ900	26	2-ϕ200	ϕ400	ϕ500
11	12-ϕ180	ϕ725	ϕ900	27	3-ϕ200	ϕ431	ϕ600
12	13-ϕ180	ϕ762	ϕ1000	28	4-ϕ200	ϕ483	ϕ600
13	14-ϕ180	ϕ779	ϕ1000	29	5-ϕ200	ϕ540	ϕ700
14	15-ϕ180	ϕ814	ϕ1000	30	6-ϕ200	ϕ600	ϕ800
15	16-ϕ180	ϕ831	ϕ1000	31	7-ϕ200	ϕ600	ϕ800
16	17-ϕ180	ϕ863	ϕ1100	32	8-ϕ200	ϕ661	ϕ800

序号	排管方式	最小集束直径	定额项	序号	排管方式	最小集束直径	定额项
33	9-φ200	φ723	φ900	49	3-φ225	φ485	φ600
34	10-φ200	φ763	φ1000	50	4-φ225	φ543	φ700
35	11-φ200	φ785	φ1000	51	5-φ225	φ608	φ800
36	12-φ200	φ806	φ1000	52	6-φ225	φ675	φ900
37	13-φ200	φ847	φ1100	53	7-φ225	φ675	φ900
38	14-φ200	φ866	φ1100	54	8-φ225	φ744	φ900
39	15-φ200	φ904	φ1100	55	9-φ225	φ813	φ1000
40	16-φ200	φ923	φ1200	56	10-φ225	φ858	φ1100
41	17-φ200	φ958	φ1200	57	11-φ225	φ883	φ1100
42	18-φ200	φ973	φ1200	58	12-φ225	φ907	φ1100
43	19-φ200	φ973	φ1200	59	13-φ225	φ953	φ1200
44	20-φ200	φ1024	φ1300	60	14-φ225	φ974	φ1200
45	21-φ200	φ1050	φ1300	61	15-φ225	φ1017	φ1300
46	23-φ200	φ1109	φ1400	62	16-φ225	φ1038	φ1300
47	25-φ200	φ1151	φ1400	63	17-φ225	φ1078	φ1300
48	2-φ225	φ450	φ600	64	18-φ225	φ1094	φ1400

续表

序号	排管方式	最小集束直径	定额项	序号	排管方式	最小集束直径	定额项
65	19-φ225	φ1094	φ1400	75	10-φ232	φ885	φ1100
66	20-φ225	φ1153	φ1400	76	11-φ232	φ910	φ1100
67	2-φ232	φ464	φ600	77	12-φ232	φ935	φ1200
68	3-φ232	φ500	φ600	78	13-φ232	φ983	φ1200
69	4-φ232	φ560	φ700	79	14-φ232	φ1004	φ1300
70	5-φ232	φ627	φ800	80	15-φ232	φ1049	φ1300
71	6-φ232	φ696	φ900	81	16-φ232	φ1071	φ1300
72	7-φ232	φ696	φ900	82	17-φ232	φ1112	φ1400
73	8-φ232	φ767	φ1000	83	18-φ232	φ1128	φ1400
74	9-φ232	φ838	φ1100	84	19-φ232	φ1128	φ1400

注　1. 表中单管管径均为外径。

　　2. 如遇不同管径混排时，应根据具体排列方式计算最小集束直径。